MOVIMENTOS SOCIOPOLÍTICOS E AMBIENTAIS NO ACRE (1998-2002)

CAPITAL SOCIAL, CICLOS DE PROTESTOS
E OPORTUNIDADES POLÍTICAS

Editora Appris Ltda.
1.ª Edição - Copyright© 2024 do autor
Direitos de Edição Reservados à Editora Appris Ltda.

Nenhuma parte desta obra poderá ser utilizada indevidamente, sem estar de acordo com a Lei nº 9.610/98. Se incorreções forem encontradas, serão de exclusiva responsabilidade de seus organizadores. Foi realizado o Depósito Legal na Fundação Biblioteca Nacional, de acordo com as Leis nᵒˢ 10.994, de 14/12/2004, e 12.192, de 14/01/2010.

Catalogação na Fonte
Elaborado por: Dayanne Leal Souza
Bibliotecária CRB 9/2162

S474m 2024	Sena, Ermício Movimentos sociopolíticos e ambientais no Acre (1998-2002): capital social, ciclos de protestos e oportunidades políticas / Ermício Sena. – 1. ed. – Curitiba: Appris, 2024. 259 p. ; 23 cm. – (Coleção Ciências Sociais). Inclui referências. ISBN 978-65-250-7178-7 1. Movimentos sociopolíticos. 2. Movimentos ambientais. 3. Preservação ambiental. 4. História do Acre. 5. Amazônia. I. Sena, Ermício. II. Título. III. Série. CDD – 981.12

Livro de acordo com a normalização técnica da ABNT

Appris
editora

Editora e Livraria Appris Ltda.
Av. Manoel Ribas, 2265 – Mercês
Curitiba/PR – CEP: 80810-002
Tel. (41) 3156 - 4731
www.editoraappris.com.br

Printed in Brazil
Impresso no Brasil

Ermício Sena

MOVIMENTOS SOCIOPOLÍTICOS E AMBIENTAIS NO ACRE (1998-2002)

CAPITAL SOCIAL, CICLOS DE PROTESTOS E OPORTUNIDADES POLÍTICAS

Appris
editora

Curitiba, PR
2024

FICHA TÉCNICA

EDITORIAL Augusto Coelho
Sara C. de Andrade Coelho

COMITÊ EDITORIAL

Ana El Achkar (Universo/RJ)
Andréa Barbosa Gouveia (UFPR)
Antonio Evangelista de Souza Netto (PUC-SP)
Belinda Cunha (UFPB)
Délton Winter de Carvalho (FMP)
Edson da Silva (UFVJM)
Eliete Correia dos Santos (UEPB)
Erineu Foerste (Ufes)
Fabiano Santos (UERJ-IESP)
Francinete Fernandes de Sousa (UEPB)
Francisco Carlos Duarte (PUCPR)
Francisco de Assis (Fiam-Faam-SP-Brasil)
Gláucia Figueiredo (UNIPAMPA/ UDELAR)
Jacques de Lima Ferreira (UNOESC)
Jean Carlos Gonçalves (UFPR)
José Wálter Nunes (UnB)
Junia de Vilhena (PUC-RIO)

Lucas Mesquita (UNILA)
Márcia Gonçalves (Unitau)
Maria Aparecida Barbosa (USP)
Maria Margarida de Andrade (Umack)
Marilda A. Behrens (PUCPR)
Marília Andrade Torales Campos (UFPR)
Marli Caetano
Patrícia L. Torres (PUCPR)
Paula Costa Mosca Macedo (UNIFESP)
Ramon Blanco (UNILA)
Roberta Ecleide Kelly (NEPE)
Roque Ismael da Costa Güllich (UFFS)
Sergio Gomes (UFRJ)
Tiago Gagliano Pinto Alberto (PUCPR)
Toni Reis (UP)
Valdomiro de Oliveira (UFPR)

SUPERVISORA EDITORIAL Renata C. Lopes

PRODUÇÃO EDITORIAL Daniela Nazario

REVISÃO Pedro Ramos

DIAGRAMAÇÃO Andrezza Libel

CAPA Kananda Ferreira

REVISÃO DE PROVA Alice Ramos

COMITÊ CIENTÍFICO DA COLEÇÃO CIÊNCIAS SOCIAIS

DIREÇÃO CIENTÍFICA Fabiano Santos (UERJ-IESP)

CONSULTORES

Alícia Ferreira Gonçalves (UFPB)
Artur Perrusi (UFPB)
Carlos Xavier de Azevedo Netto (UFPB)
Charles Pessanha (UFRJ)
Flávio Munhoz Sofiati (UFG)
Elisandro Pires Frigo (UFPR-Palotina)
Gabriel Augusto Miranda Setti (UnB)
Helcimara de Souza Telles (UFMG)
Iraneide Soares da Silva (UFC-UFPI)
João Feres Junior (Uerj)

Jordão Horta Nunes (UFG)
José Henrique Artigas de Godoy (UFPB)
Josilene Pinheiro Mariz (UFCG)
Leticia Andrade (UEMS)
Luiz Gonzaga Teixeira (USP)
Marcelo Almeida Peloggio (UFC)
Maurício Novaes Souza (IF Sudeste-MG)
Michelle Sato Frigo (UFPR-Palotina)
Revalino Freitas (UFG)
Simone Wolff (UEL)

PREFÁCIO

Etimologicamente, prefaciar significa escrever o prólogo de um trabalho, devendo, então, entender por aquele, o escrito que se antecipa ao conteúdo do mesmo. Prefaciar pode também ser entendido, pelo menos em sentido figurado, como avalizar ou garantir. Nesse sentido, quem escreve um prefácio se torna avalista tanto do trabalho quanto de seu autor. Aval que pressupõe a existência de uma responsabilidade diante do que o autor tenha feito ou deixado de fazer; assim como da confiança depositada em quem assume a autoria do trabalho. Portanto, estando presentes uma e outra dessas condições, não podia negar-me ao convite que o autor do livro me fez.

Esse é o caso de *Movimentos sociopolíticos e ambientais no Acre (1998-2002): capital social, ciclos de protestos e oportunidades políticas*, resultado de um criterioso, cuidadoso e rigoroso processo investigativo. Nele, Ermício Sena observou, descreveu, interpretou e explicou a evolução de parte dos movimentos sociopolíticos e ambientais do Acre.

Tomo emprestado alguns termos do título de seu trabalho para, então, prefaciar a obra que você tem em suas mãos.

Os ciclos de protesto, como as marés em constante fluxo, refletem a dinâmica mutante da sociedade. Surgindo em resposta a diversas causas e condições, esses ciclos podem ser impulsionados por desigualdades econômicas, injustiças políticas ou pela busca por liberdade e dignidade. Ao longo da história, os movimentos sociais têm desencadeado ciclos de protesto que abalaram os fundamentos da sociedade, trazendo consigo a promessa de um futuro mais justo e equitativo. O capital social, entendido como as redes de confiança, cooperação e participação cívica entre os cidadãos, é fundamental para o funcionamento da democracia. Quando os movimentos sociais florescem e os ciclos de protesto se desencadeiam, o capital social se fortalece, capacitando a cidadania e promovendo uma maior participação nos processos democráticos.

Charles Tilly, um dos sociólogos mais influentes do século XX, dedicou grande parte de sua obra a compreender a natureza e a dinâmica desses movimentos, fornecendo uma perspectiva única que funde teoria social com análise histórica.

Tilly, conhecido por seu foco na "relacionalidade" dos processos sociais, argumentava que os movimentos sociais não surgiam em um vácuo, mas estavam enraizados em estruturas sociais preexistentes e eram moldados pelas interações entre diversos atores e forças sociais. Para ele, os movimentos sociais não eram simplesmente manifestações do descontentamento individual, mas surgiam da interação dinâmica entre os atores sociais, o Estado e outras instituições. Essa perspectiva de Tilly será vista pelo leitor no enredo contado nesse livro.

Os ciclos de protesto, o capital social e as oportunidades políticas são aspectos cruciais no estudo dos movimentos sociais. No caso, os ciclos de protesto mostram como os movimentos sociais experimentam períodos de crescimento e declínio, influenciados por uma série de fatores políticos, econômicos e sociais. Já o capital social, por outro lado, refere-se aos recursos sociais que indivíduos e grupos podem mobilizar para alcançar seus objetivos, como redes de confiança, normas de reciprocidade e associações cívicas. Por sua vez, as oportunidades políticas são aproveitadas por esses movimentos.

Este prefácio é uma homenagem à coragem e determinação daqueles que participaram de movimentos sociais e ciclos de protesto ao redor do mundo. É um lembrete de que o poder do povo é um motor implacável de mudança, capaz de derrubar as barreiras mais impenetráveis e abrir caminhos para um mundo em que a justiça e a igualdade sejam, mais do que meras aspirações, realidades tangíveis para todos. É, também, um agradecimento ao seu autor pelo generoso convite, mas principalmente por sua amizade eterna. Ele sabe que estamos juntos tentando construir melhores condições para nossas comunidades.

Por tudo exposto, considera-se relevante, necessário e pertinente o trabalho do Professor Ermício Sena, para analisar com relevância a mobilização no campo social e político, não apenas do Acre, mas da América Latina, em geral. Em outras palavras, pode ser lido por qualquer interessado nas diversas formas de ação coletiva. Nesse sentido, dentro ou fora da academia, este livro contribui para a compreensão do fenômeno da mobilização social, cada vez mais frequente e importante nas democracias latino-americanas; da mesma forma, ao estudo dos movimentos sociopolíticos e ambientais do estado do Acre, Brasil, percebendo-se a influência das instituições que o envolvem e a importância que o movimento teve sobre a democracia em âmbito local. Democracia, essa, propensa a melhores desempenhos, oportunidades políticas e formação de capital social.

Barranquilla-Colômbia, junho de 2024

Carlos Enrique Guzmán Mendoza

Doutor em Ciência Política pela Universidade de Salamanca, Espanha Atualmente, é coordenador e professor do curso de Ciência Política da Universidade do Atlântico em Barranquilla, Colômbia

LISTA DE SIGLAS

ADS	Assessoria de Comunicação Ltda.
Amoreab	Assoc. dos Moradores da Reserva Chico Mendes - Assis Brasil
Amoreb	Associação dos Moradores da Reserva Chico Mendes - Brasiléia
Amorex	Associação dos Moradores da Reserva Chico Mendes - Xapuri
Asareaj	Associação dos Seringueiros e Agricultores da Reserva Extrativista do Alto Juruá
BID	Banco Interamericano de Desenvolvimento
Caex	Cooperativa Agroextrativista de Xapuri
Cepal	Comissão para o Desenvolvimento da América Latina
CGT	Central Geral dos Trabalhadores
Cimi	Conselho Indigenista Missionário
Clasco	Conselho Latino-americano de Ciências Sociais
CNBB	Confederação Nacional dos Bispos do Brasil
CNPT	Centro Nacional de Desenvolvimento Sustentado das Populações Tradicionais
CNS	Conselho Nacional dos Seringueiros
Cofiex	Comissão de Financiamento Externo
Contag	Confederação Nacional na Agricultura
CPI	Comissão Parlamentar de Inquérito
CPT	Comissão Pastoral da Terra
CTA	Centro dos Trabalhadores da Amazônia
CUT	Central Única dos Trabalhadores
DNI	Departamento Nacional de Imigração

EOPs	Estrutura de Oportunidades Políticas
Fenarj	Federação Nacional dos Jornalistas
FP	Frente Popular
FSC/BR	Conselho Brasileiro de Manejo Florestal
Funtac	Fundação de Tecnologia do estado do Acre
Ibama	Instituto Brasileiro do Meio Ambiente
IBDF	Instituto Brasileiro de Defesa Florestal
Incra	Instituto Nacional de reforma Agrária
Inesc	Instituto de estudos Socioeconômicos
MSA	Movimentos Sociopolíticos e Ambientais no Acre
MEC	Ministério da Educação
NMS	Novos movimentos sociais
OAB	Ordem dos Advogados do Brasil
ONG	Organizações Não Governamentais
ONU	Organização das Nações Unidas
PAE/CM	Projeto de Assentamento Extrativista Chico Mendes
PDSA	Plano de Desenvolvimento Sustentável do Acre
Pesacre	Pesquisa e Extensão em Sistemas Agroflorestais do Acre
PF	Polícia Federal
PFL	Partido da Frente Liberal
PMDB	Partido do Movimento Democrático Brasileiro
Pnud	Programa das Nações Unidas para o Desenvolvimento
Polonoroeste	Programa Integrado de Desenvolvimento do Noroeste do Brasil
PSD	Partido Social Democrático
PSDB	Partido da Social Democracia Brasileira

PT	Partido dos Trabalhadores
PV	Partido Verde
Resex	Reserva Extrativista
Sebrae	Serviço Brasileiro de Apoio às Micro e Pequenas Empresa s
SEF	Secretaria Estadual de Florestas
Semta	Serviço de Mobilização de Trabalhadores para a Amazônia
Sesp	Serviços Especiais de Saúde Pública
Sudam	Superintendência do Desenvolvimento da Amazônia
Sudhevea	Superintendência de desenvolvimento da Borracha
Suframa	Superintendência da Zona Franca de Manaus
TRE	Tribunal Regional Eleitoral
TSE	Tribunal Superior Eleitoral
UDR	União Democrática Ruralista
USP	Universidade de São Paulo
ZEE	Zoneamento Ecológico-Econômico do Acre

SUMÁRIO

INTRODUÇÃO 17

CAPÍTULO I
CONSIDERAÇÕES ACERCA DE ANTECEDENTES TEÓRICOS PARA A ANÁLISE DOS MOVIMENTOS SOCIAIS: POTENCIALIDADES E FRAGILIDADES 23

1.1 INTRODUÇÃO: UM MODELO TEÓRICO ORIENTADOR PARA O ESTUDO DO MSA 23

1.2 UM MODELO DINÂMICO PARA A ANÁLISE DO PROCESSO POLÍTICO 25

1.3 A TEORIA DA MOBILIZAÇÃO DE RECURSOS E A TEORIA DA MOBILIZAÇÃO POLÍTICA: UMA APROXIMAÇÃO DE ENFOQUES PARA O ESTUDO DO MSA 31

1.4 OS CICLOS DE PROTESTO E SUA INCIDÊNCIA NO SISTEMA POLÍTICO 39

1.5 O CAPITAL SOCIAL COMO RECURSO AO RENDIMENTO INSTITUCIONAL OU BOA GOVERNANÇA: UMA ESTRUTURA DE OPORTUNIDADES DE CAPITAL SOCIAL/CULTURAL 45

1.6 O CAPITAL SOCIAL E A CULTURA COMO RECURSOS DA COMUNIDADE CÍVICA 48

1.7 OS MECANISMOS DE CONTROLE (*ACCOUNTABILITY*) DO MSA E DO PARTIDO DOS TRABALHADORES 53

1.7.1 O Partido dos Trabalhadores e os mecanismos de *accountability* 58

1.8 RESUMO 60

CAPÍTULO II
ANTECEDENTES HISTÓRICOS-ESTRUTURAIS DOS MOVIMENTOS SOCIOPOLÍTICOS E AMBIENTAIS (MSA) DO ACRE 63

2.1 INTRODUÇÃO 63

2.2 AS TERRAS DO ACRE: DAS DISPUTAS DIPLOMÁTICAS À REVOLUÇÃO ACREANA 64

2.3 O TRATADO DE AYACUCHO DE 1867 E AS CONSEQUÊNCIAS PARA O ACRE . 66

2.4 A ANEXAÇÃO DO ACRE AO BRASIL — ANTECEDENTES 70

2.5 A PRIMEIRA INSURREIÇÃO ACREANA 72

2.6 A REPÚBLICA DO ESPANHOL LUIZ GALVEZ NO ACRE 76

2.6.1 O Estado Independente do Acre: Quixotada ou Revolução? 78

2.6.2 A Revolução Acreana 81

2.6.3 O fim do conflito e a anexação do Acre ao Brasil 86

2.7 OS CICLOS DA BORRACHA E A DISPUTA PELA TERRA NO ACRE 87

2.8 A CRISE BRASILEIRA DOS ANOS DE 1970 E O NOVO MODELO DE OCUPAÇÃO *X* RESERVA DE CAPITAL SOCIAL NO ACRE 96

2.9 RESUMO 104

CAPÍTULO III
OS CICLOS DE PROTESTOS DO MSA E FORMAÇÃO DE IDENTIDADES . . . 107

3.1 INTRODUÇÃO 107

3.2 OS "MADRUGADORES" DO MSA, A IDENTIDADE DOS "POVOS DA FLORESTA" E SUA INSTITUCIONALIZAÇÃO INFORMAL E FORMAL 108

3.3 O "EMPATE" COMO FORMA DE PRESERVAÇÃO DA NATUREZA, DA TERRA E DE UM MODO DE VIDA DOS "POVOS DA FLORESTA": OS MARCOS DE REFERÊNCIA DAS LIDERANÇAS E DA COMUNIDADE 126

3.4 O PICO DO CICLO DE PROTESTO DO MSA EM XAPURI E NO ACRE 135

3.5 APROVEITAMENTO DE OPORTUNIDADES POLÍTICAS NACIONAL E INTERNACIONAL PELO MSA E OUTROS ATORES 145

3.6 RESUMO 148

CAPÍTULO IV
O CAPITAL SOCIAL DO MSA 151

4.1 INTRODUÇÃO 151

4.2 O CAPITAL SOCIAL VINCULANTE DOS ATORES SOCIAIS DO MSA: SEUS LAÇOS FORTES 155

4.2.1 O Adjunto e o Empate: duas formas de cooperação herdadas e incrementadas no debate das Reservas Extrativistas. 158

4.2.2 As Reservas Extrativistas: argumentos com resultados. 166

4.3 O CAPITAL SOCIAL DO TIPO *BRIDGING* (CAPITAL SOCIAL INSTITUCIONAL FORMAL) DO MSA E O APROVEITAMENTO DE OPORTUNIDADES POLÍTICAS . . .169

4.3.1 Igreja, sindicato, universidade, imprensa, comunidade internacional. Das alianças à disputa política nas instituições formais do Estado de direito 170

4.3.2 Os círculos virtuosos e viciosos do MSA e da UDR 176

4.4 A RELAÇÃO VERTICALIZADA DO MSA COM O INSTITUCIONAL FORMAL . . .191

4.5 RESUMO 193

CAPÍTULO V

O MSA, O PARTIDO DOS TRABALHADORES E O ESTADO: ESTRATÉGIAS POLÍTICAS, CONTROLE CIDADÃO E RENDIMENTO ELEITORAL NO ACRE 195

5.1 INTRODUÇÃO 195

5.2 POLO DE INDÚSTRIAS FLORESTAIS DE XAPURI: UMA EXPERIÊNCIA LOCAL PÚBLICA NÃO ESTATAL 201

5.2.1 As orientações políticas do modelo de desenvolvimento do acre: o PT e o MSA como indutores de informações simétricas 209

5.2.2 O conceito de desenvolvimento sustentável nas propostas políticas do Partido dos Trabalhadores para governar o Acre 211

5.2.3 O Zoneamento Ecológico-Econômico e Orçamento Participativo do Acre como controle de políticas públicas *ex-antes* 215

5.3 AGENDAS DE POLÍTICAS E DE RESULTADOS DO GOVERNO DO ACRE (1999-2002): POLÍTICAS PÚBLICAS E RENDIMENTO ELEITORAL 218

5.4 AS INTERFACES DE CONTROLE E RESPONSABILIDADE DO PROGRAMA DE DESENVOLVIMENTO SUSTENTÁVEL DO ACRE 224

5.5 RESUMO 228

CONCLUSÃO 231

REFERÊNCIAS 239

JORNAIS CONSULTADOS 257

ENTREVISTAS CITADAS 258

INTRODUÇÃO

> A democracia, ao que parece, é algo bastante acidental. Mas suas eventualidades dependem também do nosso comportamento. Não podemos entregar-nos à benevolência das forças históricas, mas tampouco somos simples vítimas de forças cegas sobre as quais não temos nenhum controle. Uma adequada compreensão dos fundamentos da democracia e a vontade de torná-la possível nos permitirá agir com fim a preservá-la e, o mais importante, melhorar sua teoria e prática (Dahl, 2000).

O principal objetivo deste livro é analisar partes dos movimentos sociopolíticos e ambientais no estado do Acre (1998-2002). Trata-se de estudar como surgem e por que esses atores influenciaram um marco institucional e a democracia a nível local.

Partimos da hipótese de que, quando existe uma mudança em algumas variáveis como *oportunidades políticas* e *capital social*, elas afetam o sistema político e isso, por sua vez, cria as condições para aumentar os níveis de participação política de atores sociopolíticos, incrementando mecanismo da boa governança, um maior controle dos cidadãos por meio da *accountability*[1], *e dessas variáveis é que vai depender o rendimento democrático local.*

Trataremos de indicar neste trabalho, entre outras coisas, que as instituições no estado do Acre estiveram mais inclinadas a um melhor desempenho — por meio da desobstrução de canais institucionais — quando estiveram relacionadas e se alimentaram do desenvolvimento de atores sociopolíticos por meio das variáveis oportunidades políticas e capital social.

Interessa-nos neste trabalho demonstrar que, ademais do aproveitamento das oportunidades que são oferecidas pelo entorno, existem variações nas estratégias internas dos movimentos que criam oportunidades políticas. Melucci (1985) afirma que uma ação cole-

---

[1] O tratamento que daremos ao conceito *accountability* estará influenciado tanto pela garantia da representação dos interesses coletivos quanto do controle dos políticos. Os principais indicadores que usaremos para demonstrar os níveis da representação e controle são as políticas públicas e os resultados de eleições. Outra formulação que permite uma aproximação ao sancionamento ou à premiação dos *policys makers* é a da informação no seio desse movimento, a criação de identidade coletiva, ou a satisfação de interesse pessoal dos líderes deste movimento (Ructh, 1999).

tiva não pode ser explicada sem ter em conta como são mobilizados os recursos externos e internos, como se constroem e se mantêm as estruturas organizativas e como são asseguradas as funções de líder. Sustentamos que, para uma melhor aproximação ao tipo de oportunidade que facilita a mobilização, deve-se observar a importância que a categoria estrutura do movimento exerce sobre os movimentos sociais e de como esses fatores incidem na mobilização. Afirmamos que, para o caso de estudo deste trabalho, devemos definir esses fatores a partir do que Rucht (1992) chamou fatores estruturais e acidentais das opções estratégicas. Sustentamos que o conceito de oportunidades políticas implica parâmetros macroestruturais, mesoestruturas e microestruturas. Portanto, é nessas três esferas que o movimento social se apoia para realizar suas estratégias de ação.

Nesse sentido, para lograr seus objetivos e conectar-se com essas esferas macro, meso e micro, um movimento estrutura uma organização. Como apontou Ramos (1995), uma organização é uma representação formal da rede social[2] que realiza ações coletivas. A organização formal se constituiria na cristalização de determinados vínculos da rede social. A organização formal constitui, portanto, uma mediação entre o grande contexto macro e a micromobilização, já que apenas a rede social não consegue articular todos os elementos para fazer a necessária alimentação da mobilização desde um espaço micro a um espaço mais amplo. É a organização que permite essa articulação (Ramos, 1995). Essa articulação do nível micro ao macro perpassa uma zona cinzenta da mobilização que não está a priori determinada. É uma esfera que está no campo político. Está nas formas e estratégias adotadas por esses atores, como por seus opositores e o Estado, alvo de suas evocações demandatárias. Dessas dinâmicas da política contenciosa, os movimentos sociais não são alheios. Eles mesclam-se em uma simbiose de estratégias, as quais só é possível perceber quando se analisa empiricamente cada movimento para saber, por exemplo, quais são as táticas adotadas para a mobilização e em quais dessas esferas se apoiou esse movimento.

Os Movimentos Sociopolíticos e Ambientais no Acre (MSA) é o objeto de estudo desta investigação. Esse movimento sociopolítico será estudado buscando descrever e explicar os processos políticos contemporâneos no

---

[2] Aqui, a referência é ao que chamo, nesta obra, de redes sociais humanas, não em contraposição às redes sociais digitais, mas como forma de definir as relações que se estabelecem em termos e companheirismo, amizade, afinidades sociais e culturais, interesses por temas de políticas públicas.

estado do Acre (1988-2002), em que estiveram envolvidos amplos setores da sociedade acreana, os quais propugnavam por um desenvolvimento sustentável nos projetos de desenvolvimento local.

Trataremos de nos aproximar de um modelo de análise de um movimento sociopolítico heterogêneo na sua formação, mas que tem aspectos similares a outros movimentos que surgiram no Brasil pós-1988, ano da Nova Constituição Brasileira, que garantiu direitos de organização a setores antes excluídos do processo político brasileiro.

O marco temporal utilizado será de 1988 a 2002. Esse espaço temporal nos permitirá fazer uma análise da variedade de conflitos políticos que suscitaram a disputa pela terra no estado do Acre pelo seu morador tradicional, o extrativista, e da ulterior implicação de outros estratos sociais por meio do tema da preservação da natureza. Dois motivos nos estimulam a usar esse marco temporal. Em primeiro lugar, 1988 foi o ano da morte do sindicalista e ambientalista Chico Mendes, marco da luta pela preservação da natureza e do modo de vida das populações tradicionais do Acre, resultando ser o período do pico de protestos do MSA. Em segundo, o ano de 2002 marca a consolidação do MSA nas instituições do Estado de Direito, uma vez que um de seus aliados se reelege ao governo do estado do Acre. Ambos os motivos se enquadram dentro de nossa disposição de utilizar o conceito de oportunidades políticas e capital social, para explicar os sucessos que tiveram lugar durante o processo de disputa de poder político por esse movimento e os resultados obtidos em termos de políticas públicas para os dois temas que o mobilizou: a preservação do modo de vida das populações tradicionais e a preservação da natureza.

O tratamento que daremos ao processo político contemporâneo no Acre com a participação do MSA estará influenciado por uma multiplicidade de teorias que, atualmente, se perfilam nas ciências sociais, com especial ênfase nos tratamentos que os cientistas políticos vêm dando aos movimentos sociopolíticos a partir de uma perspectiva ampla, como é o caso da Teoria da Mobilização Política, do capital social e da *accountability* social, vertical e horizontal.

A investigação buscará demonstrar por que e como o *empoderamento* (*empowerment*) dos atores sociopolíticos ligados ao MSA foi acompanhado da mediação de um partido político (Partido dos Trabalhadores — PT), nas últimas duas décadas do século passado. Portanto, o partido político será estudado como uma variável interveniente no rendimento democrático dessa sociedade, fazendo a relação com a capacidade de o partido levar para o sistema político institucionalizado formalmente as demandas desse movimento.

Entre as muitas informações empíricas utilizadas neste livro estão: a) entrevistas semidirigidas aos militantes e dirigentes do MSA e aos políticos com cargos que tiveram relação com esse movimento nas duas últimas duas décadas do século passado; b) notícias nos jornais locais, nacionais e internacionais, que davam conta dos conflitos políticos em que estiveram envolvidos o MSA e, ultimamente, das políticas levadas a cabo pelo governo estadual para esse setor; c) panfletos, cartas, periódicos internos a este movimento para a análise de discurso dos seus membros; d) dados eleitorais fornecidos pelo Tribunal Superior Eleitoral (TSE).

No desenho de investigação optamos por utilizar dados tanto qualitativos como quantitativos, já que, para cada momento da investigação, se fez necessária a análise tanto por um método quanto por outro, ou por ambos ao mesmo tempo. Esse planejamento nos permitiu verificar o alcance teórico de nossa análise dos resultados de nossa investigação, apontando para possíveis generalizações do método e do marco teórico, para a análise do processo político contemporâneo na região em que se situa nosso caso de estudo.

Este livro se divide em introdução, cinco capítulos e uma conclusão geral que resume os descobrimentos mais importantes do trabalho e suas implicações para futuras investigações. O primeiro capítulo é uma descrição de algumas teorias elaboradas na América Latina e no Brasil e utilizadas comumente pelos cientistas sociais ao estudarem movimentos sociopolíticos como o que estamos analisando. Nesse capítulo, também fizemos uma incursão pelas várias teorias de análise de movimentos sociais europeias e norte-americanas, assim como pelas teorias do capital social e da *accountability*, tentando apontar a pertinência de tais teorias para nosso caso de estudo.

O segundo capítulo descreve os antecedentes históricos-estruturais do MSA, que vão desde as primeiras disputas de Portugal e Espanha no século XVII, passando pela Revolução Acreana para a anexação do Acre ao Brasil, até os ciclos da borracha, iniciados no século XIX, a crise do modelo de exploração desse produto e o novo modelo de ocupação das terras do Acre, na década de 1970 e, por último, a formação do MSA, nos finais da década de 1970.

O terceiro capítulo se ocupa em demonstrar como se formou a identidade dos "povos da floresta" e a sua institucionalização informal e formal. Nele, buscamos descrever como os primeiros "madrugadores" do MSA criaram um marco de referência, tanto interno como externo, para se aproveitarem das oportunidades políticas que o momento lhes disponibilizava, ou seja, a partir tanto de sua mobilização interna como do potencial de seus aliados, para abrirem janelas de oportunidades no sistema político.

No quarto capítulo, buscamos vincular análises empíricas do MSA e seu capital social, em uma relação de vínculos de seus laços fortes (comunitários), com os laços fracos (aliados), para a partir dessa observação demonstrar os círculos virtuosos e viciosos capazes de surgir nesse tipo de relação. Encontramos que, na relação verticalizada com o institucional formal, o MSA se manteve fiel aos temas que o mobilizou em termos identitários, sem, no entanto, conseguir ficar fora das instituições formais do Estado de Direito, obtendo resultados que o legitimaram nas políticas públicas do governo do estado do Acre nos últimos anos.

No quinto capítulo, conectado com o anterior, analisamos a relação do MSA, o PT e o Estado. Nele, começamos fazendo uma análise das políticas públicas, em que o movimento e o partido serviram de conectores de informação simétrica, para a elaboração dessas políticas. Descrevemos e explicamos como as agendas de políticas e de resultados do governo do PT (1999-2002) foram influenciadas pelas *interfaces* do controle e responsabilidade do Programa de Desenvolvimento Sustentável do Acre, do qual participaram o MSA e o partido. Dando continuidade, fixamos nossa análise nos processos eleitorais das últimas eleições municipais e estaduais do estado do Acre, para verificar o rendimento eleitoral do PT e sua relação com a posta em marcha de políticas públicas, nas quais houveram controles social, vertical e horizontal.

Por último, fizemos um resumo das principais relações encontradas na investigação entre os movimentos sociopolíticos no estado do Acre, nas duas últimas décadas do século passado, a incidência desse movimento no sistema político e perspectivas de investigação. Indicamos que esses movimentos, além de terem influenciado a configuração do poder a nível local, são também atores que podem incrementar o rendimento democrático das regiões em que atuam. Também indicamos que, para uma aproximação analítica desses processos políticos, uma estratégia vantajosa é abandonar a visão de polarização entre sociedade civil e Estado e centrar nossas análises nas relações de complementariedade dessas esferas.

CAPÍTULO I

CONSIDERAÇÕES ACERCA DE ANTECEDENTES TEÓRICOS PARA A ANÁLISE DOS MOVIMENTOS SOCIAIS: POTENCIALIDADES E FRAGILIDADES

1.1 INTRODUÇÃO: UM MODELO TEÓRICO ORIENTADOR PARA O ESTUDO DO MSA

O avanço que os politólogos presenciaram nos últimos anos com relação aos enfoques na Ciência Política foi enorme[3]. Com substantiva alimentação em outras ciências sociais, caminhando para ganhar robustez teórica na última metade do século passado, a Ciência Política pôde oferecer ao mundo acadêmico um mosaico de alternativas para o tratamento adequado da teoria[4].

A riqueza de perspectivas para a análise política permite hoje que tomemos vários enfoques para modular uma análise que seja, inclusive, multifacetada de um mesmo sistema. Trataremos de propor, dentro de uma metodologia com essas características heterodoxas, um estudo da estrutura e do funcionamento de uma sociedade local, ou melhor, do processo político dessa sociedade. Para isso, é importante começar por apontar o que entendemos por enfoque para a análise política.

Na Ciência Política, consideramos um enfoque como parte de uma análise sistemática de investigações feitas por indivíduos que, subjetivamente, definem um marco referência para ordenar suas percepções dos processos políticos a estudar. Essa afirmação é determinante para limitar e, ao mesmo tempo, ampliar os esforços empíricos de investigações sobre o comportamento político de uma sociedade.

Em Sartori (1997), podemos verificar como o estudo dos conceitos recebe tratamentos diferenciados dependendo do tipo de definição que se busque. Para o autor:

---

[3] Zuckerman (1991) diz que com frequência o cientista político, ao descrever o mesmo fenômeno, analisa-o de formas muito diferentes. Inclusive pode ocorrer que observe o mundo de diversas formas.

[4] Para Easton (1967), ao explorar as diversas alternativas teóricas que se oferecem na Ciência Política, logramos distinguir claramente, em geral, entre a metodologia e o tratamento substantivo dos problemas teóricos, atribuindo a cada uma destas questões o lugar e o peso que lhe corresponde.

O caso limite da possibilidade máxima de observação de um conceito é o da *definição operacional,* que indica as "operações" que nos permite "medir" um conceito. Podemos dizer também, com maior flexibilidade, que conceito operacional é o que é reduzido a suas operações, a suas propriedades observáveis e definido por meio de operações que permitem verificá-lo. A química é o paraíso das definições operacionais (no sentido estrito). É bom insistir na advertência de que nas ciências sociais a definição operacional é um caso limite, a cujas vantagens correspondem alguns limites. De fato, um conceito operacionalizado é empobrecido conotativamente, sendo amputado de suas características não operacionais. Devemos insistir também no fato de que a observação dos conceitos é muitas vezes indireta (mediata), efetuada por meio de *indicadores* (Sartori, 1997, 5 p. 2-53).

Ao definirem-se os conceitos dos modelos explicativos e os fenômenos políticos como unívocos, ou seja, abstrato ou empírico, dificulta-se a análise dos processos políticos que pertençam a múltiplas causas. Essa é uma das preocupações deste trabalho de investigação, que, portanto, estará aberto às possibilidades que permitam a categorização de conceitos.

Todavia, podemos começar por definir de forma declarativa os conceitos que utilizaremos na investigação, com a intenção de não cairmos no que Bartolini (1996) chama ambiguidade e vaguidade[5]. Devido ao fato de a utilização de conceitos como *capital social, oportunidades políticas, accountability* e *instituições formais* e *informais* depender do objeto da investigação, precisaremos em outro capítulo cada um dos conceitos; ademais, será de grande utilidade para a investigação que, neste capítulo sobre os conceitos, se faça referência à relação que existe entre essas diferentes classes de conceitos, para explicar o processo político que vamos estudar. Do dito, nos parece apropriado recorrer então às várias categorias de conceitos se queremos construir um modelo conceitual de múltipla causalidade para fenômenos políticos.

---

[5] Para Bartolini (1996), na linguagem das ciências sociais são especialmente importantes os conceitos empíricos, os que têm referentes empíricos, os que têm referentes mais ou menos diretos de seu significado na experiência sensorial; são os que podem referir-se a coisas observáveis. Dado que os significados de tais conceitos têm em nossa mente a forma de palavras e, a sua vez, se referem a um conjunto de objetos, de referentes, se colocam dois problemas de fundo: 1) se um determinado símbolo (palavra) reflete adequadamente o significado de um conceito; e 2) se um conceito reflete adequadamente os objetos ou as propriedades dos objetos que intenta refletir. O primeiro é um problema da ambiguidade dos conceitos. Dispomos de poucas palavras para muitos significados, assim que com frequência uma palavra tem vários significados. Na linguagem comum, essa variedade de termos a respeito dos significados pode ter inclusive aspectos positivos, porém em uma linguagem científica corre o risco de gerar uma notável confusão conceitual. O segundo problema é o da vaguidade do conceito; ou de conceitos que não indicam com suficiente claridade seu próprio referente, as coisas a que se referem.

Sobre os antecedentes dos enfoques, afirmamos ainda que esse caráter histórico dos enfoques sugere uma dialética para o desenvolvimento da teoria, e esta, ao mesmo tempo, lhe permite uma abertura a novos enfoques.

O modelo de argumentação que usamos para a análise de processos políticos é um esquema aplicado a um determinado tipo de acontecimento em uma determinada sociedade, assim como todos os enfoques buscam explicações de fatos isolados para depois fazer generalizações. Nesse sentido, passaremos a desenhar o esquema utilizando os conceitos e as categorias de algumas teorias já elaboradas na Ciência Política e em outras afins, que permitirão: a) aclarar qual é nosso objeto de estudo; b) os tipos de orientação teórica da investigação; c) a proposta de verificação da causalidade dos fenômenos políticos a estudar; e d) mostrar um modelo para a verificação empírica e a subsequente criação de uma tipologia para esses fenômenos políticos.

1.2 UM MODELO DINÂMICO PARA A ANÁLISE DO PROCESSO POLÍTICO

Observando as sociedades latino-americanas, em especial a brasileira, percebemos uma multivariedade de acontecimentos no campo da política, ou melhor, nos processos de transição que se podem classificar como na contracorrente das propostas de desenvolvimento indicados ou impostos pelos centros decisórios de poder para essas sociedades[6]. Isto nos permite inferir que, em sociedades locais, essa multivariedade de acontecimentos levou os atores sociopolíticos a fomentar novas práticas de participação na vida política, centradas em pautas de um desenvolvimento local com traços distintos das que precederam o final da década dos anos de 1980.

Na linha de argumentação anterior, acreditamos que algumas produções europeias e americanas já deram sua contribuição para entender como os movimentos sociais daquelas sociedades criaram *repertório* de ação para confrontar seus interesses com o de outros atores, podendo ser este inclusive o Estado. Particularmente importante são as aportações de

---

[6]   García-Guadilla *et al.* (1997) sustentam que a transição na América Latina se dá em um contexto de crise econômica e política, que trouxe consigo: a) priorização da variável econômica com aumento de desigualdades sociais e impacto ambiental; b) falta de vontade política dos governos para plasmar em políticas e programas de caráter ambiental; c) o discurso da descentralização foi obstaculizado pelos efeitos negativos dos ajustes econômicos; e d) institucionalização do discurso do desenvolvimento sustentável.

Charles Tilly, em *From Mobilization to Revolution* (1978) e *The Contentions French* (1986), nelas o autor trata o repertório de confrontação como os mecanismos de que dispõem os indivíduos, em determinados momentos, para propor alternativas a uma situação dada, visto que essas situações podem mudar como o Estado e o capitalismo mudaram durante o percurso da história, ou seja, o repertório de ação está limitado pelo momento e ampliado pela forma como esses grupos perseguiram seus fins em outro momento da história.

Como afirmou Tarrow (1997), um repertório é um conceito estrutural e cultural ao mesmo tempo. Essa afirmação, apesar de referir-se a um contexto diferente do Brasil, nos faz refletir sobre as mudanças estruturais que aconteceram no país, dos meados do século passado aos dias atuais e sobre as mudanças culturais que acompanharam essas transformações. Deve ainda vir matizada por uma aproximação aos modos que a ação coletiva se utiliza de novas e velhas estratégias, maneiras ou táticas para confrontar seus oponentes. Nas palavras de Tarrow (1993, p. 272):

> Ao falar de *modularidade*, nos referimos à capacidade de uma forma de ação coletiva para ser utilizada por uma variedade de agentes sociais contra uma gama de objetivos, seja por si mesma ou combinando-se com outras formas. Empregando o conceito em 1993, Tilly considera que as novas formas eram modulares "no sentido de que as mesmas formas serviam a distintos atores e reivindicações em diferentes lugares.

Mais adiante, Tarrow (1997) esclarece o sentido de *repertório modular*, dizendo, entre outras coisas, que na Europa e América do Norte do século XVIII se desenvolveram as novas formas modulares de ação coletiva a seguir: geral em vez de específica; indireta em vez de direta e flexível em vez de rígida. Herdadas do passado, essas novas formas modulares de ação coletiva foram incrementadas pela capacidade de os indivíduos proporem novas reivindicações, adaptando as informações que herdaram de movimentos anteriores.

Essas novas formas de ação coletiva empregadas pelos movimentos contemporâneos — pode-se dizer que é uma adaptação às mudanças estruturais de uma sociedade e a capacidade dessa sociedade se adaptar a novas formas de relacionar-se com o Estado e o mercado — estão presentes nos movimentos sociais que emergiram no final dos anos de 1970 e que perduram até a atualidade no Brasil. Exemplo disso são os movimentos que estamos estudando no estado do Acre. Nessa região, os movimentos se utilizaram das formas tradicionais de luta pela terra e acrescentaram novas formas de luta para enfrentar seus opositores, ou seja, foi criado e adaptado um repertório que permitiu a esses movimentos se aproveitarem das oportunidades que surgiam no cenário nacional e internacional. Aqui aproximamos os conceitos toquevillianos de *oportunidades políticas* com o de *capital social*[7].

Recentemente Zald (1999), ao referir-se aos estudos especializados sobre cultura e criação de marcos interpretativos por parte dos movimentos sociais, afirmou que a maneira como esses estudos foram analisados levou a resultados amorfos. Esse autor dá algumas pistas novas para um *approach* ao estudo dos movimentos sociais que leve em conta o efeito da inter-relação entre movimentos, a criação de marcos interpretativos e a sociedade em geral. Esses tópicos são: *a construção cultural de repertórios de argumentos e os marcos em que se enquadram, as contradições culturais e os sucessos históricos, o processo de criação de marcos como uma atividade estratégica, os processos competitivos e, os meios de comunicação*. Por último, para esta investigação, quiçá o mais importante seja o fato de Zald afirmar que é necessário entender como se articulam as oportunidades políticas e a mobilização para dar forma aos resultados da luta entre os defensores de marcos diferentes. Em suas palavras: "Os marcos resultantes desdobram seus efeitos tanto a curto como a longo prazo e influenciam as políticas e o *stock cultural*" (Zald, 1999, p. 370, grifo nosso). Como será desenvolvido ao longo deste capítulo, os dois conceitos de *stock cultural* e de *stock de capital social* não receberão tratamento distinto em termos declarativos, já que o que nos interessa é salientar a importância da superação do dilema da ação coletiva a partir das pautas culturais de uma sociedade que recorre aos marcos interpretativos sobre injustiças, tanto para os que estão envolvidos em um tema e quanto para os que estão fora, mas que, no entanto, se veem ambos afetados moralmente por essas injustiças. Esses marcos interpretativos das injustiças podem perfeitamente ser atribuídos aos processos que suscitam a confiança, as normas e os sistemas de participação para se acumularem e reforçarem-se mutuamente no que Putnam (1994) chamou de comunidade cívica.

Do dito, capital social refere-se às normas que são intrínsecas a uma comunidade; são também as relações sociais que se estabelecem dentro dessa comunidade de forma institucionalizada, formal ou informalmente.

---

[7] Entre as obras que se podem consultar sobre a aplicação desses conceitos na análise da ação coletiva, ver Tocqueville (1987); Tarrow (1989, 1994, 1996); Putnam (1994); Franco (2001).

Essas práticas culturais são, uma vez, acúmulo e desenvolvimento dos processos estruturais. Em outras palavras, não vemos porque os conceitos de cultura e capital social devam ser utilizados de forma distinta, já que o último incorpora a primeira na tentativa de revelar os impactos dos movimentos sociais sobre a cultura e desta sobre os movimentos. Zald (1999) afirmou que essa circularidade, que é uma contribuição de McAdam em um livro editado por Laraña, Johnston y Gusfield em 1994, é potencial e amorfa e, depois de analisar os tópicos que destacamos no parágrafo anterior, propõe que se façam exames comparativos sobre o impacto e a influência que os movimentos sociais exercem sobre a cultura, os marcos interpretativos e o âmbito do político.

Como não é o caso deste livro fazer um estudo comparativo, nos inspiraremos em Zald para fazer esse exame, estudando um caso para apontar essa circularidade que existe entre a cultura, os marcos e os processos políticos. Acreditamos que o esquema simplificado que adotamos, para descrever como funcionou este processo no estado do Acre (Brasil), permitirá a esta investigação mostrar os aspectos positivos dessa circularidade entre os conceitos de capital social, oportunidades políticas e rendimento democrático. Ademais, as evidências empíricas que analisamos demonstraram que Gamson e Mayer (1999) tinham razão ao criticarem os estudos que compreendiam as oportunidades políticas na perspectiva dos próprios movimentos, ou seja, as oportunidades permitem que se abram vias para a ação política, porém, não é menos certo que os movimentos também criam oportunidades:

> Al igual que ocurre con la creación de los marcos interpretativos, en el concepto de oportunidad se equilibran los elementos estructurales y los de acción. Por un lado, los marcos interpretativos son parte del mundo, algo pasivo y estructurado; pero, por otro lado, la gente los construye activamente. Interpretamos los sucesos con ayuda de estos marcos, pero somos nosotros los que creamos [...].
> A menudo, las oportunidades no se presentan como deudoras de ningún movimiento en concreto, no obstante, hay que decir que los movimientos despliegan una gran actividad a la hora de estructurar o incluso crear oportunidades políticas. Es frecuente que se beneficien de oportunidades creadas por sus predecesores o por otros movimientos contemporáneos. También hay que tener en cuenta que las oportunidades son objeto de interpretación y, a menudo, objeto de controversia. Las oportunidades políticas deben asimilarse a través de

un proceso de creación de marcos interpretativos lo, que, a menudo, desencadena desacuerdos internos sobre las estrategias a seguir (Gamson; Mayer, 1999).

Analisar os movimentos sociopolíticos e ambientais no Acre, do final dos anos de 1980 ao ano de 2002, como parte do sistema político em transformação, como uma variável importante/explicativa para descrever processos políticos contemporâneos desta sociedade política, como ator importante antes, durante e depois dos *ciclos de protestos* iniciados por esses movimentos e como articulador desses ciclos com a cultura, ou *capital social* desta sociedade. Estes são alguns dos objetivos que propomos nesta investigação.

Mostraremos como um tema, inicialmente a luta pela terra no estado do Acre no final dos anos de 1970 e início dos anos de 1980, transformou-se em uma iniciativa importante, visto que se aproveitou das *oportunidades políticas* que lhe ofereceu o sistema político em crise no final da década de 1970 (Regime Militar) e no processo de transição para a democracia no Brasil; como e porquê no regime democrático atual, que se inicia com a transição para a democracia, consegue colocar suas demandas na agenda pública, por meio de suas representações nos parlamentos e nos executivos municipais e Estadual.

Descreveremos e explicaremos os processos políticos contemporâneos da sociedade acreana, em consonância com o que ocorreu nos últimos 20 anos nos processos políticos a nível de Brasil. Nesse sentido, é importante começar por esclarecer que essa análise não negará a importância dos fatores estruturais da sociedade brasileira para a formação desse movimento, em período anterior ao que marca esta obra (1988-2002). Esses fatores estruturais se referem tanto ao ambiente econômico como político que marcaram ou criaram as especificidades da região do Acre em termos econômicos, políticos e culturais, que levaram ao surgimento de um movimento social a partir do final dos anos de 1970 e início dos anos de 1980 no Acre.

Seguimos aqui a orientação de Tarrow (1989), com relação à analogia que faz esse autor sobre os ciclos de negócios (*business cycles*) e os ciclos de protesto (*protest cycles*). O argumento sugere que os fatores sistêmicos, que são experimentados em ambos os ciclos, são, na sua origem, estruturais, no entanto, não podem ser explicados, na sua totalidade, por essa origem estrutural que tem lugar dentro desse sistema.

> A protest cycle can most usefully be pictured as an analogue to a business cycle: that is, a series of individual and group decisions made in the context of some general, though not uniformly experienced, systemic factors that both trigger the cycle and help to maintain it. In a protest cycle, as in a business cycle, the original factors that give rise to protest are structural, but they cannot explain directly all the actions that take place within it. Once the cycle begins, the actions of some groups trigger responses by late-comers, which may be independent of the structural factors that incited the early early risers, for example, consider a depression. the general factors that initiate and prolong it are both structural (e.g. overproduction and risk-inducing interest rates and margins) and situational (e.g. the climate for business). The cycle begins when individuals and groups--often in response to a suddenly imposed grievance such as a crash-withdraw their confidence from the market. it is then diffused by reactions to these effects-for example, by imitation (when bank scares begin) or by reaction (when these scares lead to mortgage foreclosures). It is completed when government and other influential groups take action to reverse the cycle, and people respond by returning to habitual economic behaviors or by devising new ones. The dynamic of a protest cycle can seen in a similar way, except that what initiates a protest cycles are decisions to take disruptive collective action against elites, other groups, or authorities. Protest cycles are also like economic cycles in that organizations like firms, develop and expand in response to an increase in demand. These may be new groups (e., social movement organizations) or old ones (eg., existing interest organizations). they compete for people's support with different combinations of programs and forms of action (Tarrow, 1989, p. 51).

Argumentamos que os fatores estruturantes da sociedade brasileira estiveram intimamente vinculados aos aspectos econômicos e políticos que marcaram as sucessivas tentativas de organização do Estado brasileiro nas suas mais variadas vertentes, seja a caracterização de indústria manufatureira, que marcou a vida econômica do país até meados do século XIX[8], sejam as estratégias de desenvolvimento do período Repu-

---

[8] Em 1967, Francisco Iglésias afirmou que a década dos cinquenta (do século XIX) assinalou um momento significativo do processo industrial e que apesar disso houve aspectos indutores e aspectos paralisantes do processo de industrialização. Sobre os aspectos indutores do crescimento industrial, o autor aponta que nos últimos anos do Império houve um ritmo crescente da indústria e que isso se explica principalmente por fatores

blicano, que Celso Furtado (1971) caracterizou como sendo o da história da política econômica governamental brasileira. Para o autor, estas comporiam a *estratégia de desenvolvimento nacionalista*, que marcou os anos de 1930-1945, 1951-1954 e 1961- 1964. Estas tinham como pressuposto implícito e explícito o projeto de um *capitalismo nacional*, como a única alternativa para o progresso econômico e social, esse tipo de capitalismo propugnava a nacionalização dos centros de decisão sobre os assuntos políticos e também uma proposta de hegemonia nas relações do Brasil com os países da América Latina e África. A outra alternativa, a chamada *estratégia de desenvolvimento dependente*, que abarcou os anos de 1946-1950, 1955-1960 e 1964-1970, via o projeto de um *capitalismo dependente* como a única alternativa para o progresso econômico e social do Brasil. Nesse caso, existia um reconhecimento das conveniências e exigências da interdependência das nações capitalistas, sob a hegemonia dos Estados Unidos (Ianni, 1971).

1.3 A TEORIA DA MOBILIZAÇÃO DE RECURSOS E A TEORIA DA MOBILIZAÇÃO POLÍTICA: UMA APROXIMAÇÃO DE ENFOQUES PARA O ESTUDO DO MSA

Quando os teóricos da eleição racional — *rational choice* — criaram o enfoque da mobilização de recursos para explicar o funcionamento dos sistemas, pensaram que este podia resumir-se em tempo, dinheiro, recursos humanos e infraestrutura. Isso foi assim porque a ótica orientadora dos estudos, feitos por essa classe de teóricos, era do tipo econômico, não tinham pretensões de tratar ou utilizar a categoria "sociedade civil"; a teoria estava presa a condicionantes econômicos para explicar os fenômenos da ação humana. Além disso, a metodolo-

---

como: segurança do país; política tarifária; dificuldade no pagamento das importações; queda no câmbio, que encarece a mercadoria estrangeira; lei de repressão ao tráfico, que libera o capital; eventualidade de um empresário moderno; crises da lavoura, que alertam para o perigo do exclusivismo agrário, consciência do interesse industrial e esboço de uma ideologia nacionalista. Entre os fatores que inibem o impulso industrial estariam: sobrevivência da ordem agrária, condicionante da orientação política; defesa da importação, pelos agentes no país; continuação, no meio rural, de atividades artesanais; pequena dimensão do mercado e falta de meios de pagamento, da maior parte da população; permanência do trabalho escravo, que leva à técnica rudimentar, sem uso de máquinas; a falência de empresários como Mauá e as crises econômico-financeiras de 1864 a 1875, que levam ao descrédito e que ainda não se firmara no conceito popular; situação deficitária das finanças públicas — embora a balança comercial apresente saldos significativos desde 1861 —, responsável pela instabilidade que não cria o clima de confiança e leva à revisão de tarifas, para equilíbrio. Por fim, argumenta este autor que nessa metade do século XIX existe um progresso real e o capitalismo começa a ser estruturado (Iglésias, 1967).

gia utilizada estava centrada em um individualismo metodológico e no cálculo custo-benefício. Do primeiro, se pode dizer que via os indivíduos como portadores de sua própria ação, no sentido de criar suas atividades independentes da própria sociedade. Sobre o cálculo custo-benefício se pode dizer que apostava numa abordagem em que os indivíduos, ao tomar algum tipo de atitude, levavam em conta principalmente os ganhos dessa ação na sociedade.

No entanto, o problema do *approach* da teoria da mobilização de recursos para estudar os movimentos sociais não era atemporal, ou seja, ela estava centrada na negação dos clássicos que estudaram os movimentos sociais até a década de 1960. Estes afirmavam que os indivíduos se mobilizavam por causa de seus sentimentos; negava também o *approach* psicossocial, que encaravam as privações materiais e culturais dos indivíduos como fatores explicativos das mobilizações.

> Nesta perspectiva, Mayer em 1991 afirmou, tendo como base os estudos realizados nos Estados Unidos, que esta teoria: "Surgiu numa conjuntura histórica e representa a racionalização teórica de contradições historicamente determinadas e sua práxis correspondente. Em outras palavras, a Teoria da Mobilização de Recursos emergiu de um esforço para analisar os movimentos sociais dos anos de 1960 e, como consequência, reflete suas condições de emergência, dinâmica, desenvolvimento, estrutura de organização etc., em contraste com as abordagens clássicas que procuravam explicar os movimentos de massa dos anos 20 e 30, os quais eram totalmente diferentes dos tipos de movimento dos anos 60" (Mayer, 1991, p. 182).

Em termos gerais, a maior crítica que se fez à teoria da Mobilização de Recursos direcionou-se a outra teoria que lhe deu origem e que já citamos: a *rational choice*, uma vez que os analistas dos movimentos sociais buscavam explicar esses movimentos como um mercado de ideias e grupos, em competição permanente por recursos de forma calculável, tanto para incrementar sua infraestrutura como para a mobilização de suas bases.

A partir dos anos de 1970, houve uma espécie de revisão da premissa básica que sustentava a Teoria da Mobilização de Recursos, a da lógica econômica. Busca-se conferir novas categorias de análise aos estudos da ação coletiva: o processo político, a cultura — que haviam sido negligenciados na primeira etapa dessa teoria. O processo político foi utilizado para orientar as explicações/interpretações das ações coletivas.[9] A partir dessa nova definição das análises das ações coletivas, muitos investigadores que haviam utilizado o paradigma da Mobilização de Recursos redefiniram seus enfoques aportando ampliações naquela abordagem e criando conceitos, dando especial atenção aos recursos sociais, políticos e de redes das comunidades. Para Gohn (2000, p. 71):

> As abordagens dos autores não são uniformes, há ênfases que remetem à criação de novos conceitos. Partindo de uma crítica a análise inicial de Olson, Zald e McCarthy, chamou-se a atenção para os recursos sociais da comunidade, para o contexto político e para a rede de relações sociais. Demonstrou-se que o movimento dos direitos civis nos Estados Unidos, por exemplo, não pode ser explicado por variáveis só econômicas. Com base em pesquisas empíricas, argumentou-se que outros fatores macroestruturais facilitam a geração de protestos sociais, tais como: o nível de organização do grupo em estado de carência e a realidade política de confrontação posta pelos líderes desafiadores, num esquema de rede de relações sociais entre os grupos coletivos.

McAdam (1999a) sugere que, nessa fase de redefinição do paradigma da Mobilização Política, novas perguntas são sugeridas, como as que fez Lipsky em 1970:

> Estamos acostumados a descrever os sistemas políticos comunistas como "experimentando um degelo" ou "atravessando um processo de retração". Não deveria, ao menos, perguntar-se abertamente se o sistema político americano experimenta tais fases e flutuações? Da mesma maneira, não é prudente assumir que o sistema estará mais ou menos aberto a grupos específicos em diferentes momentos e diferentes lugares?". Lipsky pensava que a resposta a ambas perguntas era afirmativa. Acreditava que o fluxo e o refluxo da atividade de protesto era uma função das mudanças que faziam do sistema político algo vulnerável ou receptivo às exigências de grupos determinados. Três anos depois, Peter Einsinger (1973) utilizou o termo "estrutura de oportunidades políticas" para ajudar a explicar a variação "na con-

---

[9] Entre os trabalhos mais importantes nessa fase se pode citar como aproximações teóricas: Klandermans (1988, 1990, 1994, 1994a, 1995), Friedman (1992), Tarrow (1988a, 1988b, 1992, 1994, 1996), Johnston (1994, 1995, 1996), Fantasia (1988, 1995), Taylor e Whittier (1992), Mueller (1992, 1994), Morris (1992), Kriesi (1988, 1996), Laraña (1994), Inglehart (1990), Amenta (1995), Meyer (1993) e tantos outros.

duta de distúrbio" em quarenta e três cidades americanas. Coincidindo com o ponto de vista de Lipsky, Eisinger (1973) descobriu que "a incidência do protesto está [...] relacionáda com a natureza da estrutura de oportunidade política da cidade", que definiu como o grau em que é provável que os grupos sejam capazes de ascender ao poder e manipular o sistema político (McAdam, 1999a, p. 49).

McAdam diz ainda que, dez anos depois, a premissa central em que se baseavam as obras de Lipsky e Einsiger foi adotada como princípio central de um novo modelo de análise dos movimentos sociais: o "processo político". Defensores desse modelo — por exemplo Jenkins e Perrow (1977); Tilly (1978); McAdam (1982); Tarrow (1983) — viram o ritmo e o destino dos movimentos como dependentes, em grande medida, das oportunidades oferecidas aos insurgentes pela mutante estrutura institucional e a disposição ideológica dos detentores do poder (McAdam, 1999a).

Como consequência, podemos inferir que a Teoria da Mobilização Política se afirmou prioritariamente a partir de uma conjunção de pontos de vistas de *como* e *por que* se desenvolve uma ação coletiva. Reavaliando o legado da filosofia da História, Melucci (1989) diz que houve uma aproximação dos paradigmas europeus e americanos no tocante principalmente ao que chamou de:

> Superação das dualidades *isolamento/solidariedade* (Tilly, 1975; Useem, 1980). A primeira abordagem (representada por teorias do comportamento coletivo e da sociedade de massa)[10] considera a ação coletiva como um resultado da crise econômica e da desintegração social, particularmente entre os desamparados. A última considerava os movimentos sociais como uma expressão de interesses partilhados dentro de uma estrutura comum (especialmente uma condição de classe, como todas as abordagens derivadas do marxismo). As teorias do isolamento negligenciaram a dimensão do conflito dentro da ação coletiva e a reduziram à reação patológica e à marginalidade. Os modelos de solidariedade foram incapazes de explicar a passagem das condições sociais para a ação coletiva. O problema marxista clássico (como passar da condição de classe para a consciência de classe) ainda existe e não pode ser resolvido sem levar em consideração como um ator social é formado e mantido.

---

[10] Ver especialmente Smelser (1989) e Kornhauser (1969).

Outra dualidade pode ser observada em termos de *estrutura/ motivação* (Webb, 1983), isto é, a ação coletiva vista como um produto da lógica dos sistemas, ou como resultado de crenças pessoais. A ênfase estava, por um lado, no contexto socioeconômico, por outro, no papel da ideologia e dos valores (Melucci, 1989a).

Podemos afirmar que a Teoria da Mobilização Política ou, como alguns autores chamam, Teoria do Processo Político (Goodwin, 1996) passou a utilizar uma nova abordagem na análise da ação coletiva mais abrangente e mais abarcadora de vários enfoques, os quais consideravam a sociedade de um ponto de vista mais complexo, ou melhor, consideravam novas formas pelas quais sociedades complexas contemporâneas deveriam ser observadas,[11] levando em conta o que existe de comum entre as novas mobilizações e o debate com a teoria da mobilização de recursos.

Em primeiro lugar, a teoria da mobilização política surgiu do debate com os paradigmas predominantes, nas análises dos movimentos sociais nas últimas três décadas, tendo novamente a cultura um relativo peso, como foi na Teoria dos Novos Movimentos Sociais. Vale ressaltar que as pré-condições culturais para as mobilizações e militância também são extremamente relevantes. Em segundo lugar, o paradigma marxista, que só era lembrado em momentos específicos de negação ou afirmação de posições de autores, é resgatado. Mobilização e estrutura de oportunidades políticas são as duas categorias centrais. No entanto, os elementos retirados do paradigma marxista foram codificados e utilizados de outra forma. As condições estruturais — vistas como oportunidades políticas — são analisadas pela Teoria da Mobilização Política do ponto de vista dos interesses políticos, projetos e forças sociais envolvidos. Em terceiro lugar, a teoria da mobilização política, ao resgatar algumas premissas do paradigma tradicional da ação coletiva (como as reivindicações e privações culturais) e alguns

---

[11] Melucci (1989) sugere que a observação das sociedades complexas deve examinar que: 1) As novas formas de agregação social têm uma natureza permanente e não conjuntural. Elas coexistem com outras categorias mais consolidadas (como as classes, grupos de interesse e associações) e, embora variem em suas formas empíricas, são um componente estável e irreversível dos sistemas sociais contemporâneos; 2) Uma função de socialização e de participação "submersa" é preenchida por essas novas formas de solidariedade conflitual, que abre novos canais para o agrupamento e a seleção de elites. Os meios tradicionais de socialização política, de inovação cultural e de modernização institucional, em consequência disso, se redefiniram; 3) O controle da complexidade tem de se ocupar cada vez mais com a relação entre sistemas institucionais de representação e tomadas de decisão e novas formas de ação. Estas não são facilmente adaptáveis aos canais existentes de participação e às formas tradicionais de organização política; além disso, seus resultados são difíceis de prever e isso aumenta o já alto grau de incertezas nesses sistemas.

postulados de análises marxistas (de que as reivindicações são frutos de condições estruturais que criam as privações), articulou esses resgates com a questão central da abordagem dos Novos Movimentos Sociais (a da identidade coletiva) e construiu novas explicações sobre como os adeptos de um movimento social pensam sobre si próprios, como compartilham suas experiências e as reinterpretam em contextos de integração social. Em quarto lugar, a teoria da mobilização política não abandonou as premissas da mobilização de recursos, além de dar prioridade a análise estrutural. Para essa teoria, existe um ambiente propício para que as oportunidades políticas, os símbolos e códigos sejam utilizados como recursos, instrumentos, meios para os fins nas sociedades modernas. Em outras palavras, trata-se de não abandonar por completo a lógica da racionalidade presente na teoria da mobilização de recursos e do paradigma marxista. Nesse sentido, não será a economia que determinará as atividades dos movimentos sociais, já que a política passa a cobrar relevância à medida que se dá maior importância à análise institucional, no papel das organizações e instituições junto aos movimentos, abrindo novas oportunidades para a readequação do paradigma tradicional ou da mobilização de recursos a novos marcos de referência no campo teórico de análise dos movimentos sociais contemporâneos. Por último, deve-se assinalar a capacidade que teve essa nova teoria para enlaçar as políticas institucionalizadas e os movimentos sociais, tentando demonstrar que, entre os movimentos e o sistema político, existe uma relação de integração das disputas e lutas sem uma ordem preestabelecida, existem sim oportunidades e constrangimentos.

A Teoria da Mobilização Política vai orientar suas contribuições no sentido de incluir uma redefinição das análises dos movimentos em termos mais sistêmicos. É nesse momento que surgem as análises de protesto que orientarão trabalhos que julgam importante as respostas do sistema político, como também a interação entre os grupos de protesto e as elites. Um dos autores mais importantes desse momento é Sidney Tarrow (1989). Ele buscou fazer a conexão entre "ciclos de protesto" e "ciclos de reforma", sugerindo que o protesto é mais uma função "fisiológica" estável em sociedades complexas do que simples manifestação de patologia social (tão presente nas análises mais tradicionais). O estudo dessa relação entre "ciclos de protesto" e "ciclos de reforma" passou a fornecer bases empíricas para o ponto de vista tradicional, que é marxista na origem, ligando o conflito social à mudança (Melucci, 1989a). Essa ligação entre conflito e a mudança social tem inspirado estudos nos quais se analisa como os repertórios da ação coletiva mudam de um tipo a outro, permitindo generalizações entre ambos: conflito e mudança.

Podemos, seguindo a Tilly (1998), afirmar que as possíveis causas da mudança de repertórios dos movimentos sociais se relacionam com as mudanças a nível de governos, propriedade, movimentos populacionais, papel de dirigentes profissionais nos movimentos sociais e a difusão de modelos para propor reivindicações claramente efetivas em situações de mudanças. Em outras palavras, conflito e mudança social são influenciados mutuamente. Para uma melhor aproximação dessas dualidades entre conflito e mudança social, a melhor estratégia está em observar os efeitos do conflito como ganhos e perdas das ações coletivas, sem perder de vista as consequências dessas ações nos seus participantes. Existe atualmente um consenso entre os estudiosos do conflito político em relacionar algumas categorias superpostas.

- *Reorganização*: o esforço do conflito transforma as relações sociais internas e externas dos atores implicados, incluindo autoridades, terceiras partes e o objeto de suas reivindicações.

- *Realinhamento*: mais concretamente, a luta, a defesa e a cooptação alteram as alianças, rivalidades e inimizades entre governantes, outros contendentes e os grupos reivindicativos.

- *Repressão*: os esforços das autoridades na repressão ou consentimento dos que os desafiam produzem mudanças diretas — a declaração de poderes de emergência — e indiretos — efeitos nos gastos de vigilância, atividade policial e forças militares - no exercício do poder.

- *Realização*: os demandantes exigem mudanças específicas, negociam com êxito com os detentores do poder e até os substituem (Tilly, 1998, p. 37-38).

Essas categorias apresentadas estão de acordo com as dimensões da Estrutura de Oportunidades Políticas (EOP), proposta pela maioria dos estudiosos dos movimentos sociais, a partir de um paradigma da Teoria da Mobilização Política. Entre eles podemos citar: Brockett (1991), Kriesi *et al.* (1992), Ructh (1999), e Tarrow (1994). Esses autores definem algumas concepções sobre as dimensões da estrutura de oportunidades políticas que são utilizadas nesta obra, com a intenção de demonstrar que os desafiadores do poder se utilizam da EOP quando o sistema político abre "janelas de oportunidades", favorecendo assim o surgimento de uma multiplicidades de canais que estavam fechados e que serão *"desobstruídos"* pelos demandadores de novas agendas, no Quadro I.1 desenhamos quais dessas dimensões facilitaram a entrada no jogo político de atores sociopolítico que estamos analisando nesta obra.

Quadro I.1 – Diversas concepções sobre as dimensões das oportunidades políticas

Brockett	Kriesi e outros	Ructh	Tarrow
Presença de aliados	Estrutura formal institucional	Acesso ao sistema de partidos	Presença ou ausência de elites aliadas
Variável temporal do ciclo de protesto	Processos informais com relação a uma reinvindicação determinada		Divisão no seio das elites

Fonte: elaboração própria, adaptado de McAdam (1999, p. 54)

Demonstraremos que as dimensões expostas anteriormente estão presentes em dois momentos dos movimentos sociais no estado do Acre: os ciclos de protesto e a continuidade organizativa dos movimentos. Trata-se de vincular a gênese do movimento com sua institucionalização formal e informal em termos de acesso ao sistema em contraste com os estudos de Heberle e Rammstedt (citado por Kaase, 1992) que apontavam os movimentos sociais dentro de um esquema de *crescimento e decadência* próprio do ciclo vital.

Os ciclos de protesto em alguns movimentos se destacam pela sua importância em termos de impacto *vis a vis* no sistema político e a sua vez nos efeitos que o sistema político gera nos movimentos. Um ciclo de protesto existe quando aparecem em cena os conflitos de um determinado sistema social, incluindo: rápida difusão da ação coletiva dos setores mais mobilizados para os menos mobilizados, passo estimulante de inovações nas formas de disputa, novos *frames* de ações coletivas (ou retransformados), combinação de formas de participação organizadas e não organizadas, e sequências de interações intensificadas entre os desafiadores (militantes dos movimentos) e as autoridades, que resultem em reformas, repressão e algumas vezes revoluções (Gohn, 1997).

Esse impacto da ação coletiva no sistema político é gerado pelas expressões públicas da confrontação entre descontentes e autoridades na nebulosa área que existe entre a política institucional e a contrariedade individual. Segundo Tarrow (1997), existem três grandes tipos de ação coletiva pública: 1) a violência, que é a forma mais conhecida que se conhece na história dos movimentos sociais; 2) a manifestação pública organizada, que é uma expressão convencional nos dias atuais dos movimentos; e 3) a ação direta diruptiva, que cruza a fronteira entre convenção e confrontação.

As três formas de ação coletiva citadas são as ferramentas utilizadas pelos movimentos sociais para desafiar seus oponentes, criar incerteza e potencializar a solidariedade entre seus membros e a opinião pública. Desafio, incerteza e solidariedade são três dimensões que se articulam em maior ou menor grau com o repertório moderno dos movimentos sociais: violência, disrupção e convenção. É essa combinação que propicia poder ao movimento social moderno. Porém, cada uma dessas três formas de repertório tem suas vantagens e seus prejuízos. A violência, mais fácil de imitar, em circunstâncias normais, fica restringida a pequenos grupos dispostos a causar danos e arriscar-se a serem reprimidos pelo sistema. A convenção parece ser a mais fácil de ser seguida, já que se baseia em formas de ação que as pessoas conhecem e que as elites muitas vezes estão dispostas a aceitar e às vezes a ajudar a levar para a agenda pública e dos *mass media*. A disrupção quebra a rotina, surpreende os observadores e desorienta as elites durante algum tempo e depois se aproxima muitas vezes da violência e, ao final, se transforma em convenção.

As dimensões desafio, incerteza e solidariedade se combinam muitas vezes por meio do repertório modular da ação coletiva que permite que se expandam. O movimento que estamos estudando no estado do Acre combinou muitas dessas formas baseadas em marcos interpretativos herdados dos primeiros ciclos de protesto, que discutiremos a seguir.

1.4 OS CICLOS DE PROTESTO E SUA INCIDÊNCIA NO SISTEMA POLÍTICO

A descrição sucinta que empreendemos do processo econômico e demográfico que marcou a ocupação das terras acreanas durante o século XX nos permitirá elaborar uma explicação de como as populações tradicionais do Acre se mobilizaram por meio de *ciclos de protesto*, para entrarem no sistema por meio das *oportunidades políticas*: divisão no seio das elites, acesso ao sistema de partidos, presença de aliados, presença de elites aliadas, processos informais em relação a uma reivindicação determinada e estrutura formal institucional.

Defendemos neste livro que após os *ciclos econômicos* da borracha no estado do Acre, vieram os *ciclos de protestos*. Esses ciclos foram marcados pelo nascimento do que Tarrow chamou "madrugadores" de um movimento social. Localizaremos esses iniciadores do primeiro ciclo de protesto nas primeiras ações coletivas da anexação do Acre ao Brasil, para depois mostrar como os *marcos de interpretação de significados* se alastraram pelo estado do Acre e criaram oportunidades para outros movimentos e um partido político (PT) em uma relação de mútua dependência que perdurou por mais de três décadas, com sucessivos ganhos eleitorais e implantação de políticas públicas direcionadas ao setor *iniciador* desse ciclo de protesto.

Para entender os movimentos sociais por meio de análise empírica, relevando aspectos da cultura política mais ampla, Sidney Tarrow (1994) utiliza o conceito de ciclos de protesto. Nesse aspecto esse autor resgata os trabalhos de Kertzer (1988) e Scott (1986), o *insight* dedutivo de Nardo (1985), Laitin (1986), as extensas tipologias de Wildvsky (1987) e Thompson (1990), as séries sistemáticas de Inglehart (1971), a análise de conteúdo sensitivo de Gamson (1987) e o estudo das trajetórias de Tilly (1978) como exemplos que atribuem relevância a um olhar mais amplo que a mera focalização de um dado movimento aqui e agora (Gohn, 2000).

Em um de seus trabalhos seminais, Tarrow sugere que as mobilizações populares ocorridas na França, entre 1934 e 1936, na Itália, entre 1968 e 1972, e na Polônia, em meados dos anos de 1980, foram fases decisivas de ação coletiva, movimentos e violência. Mas, por outro lado, também permanecem elementos de mediação política, reforma e institucionalização. Tarrow sugere que poucos estudos dos protestos foram utilizados para explicar a ação coletiva e seu impacto no sistema político, diferentemente dos estudos sobre revoluções, relativamente inexistentes.

> They were both the major crucibles in which new social movements were formed (Goldstone, 1980), in which new

> "master frames" of meaning appeared (Snow and Benford, 1988), and in which some saw the threat of revolution. But they all ended in a re-establishment, or at least an adaptation, of the status quo. In contrast with revolutions, which lead to new political systems, these periods represented parabolas of popular mobilization.
>
> Why is it, then, that while there is a vast literature on revolutions, which are relatively rare in history, we have so few systematic studies of cycles of protest, which are far commoner? The answer lies partly in how such periods have been studies, and partly in their shifting and inchoate character. While revolutions transfix entire societies, protest cycles have a far more differential and mediated effect on different population groups (Tarrow, 1989, p. 42).

A teoria marxista ortodoxa via o acirramento nas relações industriais como estruturante dos movimentos de protesto. A categoria de *ciclos de protesto* presente na abordagem da *estrutura de oportunidades políticas* percebe o protesto não como pertencente a um único modo de produção. O protesto está presente em variados tipos de grupos (étnicos, de identidades nacionais ou entre grupos insurgentes de modo geral), e são ativados por novas oportunidades ou por ameaças e constrangimentos. Eles produzem e transformam símbolos, *frames* de significados e ideologias para justificar e dignificar ações coletivas e ajudar os movimentos a mobilizar seus seguidores (Tarrow, 1994).

De modo geral, Tarrow (1989) define um ciclo de protesto quando, durante um período de desordem, a magnitude do conflito, sua difusão social e geográfica, as formas de ação empregadas, e o número e tipos de movimentos sociais variam na mesma direção em um certo prazo.

> We can formalize a set of operational indicators of cycles in the following way:
>
> First, a cycle will show an increasing and then declining magnitude in the use of disruptive direct action;
>
> Second, as the cycle proceeds, collective action is diffused to an increasingly broad spectrum of the public, only to shrink as demands are satisfied, as repression takes hold, and as exhaustion sets in;
>
> Third, conflict is diffused across much of the national territory, though not with the same frequency or intensity to all regions;
>
> Fourth, although interest groups and ad hoc assemblies are important in generating protest, movement organizations

become more prominent towards its peak and occupy the
field during its declining phase;
Fifth, although conflict forms around people's concrete
interests, demands are broadened and transformed into
new interpretative frames as the cycle proceeds. some are
then generalized into the common sense of conventional
politics (Tarrow, 1989, p. 48-49).

Para nosso estudo, é de fundamental importância entender como as oportunidades políticas se relacionam com o conceito de redes, presente em autores como Melucci. Assim, este estudo explica que uma população dispersa só se organiza em uma ação comum, em defesa de seus interesses, por meio do uso de seus conhecimentos, do uso de formas modulares de ações coletivas; quando isso ocorre, as pessoas estão se mobilizando dentro de redes e entendimentos culturais compartilhados. Sua ênfase nas redes se justifica no ponto de vista morfológico dos grupos: como as pessoas estão organizadas, que valores compartilham, como se estabelecem a confiança e a cooperação (Gohn, 1997). O que diferencia Tarrow da abordagem de Melucci é que este dá importância primeira às redes como enlaçadoras das externalidades dos movimentos sociais. As redes são analisadas como circundantes aos aspectos políticos de ambientes fechados ou abertos.

Para Diani (1998), o conceito de estrutura de oportunidades políticas tem sido utilizado para moldar um campo das variáveis institucionais e políticas como externalidades capazes de definir o desenvolvimento da ação coletiva. Entre essas variáveis, assumem peso relevante a estabilidade das posições políticas tradicionais; a consistência dos canais de acesso ao sistema político que se encontram à disposição dos grupos com interesses carentes de uma representação consolidada; o número e influência dos atores "fortes" do sistema, dispostos a aliarem-se com os movimentos e a capacidade (e a vontade) dos governos para responder às pressões dos movimentos com a elaboração de políticas adequadas (Diani, 1998). Para nossa investigação, é particularmente importante os dois momentos em que os movimentos se relacionam com o sistema político: fechado e aberto. O primeiro caracterizado pelo discurso mais difuso; e o outro, com ênfase nos objetivos mais concretos da ação mobilizadora com vistas a seus aliados.

En líneas generales, cuando a un movimiento se le niega
reconocimiento y legitimación, y tampoco se le conceden
resultados concretos en términos de *policy*, las organizacio-

> nes que forman parte en él tenderán a utilizar de un modo más consistente recursos simbólicos y de solidaridad para mantener en un nivel elevado su capacidad movilizadora [...]. Como resultado de esto se producirá una elevada segmentación del conjunto de las redes del movimiento. Este cuadro parece ser substancialmente diferente en contextos caracterizados por oportunidades políticas favorables. La percepción de posibilidades para desarrollar una acción eficaz impulsará a los actores a poner el acento en la consecución de objetivos específicos más que en perspectivas de tipo difuso. Se intentará, además, elaborar formas de comunicación capaces de alcanzar a la opinión pública en todo su conjunto más que a aquellos sectores más limitados que ya son percibidos como cercanos. En ambos casos se reducirá el recurso a la ideología como instrumento de movilización, así como las referencias a identidades y solidaridad específicas. Parece plausible pensar que los criterios con que los actores de los movimientos seleccionan a sus aliados serán más laxos e inclusivos que en momentos políticos en que las oportunidades para los movimientos son más restringidas (Diani, 1998, p. 259).

Defendemos que os elementos externos, apesar de importantes na teoria da mobilização política, não são os únicos que criam as oportunidades para os movimentos sociais na contemporaneidade. Aqui, se faz importante ressaltar que as primeiras abordagens do enfoque do processo político, que centravam suas análises nos problemas estruturais do capitalismo para o surgimento de um movimento, presente principalmente em autores como Tarrow, levaram a um questionamento da inviabilidade desse *approach* para explicar a durabilidade de ciclo que não venha, a priori, determinado por fatores sistêmicos.

Para suprir esta distorção apontada, e que foi imputada à teoria do processo político, acreditamos ser importante duas estratégias. A primeira corresponde a uma aproximação da *estrutura de oportunidades políticas* com as abordagens sobre os *marcos dominantes* de ação coletiva proposta por autores como Benford, Hunt e Snow (1994). Segundo Laraña (1999), esses autores afirmam que tais marcos referem-se às definições coletivas e compartilhadas dos problemas que promovem as organizações de distintos movimentos e que desempenham um papel central no surgimento dos ciclos de protesto. Esses autores propõem que as análises dos ciclos se centrem no surgimento dos marcos, já que estes definem seus elementos (Laraña, 1999). Concordando que indivíduos que estão envolvidos em um determinado movimento contam com marcos de ação coletiva[12] para interpretar o mundo exterior, não se pode negar que as mobilizações dos movimentos contemporâneos estejam também influenciadas pelo seu ambiente exterior, para utilizar um termo mais convencional, pelo sistema social como um todo. Nesse aspecto, se pode afirmar que, se por um lado um *ciclo de protesto* é iniciado tendo como indutor as externalidades dos indivíduos que compõem um movimento, por outro, também esses indivíduos criam seus próprios marcos interpretativos da realidade a partir da cultura ou das subculturas presentes na realidade social, política e econômica.

A outra estratégia que adotaremos, para uma aproximação ao estudo da mobilização e da continuidade de um movimento, será empregar a proposta de McAdam (1994), quando esse autor propõe ampliar o estudo dos movimentos sociais a partir de seus aspectos culturais, por meio de: a) as bases culturais do movimento, b) o surgimento e desenvolvimento de culturas de movimentos, e c) as consequências culturais dos movimentos sociais. Essa estratégia serve para explicar *como* um movimento surge impulsionado por meio de suas *subculturas de oposição* (Johnston, 1994) e *por que* se mantém no espaço e no tempo por meio de suas *subculturas de longa duração* (McAdam, 1994). A primeira questão, relacionada às subculturas de oposição e diz respeito ao estudo de como é importante o papel desempenhado pelas experiências infantis na família, escola, grupo de amigos e associações culturais para a criação de um *ethos* de oposição a um regime dado. A segunda questão, relacionada às *subculturas de longa duração*, se apoia nas continuidades culturais dos movimentos sociais e serve também para reduzir o viés estruturalista presentes na literatura especializada sobre movimentos sociais nos anos de 1980.

No aspecto da superação desse viés estruturalista, a contribuição de McAdam (1994) permite ir mais além da explicação dos movimentos centrada apenas nos aspectos organizativos, políticos e econômicos. Aqui radicaliza a ideia que nos parece mais atual para a análise dos movimentos sociais, ou seja, a efetiva relação que existe entre os marcos

---

[12] Para Snow e Benford (1992), os marcos de ação coletiva são esquemas de interpretação, esses esquemas presentes nos participantes de um dado movimento que interpretam, simplificam e condensam o mundo externo aos indivíduos ao destacar e assignar uns códigos a determinados objetos, situações, acontecimentos, experiências e sequências que tem lugar no entorno passado ou presente de cada indivíduo.

de significado presentes nos movimentos e o contexto social, político e econômico em que surgem os movimentos contemporâneos. Esses marcos de significado podem ser traduzidos como normas internalizadas na sociedade e que são apropriadas pelos indivíduos que compõem uma determinada comunidade.

Nosso argumento consiste em propor que um conceito que pode dar conta do estudo de como um movimento nasce e porque tem continuidade é o de *Capital Social*, aliás, um conceito também toquevilliano como o de *Oportunidades Políticas*, que está presente nesta obra. Trataremos de demonstrar que o capital social (normas aceitas) acumulado de uma determinada sociedade cria as oportunidades políticas para os movimentos sociais obterem continuidade cultural ou como chamou McAdam (1994), expansão da oportunidades culturais (*expanding cultural opportunities*), para designar o modo de se estudar os fatores estruturais que criaram, objetivamente, os grupos de oposição de um sistema e, também, analisar os processos que dão significado à ação coletiva dos movimentos, em situação de mudança. Nas próximas páginas, trataremos de apontar como esses conceitos são pertinentes para o tratamento de problemas relacionados à ação coletiva e de como é possível dar um tratamento adequado a um determinado movimento social, considerando seus aspectos políticos, econômicos, sociais e culturais. Para esse propósito, começaremos por definir, a partir da teoria do processo político, como seus principais postulados se relacionam com a noção de *capital social* para depois relacioná-los com as recentes aportações do estudo de uma boa governança.

1.5 O CAPITAL SOCIAL COMO RECURSO AO RENDIMENTO INSTITUCIONAL OU BOA GOVERNANÇA: UMA ESTRUTURA DE OPORTUNIDADES DE CAPITAL SOCIAL/CULTURAL

Este livro sugere que é possível utilizar a categoria de *oportunidades políticas* para a explicação dos fenômenos políticos. Ou, antes melhor, responderemos à pergunta: por que as recentes políticas públicas do estado do Acre (1988-2002) foram influenciadas pelo MSA e criaram um novo marco da *administração gerencial*? Argumentaremos que as *oportunidades políticas*, conectadas com outras classes de conceitos, como é o caso do *capital social*, são oportunas para explicar como uma sociedade que acumula capital social por meio de suas organizações civis, também se aproveita da estrutura de oportunidades políticas abertas nos sistemas políticos, para que suas demandas sejam processadas de acordo com as primeiras reivindicações dos seus *madrugadores*. Também nos interessa explicar por que essa confiança — *capital social* — influencia o desenvolvimento de uma sociedade. Iremos arguir que a capacidade que tiveram os movimentos sociais no Acre para criar uma capilaridade dos temas do desenvolvimento sustentável chegaram nas instituições do Estado e receberam tratamento de acordo com as propostas do Movimento pelo Desenvolvimento Sustentável no estado (MSA), por meio do que anteriormente chamamos — seguindo a contribuição da sociologia histórica de Tilly — de mudanças ocorridas nas formas tradicionais de ação coletiva às novas formas modulares.

Defendemos que os *ciclos de protesto* definiram, num primeiro momento, o conceito do que no estado do Acre se condicionou chamar de *florestania*,[13] a partir deste capital social histórico. Ou seja, o capital social no estado do Acre não declinou, ao contrário, se incrementou em virtude da capacidade que tiveram as organizações civis, partidárias e estatal de adaptarem-se aos novos tempos nas esferas de poder por meio de políticas públicas para o setor do desenvolvimento sustentável.

Mostraremos que as instituições *formais e informais* no estado do Acre evoluíram em um sentido positivo, para se adaptar ao novo cenário da representação dos atores sociopolíticos nas esferas do poder local.

Aceitando a definição de capital social como a capacidade que tem uma comunidade de utilizar pautas de comportamento cívico, para desenvolver instituições democráticas, com o fim de alcançar um melhor rendimento social e econômico, chegamos a dupla sugestão de Putnam (1994), quando disse que os novos institucionalistas estão de acordo em dois pontos fundamentais:

---

[13] Esse conceito foi alcunhado pelo governo do PT para indicar a forma de desenvolvimento sustentável do estado, a partir da valorização da cultura acreana, pautada na orientação de que o potencial, ou vantagem comparativa do estado está em sua floresta. O cientista social Leonardo Boff (2002, p. 1) define assim o conceito: "Cidadania se deriva de cidade e florestania, de floresta. Palavra nova e inteligente, criada pelo governo petista do Acre, representando conceito novo de desenvolvimento e de cidadania no contexto da floresta amazônica. Implementa-se cidadania nos povos da floresta mediante investimentos do estado em termos de educação, saúde, lazer e de formas de produção extrativista, respeitando a floresta. Floresta e ser humano vivem um pacto socioecológico onde a floresta passa a ser um novo cidadão, respeitado em sua integridade, estabilidade e luxuriante beleza. Ambos são beneficiados, pois se abandona a lógica utilitarista da exploração e se assume a lógica da mutualidade que implica respeito mútuo e sinergia". Essa vontade política abre espaço para um enriquecimento possível do conceito a partir da reflexão ecológica mais avançada.

- *As instituições configuram a política.* As normas e procedimentos de operação standard que conformam as instituições, deixam sua marca nos resultados políticos mediante a estruturação do comportamento político. Os resultados não são simplesmente reduzíveis a interações da "bola de bilhar" entre pessoas, tampouco à interseção de amplas forças sociais. As instituições influem nos resultados, porque elas configuram as identidades, o poder e as estratégia dos atores.
- *As instituições são configuradas pela história.* Independente dos atores que podem afetar sua forma, as instituições tem inércia e "robustez". São a encarnação dos caminhos históricos e de pontos cruciais. A história importa, porque depende de um curso: o que vem primeiro (ainda que seja, em certo sentido, "acidental") condiciona o que vem depois. As pessoas podem "escolher" suas instituições, porém não as escolhem sob circunstâncias criadas por elas mesmas e sua escolha influencia, por sua vez, nas regras sob as quais escolherão seus sucessores (Putnam, 1994, p. 7-9).

Putnam é perspicaz ao assinalar as duas possibilidades de estudar as instituições: como variável dependente, para explicar como o rendimento institucional é afetado pela história; ou como variável independente, ou seja, como a mudança institucional afeta as identidades, o poder e as estratégias dos atores políticos. No entanto, apesar de utilizar essas duas estratégias na hora de investigar o rendimento institucional, nos interessa descobrir por que as pessoas se mobilizam para: 1) aproveitar as oportunidades políticas e históricas; 2) o que fazem com o capital social acumulado historicamente; e 3) como o sistema político reage frente a esta estrutura, se fecha ou se abre.

Recorrendo a North (1993, p. 13), diríamos que: "*as instituições são as regras do jogo em uma sociedade ou, mais formalmente, são as limitações idealizadas pelo homem que dão forma à interação humana*". Apontamos, com a nossa investigação, que as instituições são, de forma ampliada como analisamos, normas, regras, costumes pelos quais o sistema opera e, ao mesmo tempo, permite que se articulem as relações nos subsistemas, relações essas que são, ao mesmo tempo, sociais, culturais, políticas e econômicas.

A Teoria da Mobilização de Recursos parece ter dado respostas parciais a perguntas como as que fizemos, todavia, a própria definição da ação coletiva dada por seus teóricos merece uma aclaração conceitual. McCarthy e Zald (1984) dizem que um movimento social é um conjunto de opiniões e crenças de uma população, que representa suas preferências para mudar alguns elementos da estrutura social ou a distribuição de recompensas, ou ambas, de uma sociedade. A seguir, buscaremos explicar como se articulam as preferências dos indivíduos pertencentes ao MSA, nas suas relações com as instituições formais e informais e de como potencializam a utilização de *seu capital social* politicamente.

1.6 O CAPITAL SOCIAL E A CULTURA COMO RECURSOS DA COMUNIDADE CÍVICA

Um recurso pode ser usado para aumentar a efetividade de um determinado bem, ou pode, simplesmente, não ser utilizado e tornar-se obsoleto. O capital social se desvaloriza se não é renovado, assinala Coleman (1990). No entanto, esse uso, quando é incremental, permite que a ação coletiva tome emprestado da comunidade os meios de se criar mais capital social para grupos que estavam fora da prática coletiva, os quais se alimentam do incremento do capital institucional, pois, como disse Putnam (1993), como o caso do capital convencional, aqueles que têm capital social tendem a acumular mais. "Na medida que se tem se consegue". O êxito na criação de instituições iniciais em pequena escala capacita um grupo de pessoas para aproveitar o capital assim criado. As teorias atuais da ação coletiva não sublinham o processo de incremento do capital social (Putnam, 1993).

A afirmação de Putnam não é de toda incorreta, porém, apresenta orientações epistemológicas muito *ad hoc* e não consegue distinguir teorias de alcance médio, que em associação com outras do mesmo alcance, podem gerar uma teoria do incremento do capital social. Portanto, se pode falar de uma *"estrutura de oportunidade de capital institucional"* que se aproxima da *"estrutura de oportunidade política"* presente em autores como Tarrow, McAdam e outros. Para nossa investigação, é importante considerar algumas dimensões do conceito de estrutura de oportunidades políticas que assinalamos no Quadro I.1, presentes em autores como Brockett, Kriesi *et al.*, Ructh e Tarrow. Dimensões que vão servir de controle ao se estudar a trajetória dos movimentos sóciopolíticos e ambientais do Acre (1988-2002).

A estrutura de oportunidades políticas citada serve para adaptar um modelo de estudo das instituições formais e informais[14] na hora de verificar o impacto do capital social da comunidade no rendimento institucional, ou, como preferimos chamar, rendimento democrático.

Sobre a distinção entre instituições formais e informais, temos que salientar principalmente o aporte dos neoinstitucionalistas, notadamente North. Este autor verifica que instituições são as constrições que são produzidas pela sociedade para definir a interação humana nessa mesma sociedade. São as regras do jogo que permitem desvendar se essa interação é concernente aos valores comportamentais próprios aos indivíduos. Essas regras do jogo estão para as instituições, como as instituições estão para as *organizações*. Em outras palavras, elas são um dado a mais a ter em conta ao se estudar o rendimento institucional, porque as relações informais, horizontais, locais e hierárquicas, também permitem agregar ao estudo as relações formais institucionalizadas, bem como a as estruturas como o governo, o regime político, o Estado de Direito, o sistema judicial, e as liberdades civis e políticas (Zumbado, 2001).

As instituições podem ter mecanismos para aproveitar ou para incrementar capital social, isso dependerá do tipo de instituição. Como o que nos interessa são tanto as instituições formais como as informais, trataremos das instituições democráticas do Estado de Direito. Acreditamos que existem evidências teóricas e empíricas que justificam, suficientemente, a argumentação de que um sistema político é afetado pelo nível de cooperação e confiança presente na comunidade cívica, porque quanto mais capital social têm as pessoas, mais o capital institucional será incrementado. Já encontramos que Putnam (1994) foi um dos primeiros a provar que os níveis de participação das pessoas nos assuntos públicos é consequência da capacidade de confiança que existe na comunidade. Ou melhor, que associações horizontais,[15] com uma *membresia* entre orga-

---

[14] Entendemos aqui instituições formais como extensão das instituições informais. O que se faz nas instituições formais está orientado pela percepção que as pessoas têm dessas mesmas instituições. Essa percepção, que alguns estudiosos chamam cultura política, é o que dá legitimidade às ações interativas entre instituições formais e informais. Consideramos que, ademais das leis, os estatutos, as constrições da Constituição plasmados nas instituições formais, existem constrições informais que estão localizadas em nosso código de conduta, normas de comportamento e convenções (North, 1993).

[15] Para Putnam (1994), existe uma distinção entre associações horizontais e as verticais. Um sistema *vertical*, por mais ramificado e por mais importante que seja para seus membros, é incapaz de sustentar a confiança e a cooperação social. Os fluxos de informação verticais costumam ser menos confiáveis que os fluxos *horizontais*, em parte porque o subalterno controla a informação para precaver-se contra a exploração. E o que é mais importante, as sanções que resguardam as regras de reciprocidade da ameaça do oportunismo dificilmente são

nizações em redes de compromisso cívico, permitem que se desenvolva uma coordenação da cooperação a fim de lograr os benefícios que buscam esses membros de tais comunidades cívicas.

Essas redes de compromisso cívico podem também denominar-se *agências de socialização,* como denomina a teoria da cultura política, ou como disse Botella (1997), a escola em primeiro termo, porém também os meios de comunicação, as igrejas, os partidos políticos, são agentes que transmitem e reproduzem a cultura política, difundindo entre os cidadãos valores, atitudes, pautas de comportamento etc. Se a existência de organizações e instituições socializadoras são cruciais para a transmissão das culturas políticas, não é exagerado afirmar que o são mais ainda para a existência e a reprodução das *subculturas* políticas. Com muita frequência, estas se desenvolvem "contra" os valores sociais e politicamente dominantes, expressando as características e os valores próprios de grupos sociais minoritários ou dominados.

O argumento central aqui está direcionado a responder perguntas como: a confiança que as pessoas têm, umas com as outras, permite que se abram oportunidades para um melhor rendimento institucional? E, se isso é assim, o que, no seio dessa comunidade, garante que o rendimento institucional logrado dessa relação vai ser um bem público para essa comunidade? Pode-se criar capital social a partir das instituições socializadoras descritas: os partidos políticos, a igreja, os sindicatos e as associações?

Essas perguntas nos remetem ao esquema 1, que é o esquema simplificado que traçamos para a argumentação geral deste livro e que funciona como um *feedback*: o capital social incremental é alimentado por uma estrutura de oportunidade de capital social e político, porém, necessita substancialmente das instituições informais (subjetividade das pessoas) para gerar bens públicos, a isso chamaremos *público-não-estatal ou accountability.* No entanto, as instituições formais também imprimem sua pauta orientadora para a geração do capital social.

Ao tratar o capital social como um recurso de uma comunidade para alcançar um melhor rendimento institucional, surgem perguntas que são clássicas quando se aborda esse tema, tais como: o que é mais importante para o rendimento institucional, um capital herdado da história dessa sociedade ou um capital incrementado pelas instituições

---

impostas de baixo para cima e, ainda que o sejam, dificilmente são acatadas. Somente um subalterno ousado e imprudente, sem vínculos de solidariedade com seus iguais, tentaria punir um superior.

dessa comunidade? As questões assinaladas são partes de um debate existente desde que Almond e Verba, na década de 1960, iniciaram seus trabalhos sobre a cultura política. Esses autores criaram uma teoria muito elaborada, com suficientes dados empíricos para comparação em escala internacional e para fazer inferências dessas comparações a fim de se extrair um tipo ideal de cultura cívica para a análise do desenvolvimento dos países estudados.

Como se pode ver, o debate não é novo, o que, de fato, podemos ressaltar como novas são as abordagens, já que abriram outras perspectivas analíticas para responder perguntas como a que fizemos anteriormente. É a esta abertura que se pode resumir o estado de conhecimento do conceito, como faz Inglehart (1988, p. 48):

> O estado do conhecimento atual neste campo pode se resumir da seguinte forma: está claro que a cultura por si só não determina a viabilidade da democracia; as condições econômicas, a estrutura institucional e outros fatores também podem ser cruciais. Porém, parece igualmente claro que as características culturais específicas estão vinculadas à aparição e persistência das instituições democráticas. O surgimento da democracia reflete a interação de fatores econômicos, culturais e institucionais (nenhum dos quais é, por si só, decisivo). Deste modo, as características culturais que prevalecem em uma sociedade concreta, em um momento e lugar determinados, não são imutáveis. Estão influenciadas por fatores históricos de outro tipo, além dos econômicos e políticos. Porém, a cultura não é simplesmente um epifenômeno. A cultura, por sua vez, pode ter um impacto fundamental na economia e na política, contribuindo, por exemplo, com a taxa de crescimento econômico de uma nação ou atuando como condicionante da viabilidade da democracia em determinado país.

A longa citação orienta nosso propósito, no sentido de responder às perguntas sobre a influência do capital social na sociedade ou das instituições na criação de capital social. O objeto de estudo desta investigação, os Movimentos Sociopolíticos e Ambientais no Acre, será elaborado para indicar como se articulam as respostas a tal tipo de indagação. Uma das hipóteses centrais deste trabalho é a de que *a confiança interpessoal e a cooperação histórica foram elementos, senão suficientes, necessários para um nascimento/florescimento da boa governança no estado do Acre e os resultados a que chegaram os movimentos sociopolíticos e ambientais (MSA) são um indicador do grau de interdependência dos fatores estruturais, culturais, sociais e políticos que marcaram a sociedade acreana e de como esse movimento se aproveitou das oportunidades geradas por esses fatores.*

Ainda sobre a cultura política ou capital social, temos que fazer algumas distinções para esclarecer por que estamos utilizando esses termos de forma indistinta para a análise dos fenômenos políticos. Para Sani (1997), a cultura política é um conjunto de atitudes, normas e crenças, compartilhadas mais ou menos amplamente pelos membros de uma determinada unidade social e que tem como objeto fenômenos políticos. Dessa maneira, podem-se resumir os componentes de uma cultura política: os *conhecimentos* dos indivíduos relativos às instituições, a prática política; as diferenciações entre forças políticas que existem em uma sociedade; as *normas*, como o direito e o dever para com a comunidade política em que vive o cidadão; por último, a *linguagem* e os *símbolos* políticos como as bandeiras, as senhas das diversas forças políticas, as consignas, etc.

Depois do debate que sucedeu-se à obra de Almond e Verba, *The Civic Culture. Political Attitudes and Democracy in five Nations,* ficou claro para a Ciência Política que, como uma teoria de "posição média", o paradigma da cultura cívica constitui um dos postulados mais fortes no campo dessa disciplina para a aproximação causal dos processos políticos, tanto a nível macro como a nível micro. Como disse Llera (1997), o que importava era que, em um contexto intelectual de elevado pluralismo teórico, a noção holística de cultura não encontra lugar em teorias individualistas como o existencialismo, as teorias dos jogos ou da ação racional.

Do dito, parece apropriado falar de uma noção holística de cultura política e de um pluralismo e ecletismo no estudo da relação causal das atitudes dos indivíduos de sociedade nacionais ou subnacionais para com o sistema político e uma maior diversidade de modelos explicativos destes fenômenos políticos referentes às atitudes e a cultura das pessoas com a acumulação de experiências do entorno político, econômico e social.

De acordo com Llera (1997), o próprio Gabriel A. Almond, em uma tentativa de recapitulação, afirma que o paradigma da cultura política define esse debate em quatro níveis: em primeiro lugar, consiste em muitas orientações políticas de uma comunidade nacional ou subnacional; em segundo lugar, tem componentes cognitivos, efetivos e avaliatórios, que incluem conhecimentos e crenças sobre a realidade política, os sentimentos políticos e os compromissos com os valores políticos; em terceiro lugar, o conteúdo da cultura política é o resultado da socialização primária, da educação, da exposição aos meios e das experiências adultas das atuações governamentais, sociais e econômicas; e, em quarto lugar, a cultura política afeta a atuação governamental e estrutura política, condicionando-as, ainda que não as determinando, porque sua relação causal flui em ambas direções.[16]

1.7 OS MECANISMOS DE CONTROLE (*ACCOUNTABILITY*) DO MSA E DO PARTIDO DOS TRABALHADORES

A democracia liberal tem um componente que a distingue de outros sistemas não democráticos: a possibilidade de que os representados exijam responsabilidade por parte de seus representantes. Se esses representantes agem de acordo com as regras do jogo democrático no sentido de potencializar o controle por parte dos representados, é outra questão. O que, sim, é uma questão central no debate contemporâneo a respeito das possíveis formas de controle é se os mecanismos disponíveis como eleições periódicas, agências de controle horizontal e mecanismos jurídicos chamados de *pesos* e *contrapesos* dão conta da diversidade de situações presentes na relação que se estabelece atualmente, de agência entre os eleitores (principal) e seus representantes.

O conceito de *accountability* é multifacetado nas suas aplicações para explicar controles da política. Uma primeira ideia que se desprende de sua viabilidade na América Latina e, particularmente, no Brasil é que se trata de uma ferramenta para estudar como se premia e se sanciona os representantes políticos por meio das eleições. Entretanto, estudos recentes têm demonstrado que as eleições periódicas não são um mecanismo efetivo de controle, de modo geral, isto ocorre devido à falta de informação disponibilizada pelos representantes ao eleitorado (Maravall, 2003; Przeworski; Stokes; Manin, 1999) e pelo aumento de clientelismo político (Peruzzotti; Smulovitz, 2002), no caso do Brasil se destaca a cultura do privatismo dos recursos públicos (Avritzer, 2002) e mesmo pelo déficit institucional da própria *accountability* (Diniz, 2000, 2003).

De acordo com Schedler (1999), a noção de *accountability* refere-se à existência de poder. Para o autor, a delimitação deste poder deve coexistir com, no mínimo, três formas de prevenção de abusos: a) que este poder seja submetido ao exercício de sanções, b) incitar a que este poder seja exercido de forma transparente pelos representantes; c) impor que

---

[16] Sobre essas relações, ver a obra de Almond (1990).

os governantes justifiquem seus atos. Essas dimensões têm a ver com a perda de poder pelos representantes violadores do dever público, no caso da primeira, e de capacidade de respostas pelos entes público, no caso das duas últimas (Schedler, 1999). Esse raciocínio tem uma ampla aceitação no meio acadêmico e na vida cotidiana das novas democracias latino--americanas. As formas que devem assumir os mecanismos de controle nessas democracias é que ainda são objeto de debate para sanar suas deficiências. Estas, por sua vez, não são de modo algum um tema novo no debate sobre a democracia, *os federalistas* já apontavam no século XVIII como se deveria superar esta deficiência do controle do poder:

> Pero la mayor seguridad contra la concentración gradual de los diversos poderes en un solo departamento reside en dotar a los que administran [...] de los medios constitucionales [...]. Al organizar un gobierno que ha de ser administrado por hombres para los hombres, la gran dificultad estriba en esto: primeramente, hay que capacitar al gobierno para mandar sobre los gobernados; y luego obligarlo a que se regule a sí mismo. El hecho de depender del pueblo es, sin duda alguna, el freno primordial indispensable sobre el gobierno; pero la experiencia ha demostrado a la humanidad que se necesitan precauciones auxiliares (Hamilton; Madison, 1992, p. 344-345).

Um contemporâneo dos *federalistas*, Tocqueville (1987), já mencionava que não existe país em que as associações sejam mais necessárias, para impedir o despotismo dos partidos ou o arbítrio do príncipe, que aqueles cujo estado social é democrático (Tocqueville, 1987). Essa afirmação corrobora nossa opinião de que, além dos mecanismos formais de controle com que deve contar uma sociedade democrática, deve existir e ser incentivado o direito de associação e de opinião nas coisas públicas como forma de diminuir a *brecha* entre representantes e representados que o constitucionalismo não pôde resolver sem a participação cidadã nos assuntos públicos. Vejamos como Arato (2002, p. 57-65) se refere sobre esse problema:

> El constitucionalismo es el principal mecanismo moderno que garantiza la soberanía popular en el sentido de una expansión más allá de los representantes, es decir, una expansión del círculo de participantes responsables por la creación y revisión de leyes fundamentales. No obstante, el constitucionalismo no resuelve todos los problemas relevan-

> tes. Primero, aun si no todos los poderes son asignados a la Legislatura, aquellos que sí lo son podrían ser utilizados de una manera injusta y convertirse en opresivos. Ningún constitucionalismo puede anticipar de modo preventivo todas las fuentes de injusticia [...]. Un régimen de *accountability* sólo puede funcionar juntamente con la sociedad civil y la esfera pública. [...] un régimen de *accountability* no puede ser puro [...] necesita, como mínimo, una dimensión de democracia deliberativa para funcionar. En mi concepción, la esfera pública y la sociedad civil van juntas: la primera se refiere a los procesos de comunicación parcialmente institucionalizados, que son tan importantes para la política democrática, mientras que la segunda se refiere al substrato organizacional de grupos, associaciones y movimientos que se requieren tanto para la generalización de la experiencia de comunicación, como para su influencia política.

Dito isso, nos parece apropriado assumir uma postura analítica, para nossa investigação, do conceito de *accountability* que seja tanto vertical (eleições), horizontal (*agências de balance*)[17] e social (movimento cidadão).[18] Acreditamos que no caso da América Latina e do Brasil em especial, existem, formalmente, os dois primeiros mecanismos de controle e, informalmente, o segundo. As várias experiências da *interface* dessas dimensões são cada vez maiores na região,[19] principalmente com relação a uma nova postura dos governos locais com a cidadania. Para nosso caso de estudo, apontamos que elas não são excludentes e, portanto, são possíveis de serem analisadas em um processo político contemporâneo

---

[17] O'Donnell denomina de *accountability horizontal de balance* a capacidade dos poderes constituídos organizarem o fluxo de poder no governo e no Estado. O autor afirma que esta classe de accountability é exercida pelos poderes executivo, legislativo e judiciário definidos nas constituições para balancear estes mesmos poderes (O'Donnell, 2002a).

[18] Diferente dos mecanismos eleitorais, o social pode ser exercido entre eleições e não depende de calendários fixos. Se ativa a "pedido" podendo se dirigir ao controle de temas, políticas públicas, ou funcionários. Os mecanismos de *accountability* vertical, horizontal e social se diferenciam também nas formas que impõem sanções, dependem mais do terreno em que se movem para definir os recursos para sancionar e exercer o controle. Diferente dos primeiros, os mecanismos sociais de controle podem exercer suas funções sem precisar de maiorias ou com atribuições constitucionais para o controle (Peruzzotti; Smulovitz, 2002).

[19] Sobre as várias experiências de políticas inclusivas de discriminação positiva no Brasil que apontamos como uma interface destas dimensões da *accountability*, ver especialmente o banco de dados da Fundação Getulio Vargas "Gestão Pública e Cidadania". Uma iniciativa dessa organização com a Fundação Ford, com o apoio do Banco Nacional de Desenvolvimento Econômico e Social. Entre os trabalhos que se destacam na linha de argumentação com relação à mudança de postura da administração pública local para com a cidadania e o controle social, podemos destacar: Spink, Peter e Clemente (1997); Fujiwara, Alessio e Farah (1998, 1999); Farah e Barbosa (2000, 2001); Camarotti e Spink (2000).

em que o Estado e a sociedade têm buscado uma maior aproximação dos mecanismos da democracia representativa com os da democracia direta.

Os estudos de capital social, movimentos sociais, direitos humanos, sociedade civil e outros são "boas notícias" de como é possível explorar analítica e empiricamente características semelhantes de *accountability* social em contextos nacionais e subnacionais (O'Donnell, 2002a).

No Brasil, apesar da ideia generalizada que Diniz (2003) chamou de *déficit de accountability*, percebe-se uma multivariedade de mecanismos de inclusão da sociedade na tomada de decisão pública a nível local. Esse novo cenário é acompanhado com um aumento de redes de relações sociais que vão desde movimentos sociais a ONGs, se aproximando de uma rede de relações interpessoais que não confiam apenas nas relações contratuais. É possível que essa rede de relações sociais seja melhor compreendida se utilizamos o conceito de *embeddeness* (*embeddedness approach*), que nos fala Mark Granovetter (1985), significando mais ou menos em português: *encaixe* em uma extensa rede de relacionamentos interpessoais, embutidas, enraizadas, imersas, imbricadas.[20] Em Lazzarine *et al.* (2000), tratando da relação entre agentes econômicos, encontramos que um indivíduo pode preferir transacionar com parceiros conhecidos ou com reputação estabelecida do que confiar em arranjos contratuais para dirimir eventuais conflitos (Lazzarini *et al.*, 2000).

Não se trata de supervalorizar a dimensão social da *accountability*, o que se deve buscar é confirmar um dos pressupostos básicos da teoria democrática: o reconhecimento de uma sociedade civil ativa para a saúde das instituições políticas e legais. Como teoricamente pouco foi dito sobre a relação que se estabelece entre os atores sociais e as instituições de controle *verticais* e *horizontais* (Arato, 2002), acreditamos ser importante,

---

[20] Em 2002, Albagli e Maciel (2002, p. 3) descreveram assim esse conceito: "A ideia de embeddedness foi primeiramente desenvolvida por Karl Polanyi, em 1944, em sua obra The Great Transformation, da seguinte forma: "The human economy [...] is embedded and enmeshed in institutions, economic and noneconomic. [...] religion or government may be as important to the structure and functioning of the economy as monetary institutions or the availability of tools and machines themselves that lighten the toil of labor" [citação de Polanyi, Aresberg and Pearson (1957), (Smelser e Swedberg, 1994)]. Posteriormente Mark Granovetter, na linha da "sociologia econômica", usou o conceito para argumentar que a ação econômica está incrustada (embedded) na estrutura social e na cultura. Granovetter supõe que o comportamento dos indivíduos não é movido apenas pela racionalidade econômica, mas também pela "sociabilidade, a aprovação, o status e o poder". E que, no sentido inverso, as relações sociais e a estrutura social desempenham um papel central no comportamento econômico. Ver: Granovetter, Mark (1973). "The strength of weak ties". American Journal of Sociology, 78/4, 1350-80. e Granovetter, Mark (1985). "Economic action and social structure: the problem of embeddedness". American Journal of Sociology, 91, 3 (November):481- 51".

além de buscar essas interações, estabelecer como a *confiança* (capital social) é importante para o rendimento democrático ou de governos mais responsáveis. Como é possível formar um *corpus* teórico para a análise de fenômenos de adaptação dos mecanismos de *accountability* cada dia mais presentes nas novas democracias latino-americanas, parece ser o desafio, pois como afirma Cunill Grau (2002), ninguém duvida da importância da *accountability* social para otimizar o funcionamento do aparato governamental, porém, podemos cair no perigo da hegemonidade a respeito desses mecanismos, portanto, diante da insuficiência da teoria, é indispensável esquadrinhar na prática para tentar derivar, a partir dela, algumas lições (Cunill Grau, 2002).

Buscaremos fazer a conexão dos mecanismos de controle tradicionais com o de controle social, dessa forma, a utilização do conceito de capital social é pertinente a essa investigação pelo menos por dois motivos: o primeiro, quiçá o mais importante, é que se trata de um conceito toquevilliano que nos permitirá entender por que uma sociedade se torna protagonista de um sistema político saudável. Toqueville fala do protagonismo da sociedade americana em termos do que recentemente se denomina *empowerment* (empoderamento).[21]

Esse autor já afirmava, em 1835, que o que mantinha a sociedade americana em um sistema democrático era a capacidade de seus habitantes aprenderem, desde cedo, que se deviam apoiar em si mesmos para lutar contra os males e moléstias da vida. Isso permitia que esses cidadãos recorressem à autoridade social somente quando não podiam evitar. Desde a escola, as crianças começavam a estabelecer suas próprias regras,

---

[21] O conceito de *empowerment* refere-se aos direitos de cidadania que T.H. Marshall (1967) caracteriza como sendo as dimensões social, civil e política. Esses três elementos são definidos em termos de direitos e das instituições sociais que dão sentido e o contexto onde se exercem esses direitos: 1) o elemento civil da cidadania reporta-se ao conjunto de direitos, os direitos civis, necessários ao exercício das liberdades individuais e as instituições a eles ligadas são a Lei e o sistema judicial; 2) o elemento político é constituído pelos direitos que asseguram a participação no exercício do poder político, desde o voto à eleição para cargos públicos, e é contextualizado nas instituições parlamentares; 3) Por fim, o elemento social da cidadania é constituído pelos direitos que defendem a participação no nível de vida predominante numa sociedade e na construção e usufruto do seu patrimônio social. Este elemento encontra-se ligado às instituições relativas ao sistema educativo e ao Bem- Estar Social. Para Marshall, a expansão dos direitos de cidadania tem lugar por meio do conflito no seio da sociedade civil (Pinto, 1998). Mas recentemente no Brasil se vem utilizando o conceito de *empowerment* para designar a conscientização e a tomada da consciência do poder, no sentido dos envolvidos perceberem que podem inverter a relação de força que historicamente excluiu a grande maioria. Nesse sentido, são cada vez maiores os incentivos para que os agentes envolvidos tenham mais poder, visto que o poder público passa a ser o agente provocador, com a sociedade civil, da mobilização desses agentes excluídos do sistema democrático (Fontes; Reis, 2002).

ao desenvolverem algum tipo de diversão e, quando essas regras eram quebradas, eles mesmos castigavam aqueles que deixavam de cumpri-las. Ademais, as associações na América permitiam que as opiniões fossem efetivamente representadas e respeitadas, sem, no entanto, perder de vista seu objetivo, nascendo daí a capacidade de seus membros nomearem mandatários para representá-los em uma assembleia eleitoral, surgindo assim, seu sistema representativo (Tocqueville, 1987).

Levando em conta o que foi dito, apontaremos algumas relações que acreditamos existir entre a política e a formação de capital social nas instituições formais e informais, nas reformas imprimidas a partir da ação coletiva, na convergência de interesses entre os movimentos sociais, partidos políticos (no caso deste livro o PT) e elites divididas. Acreditamos existir evidências empíricas na nossa investigação que apontam para esta relação causal, não linear (ou seja, não necessariamente na mesma direção) adotando circularidades que não podem ficar fora da análise desses movimentos sociopolíticos contemporâneos.

1.7.1 O Partido dos Trabalhadores e os mecanismos de *accountability*

Para chegar à circularidade das causas dos mecanismos de controle presentes na nossa investigação, devemos fazer um pouco de história. O PT, a nível nacional, é a organização mais influenciada pelos movimentos sociais; que tem uma imagem de incorporação de uma nova cultura política ligada intimamente aos movimentos (Viola; Mainwaring, 1987). Como estamos argumentando que o partido político processa as demandas advindas dos atores sociopolíticos, é natural que se possa traduzir esta idéia como sendo os partidos (no caso aqui estudado, o PT no Acre) um dos "mediadores" dessas demandas. No entanto, o partido não é o único a mediar essa relação entre a sociedade e o Estado, podemos destacar ainda, como assinala Scherrer-Warren (1993:49), os intelectuais, os clérigos, os sindicatos, as cooperativas, educadores etc., que também são portadores de experiência política e conhecimento formal trazidos "de fora" para atuar junto ao grupo-base do movimento. Essa formalidade trazida de fora para dentro dos movimentos o capacita para vincular-se formalmente às instituições.

O PT no Acre se aproxima ao que Kistchelt (1990), analisando democracias capitalistas avançadas, chama de partidos Libertários de

Esquerda (*Left Libertarian*),[22] já que não foca sua atuação dentro dos limites tradicionais apenas da competição partidária e permite que sua estrutura interna se ajuste aos novos temas que emergem de sua relação com a sociedade civil. O partido passa a funcionar, nesse caso, como um *sistema próprio de tomada de decisão*, a respeito dos temas que entrarão na pauta interpartidária e que criam mecanismos próprios para tratar estas questões a nível governamental.

Falando dos novos enfoques para estudar a estrutura organizacional e o funcionamento dos partidos políticos, Alcántara e Freidenberg (2001, p. 12) assinalam:

> Estas contribuições modificaram a visão geral que se tinha a respeito da importância de observar o funcionamento interno dos partidos e chamaram a atenção quanto a necessidade de pensar estas organizações como sistemas com vida própria[...] Não obstante, apesar da centralidade dos partidos na dinâmica democrática, são escassos os estudos que se dedicaram à análise da sua dinâmica organizacional. Excetuando-se alguns trabalhos clássicos (Ostrogorski: 1902; Michels: 1975; Duverger: 1970; Panebianco: 1988; Kirchheimer: 1961; Sartori: 1976; Panebianco: 1988) e algumas análises recentes (e.g. Lawson e Merkl: 1988; Rose e Mackie: 1988; Panebianco: 1988; Strom: 1990; Shaw: 1994; Lawson: 1994; Katz e Mair: 1994; Janda e King: 1994; Wilson: 1995, 1995; Maor: 1997), a maioria dos estudos se dedicaram mais a focalizar ou o funcionamento do sistema partidário ou as peculiaridades do regime eleitoral.

Com o PT, a nível nacional, e no Acre, não ocorreu de forma diferente, nasceu da organização dos trabalhadores de vários setores que tinham ligações com organizações da sociedade civil. Segundo Guzman e Sena (2000), boa parte da história do PT deve ser compreendida em termos de sua necessidade de continuar sendo um movimento, ao mesmo tempo que lutava para definir o que significava ser um partido; para muitos petistas, o partido como instituição era um elemento em uma rede de organizações (Guzman; Sena, 2000).

---

[22] Contrariamente ao ponto de vista prevalecente dos partidos tradicionais, os Libertários de Esquerda acreditam que os partidos políticos são um entre vários atores que deveriam participar do ato de governar (*governing*) e na formação das instituições sociais e não ter uma posição focal dominante. Kitschel (1990, 1992) afirma que em um marco político caracterizado por uma pauta concreta de interações entre grupos de interesses, partidos políticos, movimentos sociais e organismos estatais, os ativistas dos movimentos sociais são propensos a criar partidos libertários de esquerda ou, pelos menos, a votar neles.

Foi, sem dúvida, essa proximidade do PT com os movimentos sociais que criou as condições para uma das experiências de *accountability* social mais exitosas no Brasil contemporâneo, o Orçamento Participativo, produzindo resultados em termos de controle, tanto político como administrativo.[23] Se pode afirmar que a *accountability* política, expressada como sendo a capacidade de manter no cargo governos responsáveis e aumentar o poder de participação dos cidadãos, se cumpre no caso do orçamento participativo (Avritzer, 2002).

1.8 RESUMO

Neste capítulo, buscamos realizar dois labores. O primeiro consistiu em fazer uma sinopse das teorias que, geralmente, foram utilizadas para explicar os processos políticos em que estiveram envolvidos os movimentos sociais na América Latina e no Brasil. O segundo constou do esforço para elaborar um marco teórico de alcance médio, que pudesse dar conta da diversidade de formas em que se apresentam os movimentos sociopolíticos no Brasil e, especialmente, no caso de estudo, no Estado do Acre.

Uma conclusão básica da nossa incursão nos dois campos citados, foi que, se por um lado, as teorias elaboradas para explicar os fenômenos sociopolíticos em décadas precedentes na América Latina e no Brasil foram importantes para chamar a atenção sobre as especificidades da região, por outro lado, não conseguiram acompanhar o avanço de campos como da cultura, dos poderes dos movimentos e sua relação com o sistema político, as formas de controle dos representantes e a relação destes movimentos com partidos políticos.

Da constatação anterior, podemos afirmar que a importância que adquire, por exemplo, a cultura nos estudos dos movimentos sociais atualmente está associada principalmente ao abandono do viés estruturalista, que marcou boa parte dos estudos sobre movimentos sociais na América Latina e no Brasil. McAdam (1994) aponta que a maioria das teorias situa os movimentos sociais e revoluções em um conjunto de fatores políticos, econômicos e organizativos. O autor salienta que, apesar da importância de

---

[23] De acordo com Avritzer (2002), a *accountability* política no orçamento participativo deriva de dois elementos; o primeiro é a capacidade das administrações do partido dos Trabalhadores para ser reeleita e que a proposta se estenda a um maior número de cidades e estados. Hoje, 71 cidades do Brasil praticam o orçamento participativo em muitas versões e como resultado de diferentes coalizões. Cinco estados, três deles governados pelo PT, um pelo PDT (Rio de Janeiro) e outro pelo PMDB (Minas Gerais) praticam o orçamento participativo.

tais fatores, seria atual fixar-nos também no papel dos processos culturais, entre eles, descreve vários como sendo facilitadores do aparecimento dos movimentos sociais e que, em nossa investigação, estarão presentes os seguintes: 1) a criação de um marco de referência como ato de apropriação cultural; 2) a expansão das oportunidades culturais como estímulo para a ação; 3) reivindicações de rápido desenvolvimento; 4) dramatizações da vulnerabilidade do sistema; 5) disponibilidade de marcos dominantes.

> Un *marco de referencia* es un esquema interpretativo que simplifica e condensa el "mundo exterior" al señalar y codificar selectivamente los objetos, situaciones, acontecimientos, experiencias y las acciones que se han producido en el entorno presente o pasado de cada individuo. En el contexto de los movimientos sociales, *los marcos de acción colectiva* no sólo destacan ciertos aspectos de la realidad, sino que también actúan como base para la atribución y articulación de significados. Entendidos de esta forma, los marcos de referencia de la acción colectiva concentran la atención en una situación particular considerada como problemática, producen una atribución de su responsabilidad a determinadas personas o hechos y articulan propuestas alternativas, entre los que se incluye aquello que los actores del movimiento deben hacer para conseguir el cambio deseado (Hunt *et al.*, 1994, p. 228).

Declarativamente, utilizamos o conceito de *capital social* para fazer as aproximações necessárias ao marco teórico para esta análise e isso se deu devido à nossa convicção, inspirados no trabalho de McAdam, Tarrow e Tilly (2003), de que os vieses que surgiram ao se estudarem os movimentos sociais foram mais marcados pelas disputas entre estruturalistas, culturalistas e racionalistas, do que propriamente pela busca da causalidade das disputas na política contenciosa. E que, na atualidade, a melhor estratégia para se aproximar do fenômeno que queremos estudar sobre esses movimentos sociais é adotar uma postura relacional entre as várias esferas da política contenciosa.

> Students of contentious politics may want to decide where we stand on controversies among structuralists, culturalists, and rationalists. If they look for evidence of the king of paradigm warfare that often rages across the pages of learned journals, they will be disappointed. If our frankly syncretic view has label, it would have to be "relational".

> While acknowledging the crucial contributions of rationalists, culturalists, and structuralists, we think the area of contentious politics will profit most from systematic attention to interaction among actors, institutions, and streams of contentious politics (McAdam; Tarrow; Tilly, 2003, p. 17).

Se ninguém duvida que os fatores econômicos têm relevância para a política, acreditamos poder dar por ciência certa que a política orienta a economia, à medida que incide no rendimento das instituições democráticas. Por isto, apontamos que a utilização do conceito de *capital social*, que desenvolvemos neste trabalho, nos servirá para demonstrar como a cultura, ou subcultura política da sociedade local do Acre, se comporta ao longo de suas interações com o sistema político. Dessa interação, surgem problemas, os quais conceitos como o de *accountability* ajudam a solucionar, se partimos do pressuposto de que o controle da política está relacionado com as dimensões de controle social (sociedade), horizontal (agências de *balance)* e vertical (eleições).

CAPÍTULO II

ANTECEDENTES HISTÓRICOS-ESTRUTURAIS DOS MOVIMENTOS SOCIOPOLÍTICOS E AMBIENTAIS (MSA) DO ACRE

2.1 INTRODUÇÃO

Neste capítulo, repassaremos os antecedentes históricos e estruturais do MSA, tendo como base dois momentos distintos, porém, que ao nosso ver, não podem ser desconectados ao se estudar o processo político contemporâneo no Acre. O primeiro refere-se à questão litigiosa sobre as atuais terras do Acre, envolvendo o governo do Brasil, do Peru e da Bolívia no final do século XIX, resultando desse processo o que se denominou "Revolução Acreana", capitaneada por brasileiros que não aceitavam os acordos diplomáticos entre esses países para definir as linhas divisórias do território sem considerar a população que, de fato, habitava essas terras. Todavia, será mister recordar que esse processo foi resultado da tentativa de resolução de conflitos por terras surgidos durante a colonização da América por portugueses e espanhóis a partir do século XVI.

O segundo dos momentos, o antecedente estrutural é, em grande medida, condicionado pela incorporação dessas terras ao Brasil como área produtora de matéria-prima (a borracha). Essas terras vão se constituir, no começo do século XIX, numa espécie de "manancial perene" para a produção da *hevea latex*, sem que os sucessivos governos que administravam esse território atentassem para o aspecto efêmero de uma produção pautada na monocultura. O *prolapso* da produção da borracha, efeito da ausência de políticas públicas para o setor e para a diversificação da produção de outros produtos na região, criou as condições para o surgimento de outra atividade produtiva, a pecuária extensiva, absorvendo os recursos e incentivos públicos para sua fixação na região. Essa nova atividade traz consigo uma inadvertida tensão no campo, fruto da expropriação da terra dos moradores tradicionais, herdeiros do ciclo histórico de lutas pela anexação das terras do Acre ao Brasil.

Fazendo a conexão desses dois momentos, procuraremos responder às seguintes perguntas: por que um movimento social surge na região do Acre de forma diferenciada dos demais movimentos, que no Brasil se constituíam para a luta pela terra? Do processo de acumulação relativo aos ciclos da borracha nas grandes corporações internacionais, permaneceu algum capital social que permitisse a esse movimento se aproveitar, na falta de capital político e financeiro? Como se processa a disputa pela terra, em uma região que não está imune aos processos de exclusão social que marca a história do Brasil, nesse período? Esse movimento consegue disputar poder a partir das *oportunidades políticas* abertas pelo acesso ao sistema?

2.2 AS TERRAS DO ACRE: DAS DISPUTAS DIPLOMÁTICAS À REVOLUÇÃO ACREANA

Ao estudar os processos políticos e sociais e a vinculação com a disputa pela terra no Acre, não se pode deixar de lado os acontecimentos da divisão da América do Sul pelos espanhóis e portugueses e seus tratados que fixaram os limites territoriais nos séculos posteriores às suas "descobertas". O caso do Acre é emblemático na dúvida que pairava sobre a quem pertencia de direito as terras "devolutas", que ambos os países disputavam no século XV na América do Sul.

A solução para a problemática de uma linha que dividisse as terras entre as duas potências marítimas foi proposta pelo tratado de Madri (1750), sem, no entanto, conseguir alcançar seus objetivos, fosse pela herança das rivalidades entre espanhóis e portugueses ou pela falta de conhecimento da geografia da região. O que, ao final e ao cabo, resultou em um benefício para os portugueses, os quais se utilizaram do argumento do *uti possidetis*[24] para aquinhoar a maior parte das terras brasileiras "descobertas".

Tudo leva a crer que o determinante que incidiu sobre a manutenção da tensão entre esses países no tocante à divisão das terras da América do Sul foi a caducidade do Tratado de Tordesilhas (1494). Conforme Tocantins (1979), a importância histórica de tal tratado está no fato de ter assegurado para os portugueses a parte oriental do Brasil, entretanto, naquela época era impossível uma demarcação exata, tendo em vista que

---

[24] Fórmula diplomática que estabelece o direito de um país a um território, direito esse fundado na ocupação efetiva e prolongada, e independente de outro qualquer título (Dicionário Aurélio da Língua Portuguesa, 2003). Foi baseando-se nessa assertiva que os portugueses se consolidaram como colonizadores do território brasileiro.

os métodos de cálculo só ganhariam a sofisticação científica nos finais do século XVII. Diz esse autor que, até então, o que fizeram os portugueses e espanhóis foi um arremedo de cartografia, procurando cada um dilatar os seus domínios, sem a base científica exigida para um ajuste diplomático leal, seguro, livre de interpretações dúbias e do sofisma dos negociadores (Tocantins, 1979).

De acordo com Rumeu de Armas (1992), no Tratado de Tordesilhas, ficou fixada e estabelecida a comissão de limites que havia de determinar a situação em terra e mar do meridiano demarcatório das 370 léguas a ocidente das Ilhas de Cabo Verde. Hoje, a linha está situada a 46° 37' de longitude oeste, por isso, se diz que, naqueles tempos, a determinação da longitude era um problema insolúvel. Esse autor ensina que vários são os métodos existentes nos atuais tratados de astronomia e que, naquela época, era impossível a utilização segura e fiável: 1) por transporte de relógios, que só foi possível com a invenção do cronômetro no século XVIII; 2) pelas distâncias lunares de diversos planetas, que falhava, naquela época, pela imperfeição das tabelas astronômicas; e 3) pelos eclipses dos satélites de Júpiter, que só foram descobertos no século XVII (De Armas, 1992).

Do dito e levando em consideração que as relações diplomáticas entre Portugal e Espanha, em meados do século XVIII, já não eram definidas apenas pelos limites impostos pelo Tratado de Tordesilhas, o Tratado de Madri de 1750, teve que ser revisto no ano de 1777 pelo Tratado de Santo Ildefonso, visto que, nesse ínterim, mais precisamente em fevereiro de 1761, o Tratado de Pardo deu por cancelado e anulado o Tratado de Madri, devido à atmosfera de desacordo reinante em ambos os países com tal tratado. Nesse momento, com o avanço dos cálculos de longitude, tornava-se o esforço desse tratado inócuo para ambos países, levando em conta que a determinação exata do meridiano de demarcação forçou-os a verem que haviam ultrapassado limites antes estabelecidos. No caso da América do sul, se constatou que os portugueses tinham ultrapassado o limite do Brasil. No caso espanhol, estes tinham tomado possessão das Ilhas Filipinas, que era de "propriedade" dos portugueses.

Feitas essas considerações, o importante é ressaltar que o Tratado de Madri definia os limites de possessão de terras de ambos reinos a partir do Mapa das Cortes, elaborado por Alexandre Gusmão, que se utilizou do mapa dos confins do Brasil (ver Mapa II.1) para estabelecer o princípio do *uti possidetis* a que nos referimos.

Mapa II.1 – Mapa das cortes

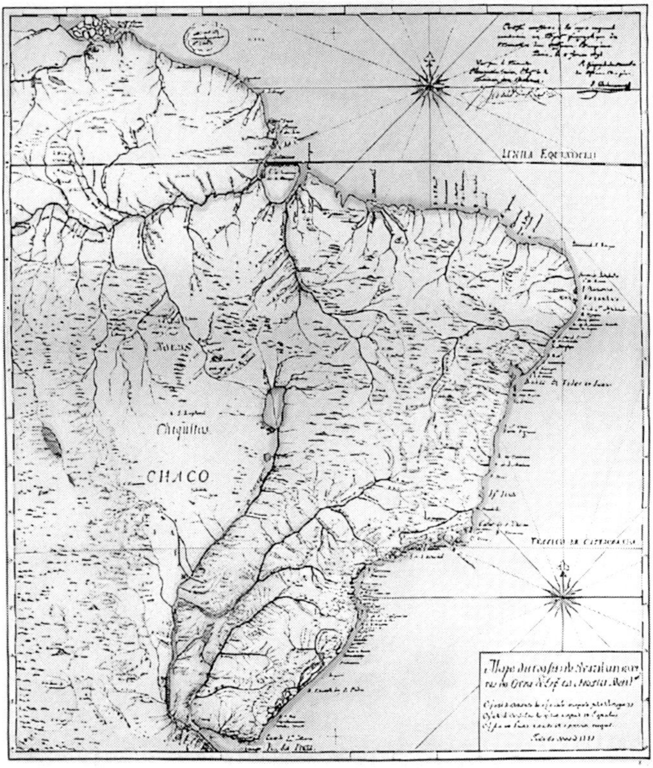

Fonte: Fundação Biblioteca Nacional/Reprodução

2.3 O TRATADO DE AYACUCHO DE 1867 E AS CONSEQUÊNCIAS PARA O ACRE

A nova configuração das ex-colônias portuguesas e espanholas no século XIX, no aspecto político e territorial, suscitará o problema do que se condicionou chamar "A Questão Acreana", culminando no Tratado de Ayacucho, em 1867, e dando uma nova demarcação para os limites do Brasil com a Bolívia. Esse acordo internacional tinha como principal objetivo colocar fim aos equívocos cometidos pelos ajustes firmados pela coroa portuguesa e espanhola, aos quais Brasil e Bolívia se permitiam, nesse momento, rever, mesmo que de forma um tanto incipiente e sem as devidas informações precisas para evitar novos atritos com relação aos resquícios do Tratado de Santo Ildefonso de 1777, também firmado por Espanha e Portugal.

> Nos primeiros anos de emancipação política a Bolívia não podia, em consequência, conduzir a bom termo qualquer problema de limitação precisa de raias com o Brasil, pouco tempo antes também proclamado independente[...].
> Era justificável que os reflexos da situação interna se manifestassem na política exterior do país, anulando qualquer ação diplomática, já pela falta de estabilidade dos dirigentes, pelas intrigas e lutas pessoais, já por ser impossível criar um clima favorável ao entendimento, em bases seguras e mútua confiança. Fenômeno que, em escala menor, também se verificou no Brasil recém-independente, durante o período de transição das instituições políticas (Tocantins, 1979, p. 120-121).

Se o Tratado de Santo Ildefonso foi o ratificador do Tratado de Madri, de acordo com Mello (1990), isso significava que a Bolívia era a proprietária das terras do Acre, já que, pelo Tratado de Madri, a linha fronteiriça entre as possessões espanholas e portuguesas deveria partir do ponto mediano entre a foz do Rio Madeira e a foz do Rio Mamoré, seguindo por uma linha reta até encontrar a margem do rio Javari (ver Mapa II.2), aproximadamente na latitude de 6º e 40' Sul. Era o nascimento da linha imaginária que, no futuro, causaria tantas polêmicas (Mello, 1990).

Mapa II. 2 – Mapa do Brasil pelo Tratado de Madri de 1750

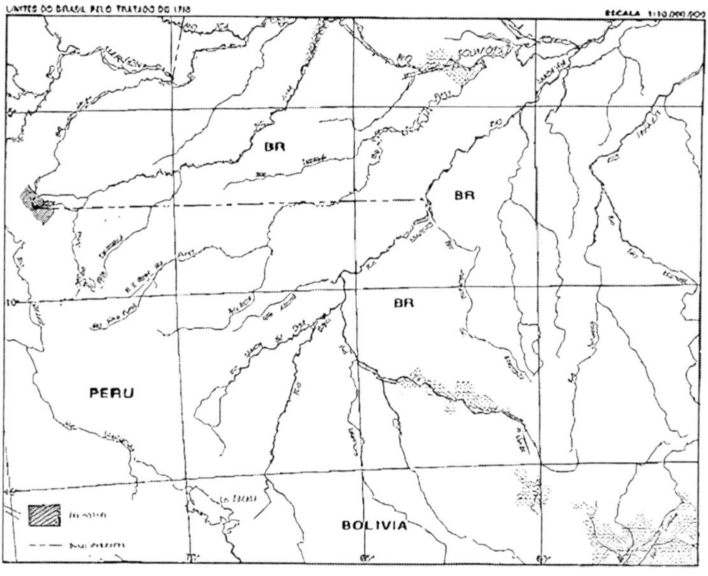

Fonte: Mello (1990)

As incipientes diplomacias bolivianas e brasileiras consideravam, em meados do século XIX, que o Tratado de Santo Ildefonso era definidor de limites entre ambos os países. No entanto, alguns conflitos aparecem no novo cenário e elevam novamente o tema da fronteira entre os dois países a um nível de disputas diplomáticas. De acordo com Tocantins (1979), dois fatos contribuíram para criar o debate suspeitoso entre os dois países. O primeiro se desprende do fato de o presidente de Mato Grosso, Carvalho e Melo, convidar os governadores das províncias bolivianas de Chiquitos, Santa Cruz de La Sierra e Moxos, para unirem-se ao império brasileiro. O segundo, no ano seguinte, 1825, com a incorporação ao Brasil de Chiquitos, a pedido do governador dessa província, Dom Sebastião Ramos (Tocantins, 1979). Ambas as tentativas foram fracassadas, principalmente, pela desautorização do império brasileiro. No entanto, esse seria o início de uma nova onda de desconfiança que levaria esses países a muitas idas e vindas nas disputas diplomáticas.

Para resumir essas disputas, em 1837, o governo brasileiro e o governo boliviano consideravam o Tratado de Santo Ildefonso válido para definir os limites de ambos os países. Nesse mesmo ano de 1837, no entanto, o ministro boliviano Andrés Maria Torrico diz: "que los anunciados tratados no existen en los archivos de su gobierno, que Bolivia jamás les ha dado el reconocimiento solemne" (Oropeza, 1888, p. 65). Desse período até a assinatura do Tratado de Ayacucho, no ano de 1867, houve muitos fatores políticos internos na Bolívia e no Brasil que impediam as negociações para a definição dos limites entre os países. No caso da Bolívia, podem ser citados o conflito com o Chile e a preocupação de manter a unidade da débil Federação Peru-Bolívia. No caso do Brasil, a guerra contra o Paraguai era o principal entrave para as negociações. O que chama a atenção é que o Brasil, mesmo em guerra, se utilizou da tática diplomática para se aproximar da Bolívia e evitar que esse país se unisse ao inimigo e colocasse suas fronteiras no eixo da guerra com o Paraguai.

Enfim, o Tratado de Ayacucho foi usado mais para definir limites fronteiriços de outra ordem do que limites do atual estado do Acre. Recorrendo uma vez mais a Tocantins, os dois países assinaram o Tratado de Ayacucho sem conhecerem a geografia daquela região entre os rios Madeira e Javari, à qual se referiram as cortes portuguesas e espanholas um século antes. Recordemos que o Tratado de Madri definia que as possessões de Espanha e Portugal deveriam: partir do ponto mediano entre a foz do Rio Mamoré, seguir por uma linha reta até encontrar a margem do Rio Javari, aproximando-se da latitude de 6º e 40' sul.[25] Já o Tratado de Ayacucho dizia:

> Deste rio para oeste, seguirá a fronteira por uma paralela, tirada da sua margem esquerda na latitude sul 10º20' até encontrar o rio Javarí. Se o Javarí tiver as suas nascentes ao norte daquela linha Leste-Oeste, seguirá a fronteira desde a mesma latitude, por uma reta a buscar a origem principal do dito Javari (Tratado de Ayacucho *apud* RCEIA, 2002, p. 6).

Posteriormente, descobriu-se que as nascentes do rio Javari estavam situadas a 7º 06' (ver Mapa II.3). Como no texto transcrito anteriormente, o tratado não fixa os limites, deixando em aberto a possibilidade de essa demarcação ser feita pelo paralelo 10º 20'. Quando finalmente se consegue localizar as nascentes desse rio de forma precisa, surge a *Questão do Acre*, como ficou conhecido o conflito que nasce no final do século XIX e início do século XX com relação ao direito das terras acreanas.

Mapa II.3 – Tratado de Ayacucho

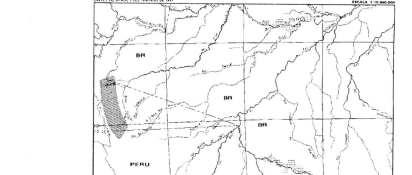

Fonte: Revista do 1º Centenário..., op.cit. p. 7

---

[25] O artigo VIII do Tratado de Madri deve ser descrito na íntegra para se ter uma ideia clara de sua importância para os conflitos entre brasileiros e bolivianos no final do século XIX e início do século XX, dizia o tratado: "Baixará pelo álveo destes rios, já unidos, o Mamoré e o Guaporé, (portanto o Madeira) até a paragem situada em igual distância do dito rio do Amazonas ou Marañon, e da boca do dito Mamoré; *e desde aquela paragem continuará por uma linha leste-oeste até encontrar a margem oriental do Javarí* que entra no rio das Amazonas ou Marañon pela sua margem austral; e baixando pelo álveo do Javarí, até onde desemboca no rio das Amazonas ou Marañon, prosseguindo por este rio abaixo até a boca ocidental do Japurá que deságua nele pela margem setentrional" (Espanha, 1750).

2.4 A ANEXAÇÃO DO ACRE AO BRASIL — ANTECEDENTES

Pelo Tratado de Ayacucho e seus antecessores, envolvendo os reinos de Portugal e Espanha, nos séculos anteriores ao XIX, as terras do Acre pertenceriam à Bolívia.[26] No entanto, havia sido estabelecido pelo Tratado de Ayacucho que ambos os países, Brasil e Bolívia, deveriam criar uma comissão para definir os limites entre eles, o que foi feito em 1895. Com o início dos trabalhos, o chefe da delegação brasileira, Coronel Thaumaturgo de Azevedo, percebeu que a constatação da latitude da nascente do rio Javari causaria ao Brasil a perda do território acreano, ocupado por brasileiros, que, naquele momento, já exploravam o látex da região. Essa verificação levou Thaumaturgo de Azevedo a denunciar ao governo brasileiro o prejuízo de aceitar o Tratado de Ayacucho como definidor desse limite, o que não foi aceito pelo governo brasileiro, já que a diplomacia brasileira aceitava o limite firmado entre ambos os países.

O reconhecimento do direito às terras do Acre à Bolívia, pelo governo brasileiro, não pôs fim a um problema de ordem econômica e etnográfico que já vinha se arrastando a décadas, pois, como afirma Calixto (1993), essa era uma área descoberta, ocupada e explorada por milhares de nordestinos brasileiros que haviam emigrado para essa região a fim de explorar a borracha que, com o café, representava, 84% das exportações brasileiras em 1895.

Em 1898, a Bolívia inaugura no atual município de Xapuri uma Delegação daquele país, o que foi rechaçado pelos brasileiros residentes naquelas terras e, a pedido do Coronel da Guarda Nacional Brasileira Manuel Felício Maciel, os bolivianos se retiraram no dia 30 de novembro de 1898 (RCEIA, 2002). Não obstante a importância econômica da região acreana e as inúmeras tentativas da Bolívia de anexar, de fato e de direito, o domínio do Acre, a elite dirigente da República do Brasil, recém-promulgada, não dava importância a esse conflito. A República Brasileira do "café com leite"[27], além de não abrir mão dos tratados firmados com

---

[26] Apesar de que o direito boliviano sobre as terras acreanas já era reconhecido pelo Tratado de Ayacucho, o artigo 2º do tratado dava aos brasileiros a possibilidade de usar do instrumento do *uti possidetis*, e como a fronteira não havia sido determinada e quando os dois governos decidiram estabelecer negociações para definir essas fronteiras, o Acre já estava ocupado por cearenses desde 1877 (Souza, 1995).

[27] O Dicionário Aurélio Buarque de Holanda define a política do café com leite como uma política de alternância de poder na chefia do governo federal, estabelecida mediante acordo tácito, nas três primeiras décadas deste século, pelos Estados de São Paulo (cuja economia se baseava na cultura de café e exportação de café) e Minas Gerais (também grande produtor de café, e de laticínios (Dicionário Aurélio da Língua Portuguesa, 2003).

anterioridade entre Brasil e Bolívia, se expressava por meio do Ministério das Relações Exteriores de forma a deixar claro que legitimava a possessão das terras acreanas pelos bolivianos. O ministro das Relações Exteriores do Brasil, Dionísio Cerqueira, se expressava assim sobre esse imbróglio:

> [...] tais questões – as dos altos rios Acre, Juruá, Purus, Iaco e Javari – não deviam embaraçar a marcha da República, que precisava seguir seu caminho, sem ter que se incomodar com tais estrepes (Calixto, 1993, p. 156).

O desenlace da *Questão Acreana*, mesmo com resistência da República brasileira em dar a devida importância, causaria muitas disputas diplomáticas, por parte dos dois países e civis, por parte dos brasileiros que habitavam a região. Já no ano de 1898, com a anuência do governo brasileiro, a Bolívia instala um ministério com plenos poderes na região: criação de aduanas, povoados, abertura dos rios acreanos à navegação internacional, arrecadação de impostos sobre a borracha, demarcação de seringais e demais atos pertinentes a um ministro plenipotenciário.[28] A duração do Consulado do governo boliviano nas terras acreanas duraria cem dias, ficando conhecido como "100 dias de Paravicini", nome do ministro boliviano designado para a tarefa de administrar o Acre para a Bolívia.

Apesar de José Paravicini representar a diplomacia de seu país, com o aval do governo brasileiro, os "acreanos brasileiros", como ficaram conhecidos os brasileiros que habitavam o Acre, não aceitavam as leis do governo da Bolívia, entre outras coisas pelo fato de que feria o sentimento de "brasilidade" e imprimia uma perda de arrecadação de impostos para o governo do Amazonas[29]. Esses dois fatores são de fundamentais importância para entender como vão se desdobrar os acontecimentos que precederam os conflitos armados entre os bolivianos e esses acreanos.

---

[28] O Consulado de José Paravicini, que durou cem dias (precisamente 111 dias, de 3 de janeiro a 23 de abril), caracterizou-se por um regime forte, de inovações administrativas e de métodos de trabalho, e, sobretudo, por um sistema corretivo, fiscal e policial, até aquela data desconhecido para os habitantes. Representando um país que se ausentara política e administrativamente do Acre, mas possuidor *de jure* do território, com os seus direitos reconhecidos pelo Governo brasileiro, o diplomata andino nada mais fez que cumprir seu dever, empossando-se da região, em nome da Bolívia, e tentando imprimir uma nova ordem de coisas, sob a égide das leis nacionais (Tocantins, 1999).

[29] Anteriormente à posta em marcha das disposições promulgadas pelo Cônsul boliviano sobre o território acreano, o principal beneficiado pelos impostos arrecadados pelo comercio da borracha era o estado do Amazonas. Para se ter uma ideia, segundo Tocantins (1999), de janeiro a abril de 1898, a borracha do Vale do Acre teve o valor total de 13 877:421$405. A receita da Delegação da Bolívia foi de 3 572:653$000, contra uma despesa de 748:600$000, o lucro líquido foi de 2 824:053$000, ou seja, o Estado do Amazonas deixou de arrecadar quase três mil contos de reis.

2.5 A PRIMEIRA INSURREIÇÃO ACREANA

A primeira sublevação acreana é efeito das duas ideias que expressamos anteriormente sobre um sentimento de *brasilidade* e perda de arrecadação por parte do estado do Amazonas. Pode parecer paradoxal que um estado brasileiro tenha sido o pivô de uma disputa em que o próprio governo não via como oportuna; ao mesmo tempo, o paradoxo aumenta quando se verifica que os brasileiros que habitavam essa região teriam que admitir leis que não coadunavam com o espírito nacional brasileiro que pairava sobre os atos públicos e privados desses segmentos. Ambos os problemas passaram a constituir-se numa espécie de amálgama de ideias e classes sociais que estavam suprimidas pelos atos do governo boliviano na região. O clima era propício para uma revolta pautada em duas fontes de inspiração revolucionária, o sentimento de *brasilidade* e o aproveitamento desse sentimento por parte dos detentores do poder econômico, que tinham no estado do Amazonas seu principal interlocutor.

A primeira insurreição acreana em 1º de maio de 1899, foi capitaneada por 60 seringalistas, no seringal Caquetá, tendo à frente o jornalista José Carvalho, decidindo que era o momento de expulsar o delegado boliviano Moisés Santivanez, que havia substituído José Paravicini. Vejamos como agiram os revolucionários acreanos para conseguirem a primeira expulsão dos bolivianos sem causar violência física, ou seja, a utilização de ofício como forma de intimidação, nesse caso, o convencimento do juiz de Direito brasileiro naquela região por parte desses revolucionários, os quais conseguiram desse magistrado o seguinte ofício:

> Caquetá, 29 de abril de 1899.- A S. Ex.ª o Sr. Delegado do Governo Boliviano em Puerto Alonso. – Tendo chegado ao meu conhecimento que se preparava um grande movimento popular contra a autoridade que V. Exc.ª está exercendo no território da Comarca de Antimary, para aqui dirigi-me a fim de no caracter de autoridade estadual obstar que esse movimento se effectuasse. Entrando, porém, em comunicação com os principaes promotores do levante cheguei à evidência de que todos os esforços que empregue, serão inúteis em vista da força de que dispõem; acrescendo ainda que não tenho instrução do governo brasileiro para manter V.Exc.ª comunicação quanto ao acordo com o nosso governo. Violento ou arbitrário o povo dispõe de elementos materiais que a autoridade pública não pode sublevar, tanto mais faltando-lhe o apoio official dos poderes superiores da nação.

> Em taes condições, observando o estado de exaltação patrio-
> tica em que se acham os espiritos, cumpri-me apenas, como
> intermediário prudente entre V.Exc.ª e o povo brazileiro á
> cuja causa me prendem, como cidadão, tanto vinculos de
> solidariedade e sympathias, cumpre-me apenas, digo, pedir
> a V.Excª, se digne proceder de modo a poupar sacrificios
> inuteis e talvez desastres irreparáveis.
> E' o que espero da experimentada prudencia de V.Exc.ª, a
> quem tenho a distinta honra de apresentar vivos protestos
> de alta consideração. Saude e Fraternidade. José Martins
> de Souza Brasil, Juiz de Direito, interino da Comarca (Car-
> valho, 2002).

Esse ofício do Juiz de Direito, José Martins de Souza Brasil, redigido a pedido dos sublevadores acreanos, foi o primeiro de uma série de atos "oficiosos" que levariam o representante boliviano a contestar as premissas que se utilizavam os revolucionários para resolver a "Questão Acreana", sob os auspícios de uma junta revolucionária que tinha a legitimidade tanto dos seringalistas como do povo daquela região, o que o Cônsul boliviano respondeu com a suspeita inerente a tal ato "diplomático".

> Puerto Alonzo, abril 29-1899. – Sr. D. José Martins de Souza
> Brasil – juez de Derecho interino de la Comarca-Caquetá.
> – Señor. En este momento he recibido su atenta comuni-
> cación de la fecho y queda verdaderamente sorprendido
> con su texto. No alcanzo á comprender los propósitos de
> un movimiento popular contra la tranquila posesion de
> esta frontera, oficialmente reconocida por la Respetable
> Cancilleria brazileira, ocupada el día 2 de Enero ultimo
> en virtude de acuerdos previos, transmitidos á la primeira
> autoridade del Estado de Amazonas, como consta por publi-
> caciones de la prensa manauense. Qualquer alteracions en
> este orden de cosas, seria un atentado, mientras no emanase
> de la autoridad competente, y en ese sentido descanso en
> la regularidad de los procedimientos de esta Delegación
> durante la gestión de mi digno jefe el snr. José Paravicini,
> y en el prestigio del Gobierno de Brazil, que no consentiría
> jamás abuso alguno.
> Por lo demás, me permitirá U. Rogarle ser mas explicito en
> cuanto à los alcanses del texto de au aludida comunicación.
> No crees haber dado motivo en el curto espacio de seis días
> de mi interinato á sacrificios inútiles y aun desastre que
> fuera necesario evitar con experiente prudencia; franca-
> mente, no se que se pretende, y en todo caso, espero que

> su gentileza una explicación a este respecto, seguro de U. encontrará todo el esfuerzo en pró de la armonía y buena relación internacional, en su atento y obsecuente. S. S. M. Santibáñez. – Delegado interino del Acre y Purús (Carvalho, 2002).

Essas primeiras disputas não foram suficientes para que o Governo brasileiro e o boliviano percebessem a gravidade da situação. Inclusive o próprio Cônsul boliviano no Acre sustenta seu argumento de não reconhecer os litigantes como legítimos, tendo em vista os marcos legais que autorizavam sua presença no Acre. Não obstante a esse pouco caso feito pelo representante boliviano com respeito aos insurgentes acreanos, estes resolvem partir para um confronto mais direto sem intermediação de poder constituído. No dia 30 de abril de 1899, José de Carvalho, líder daquela insurreição, se dirige ao cônsul boliviano nos seguintes termos: *"Sr. Cônsul, venho aqui encarregado de uma grave missão! Venho em nome do povo deste rio e em nome do povo brasileiro intimar a Vossa Ex.ª para abandonar este lugar, porque não toleramos mais o Governo boliviano que V.Exª. Representa!"* (Carvalho, 2002). Ensaiada uma resistência argumentativa por parte do Ministro Moisés Santivanez, no sentido de convencer a José Carvalho de que sua estadia naquele território estava legitimada por tratados internacionais, firmados por Brasil e Bolívia, finalmente o Cônsul boliviano pede que os rebelados lhe entreguem um documento que ratifique aquela contenda, para apresentar em seu país, que José Carvalho redige nos seguintes termos:

> Ilustre Sr. Cônsul Moisés Santivañez,
> O povo brasileiro representado nos abaixos-assinados solidariamente responsáveis, no uso de sua alta vontade revoltada, vem intimar-vos para que abandoneis o governo ilegal que vos achais exercendo atualmente neste território, desbravado, habitado e hoje defendido por milhares de brasileiros, que até a vossa invasão aparentemente legal, viviam à sombra das Leis de seu país e nelas confiavam.
> O povo e poderes deste Estado têm sido por demais tolerantes, nessa vergonhosa questão, sancionada, é verdade, por um nosso desastrado ministro, sobre o qual não queremos nos pronunciar neste momento.
> A violência de nossa vontade, tão patriótica e tão justa não nos permite um longo argumento probatório dos nossos direitos em toda parte a imprensa e o povo o têm largamente discutido e ele está solidamente plantado na consciência nacional.

> Essa posse é um insulto à nossa soberania, e nós bem sabemos que não sois o responsável direto; sois, no entanto, em razão de vosso governo, o elemento desse insulto que nós soberanamente repelimos, hoje e amanhã, seja preciso, muito embora, o sacrifício de sangue e de vida. Esperamos convictos que haveis de abandonar o mais breve e mais convenientemente possível este lugar que o vosso ministro, o Sr. José Paravicini, batizou com o nome de *Puerto Alonso* e onde se acha estabelecida uma Aduana limitando as duas repúblicas vizinhas.
>
> Em desagravo à nossa consciência e para vossa honra de cidadão patriota, confessamos-vos que a vossa extrema prudência, apelando sempre para o patriotismo do governo brasileiro, nos deixa um pesar, que é o de não termos feito essa imposição ao vosso antecessor, o Sr. José Paravicini. Sabeis, porém, que não fazemos questão de pessoas ou de atos, violentos ou justos, dos Delegados de vosso País, e sim, exclusivamente, da Posse boliviana desses grandes pedaços de rios e de florestas violados por um governo estranho.
>
> Não tememos a responsabilidade que nos possam advir por essa intimação escrita que nos pedis – a nós que estamos a vossa frente – para vosso documento, sem dúvida, porque a fazemos na fé de patriotas, a plena luz do dia, debaixo do Céu e como o ardor de nosso patriotismo.
>
> Estais intimado a retirar o vosso governo deste território o mais breve possível, porque esta é a vontade soberana e geral do povo deste município e todo o povo brasileiro (Lima, 1998, p. 37).

Em que pese todas as discussões suscitadas sobre o desenvolvimento desse conflito, o interessante é ressaltar que no dia 3 de maio de 1899, D. Moiséis Santivañez embarcou em um navio e deixou reconhecido o seguinte: *"qualquer violência en los críticos atuales momentos importaria una grave complicación en el litigio de nuestros derechos, exarcebando los ánimos de más de quince mil brasileros pobladores de este rio"* (Carvalho, 2002). Esse momento revolucionário no Acre foi, apenas, o primeiro de uma série de episódios envolvendo o povo do Acre e a disputa litigiosa que culminaria com a Revolução Acreana. Inicia-se um processo em que as oportunidades e os constrangimentos vão dar a tônica do conflito. Como veremos, será uma disputa com todas as características tanto de uma *revolução* como de uma *ação coletiva* agregadora de preferências dos habitantes daquela região e dos detentores do poder econômico.

2.6 A REPÚBLICA DO ESPANHOL LUIZ GALVEZ NO ACRE

O momento que estamos descrevendo era propício para tensionar os espíritos revolucionários e para o aproveitamento de oportunidades por parte de "líderes" e "aproveitadores" presentes naquela sociedade, que certamente perceberam a possibilidade de transformar o repertório da ação revolucionária em uma mudança no sistema político. Como já dissemos no marco teórico deste livro, citando Tilly (1998), é possível que a mudança de repertório na ação coletiva esteja vinculada a questões como mudança a nível de governo, propriedade, movimentos populacionais etc., e, ao fim e ao cabo, o conflito político vai se formatar a partir de categorias como reorganização, realinhamento, repressão e realização. Como veremos, essas categorias estavam presentes no desenrolar dos sucessivos momentos da "Questão Acreana". Desses vários episódios, surge o que Tarrow (1997) apontou como sendo os tipos de ação coletiva pública: a violência, a manifestação organizada e a ação direta disruptiva. Essas três formas de ação coletiva são as ferramentas utilizadas pelos litigantes para: 1) desafiar seus oponentes; 2) criar incerteza; e 3) potencializar a solidariedade entre seus membros e a opinião pública.

Com a primeira insurreição, capitaneada por José de Carvalho e seus seguidores seringalistas em 1º de maio de 1899, abre-se um leque de opções para colocar em cena novos atores para se aproveitarem das oportunidades políticas do momento. Luiz Galvéz Rodriguez de Arias, espanhol de Cádiz, chegando naquele momento em Manaus, capital do estado do Amazonas, principal estado da federação brasileira interessado na disputa das terras do Acre com a Bolívia, sente que é um bom momento para se utilizar da sua condição de repórter e "apadrinhado" do cônsul espanhol no estado do Rio de Janeiro, para conseguir informações que o levarão a viver o momento mais inusitado de sua carreira de *Cavallero Andante*, pois:

> É o destino que o traz. Naquelas paragens, está-lhe reservado, para ser vivido oportunamente, o lance culminante de sua romanesca existência.
> Não assume logo a função que o Cônsul boliviano lhe oferece para ao pedido (do cônsul espanhol no RJ), que se contém na carta de apresentação. Quer, primeiro, dar um pulo ao Amazonas, para não correr o risco de, numa inesperada reviravolta, ter de voltar ao velho mundo sem pôr os olhos sobre a afamada vida boêmia de Manaus do fim do século XIX (Lima, 1998, p. 47).

É como repórter em Belém que Galvez descobre um possível contato do governo boliviano com o governo dos Estados Unidos para montar um sindicato para arrendar as terras do Acre. Em 3 de junho de 1899[30], Galvez denuncia tal complô que, entre outras coisas, assegurava aos bolivianos apoio militar em caso de conflito com os brasileiros, e aos americanos uma série de vantagens com relação à exploração da borracha nas terras acreanas. Vejamos o que dizia o documento que chegou às mãos de Galvez:

> 1º. Os Estados Unidos da América do Norte gestionarão por via diplomática da República do Brasil o reconhecimento dos direitos da República da Bolívia nos territórios do Acre, Purus e Iaco, hoje ocupados de acordo com os limites estabelecidos pelo tratado de 1867.
>
> 2º. Os Estados Unidos da América do Norte se comprometem a facilitar à República da Bolívia o numerário e apetrechos bélicos de que esta necessite em caso de guerra com o Brasil.
>
> 3º. Os Estados Unidos da América do Norte exigirão que o Brasil nomeie dentro do corrente ano uma comissão que, de acordo com a Bolívia, deslinde as fronteiras definitivas entre o Purus e o Javari.
>
> 4º. O Brasil deverá conceder a livre navegação dos afluentes do Amazonas aos barcos de propriedade boliviana, assim como o livre trânsito pelas alfândegas do Pará e Manaus às mercadorias destinadas a portos bolivianos.
>
> 5º. Em recompensa aos seus bons ofícios a Bolívia concederá aos Estados unidos da América do Norte o abatimento de 50 por cento dos direitos da borracha que sair com destino para qualquer parte da dita nação e este abatimento durará pelo prazo de dez anos.
>
> 6º. No caso de ter que apelar para a guerra, a Bolívia denunciará o tratado de 1867, sendo então a linha limítrofe da Bolívia a Boca do Acre, e entregará o território restante, isto é, a zona compreendida entre Boca do Acre e a atual ocupação aos Estados Unidos da América do Norte em livre posse.
>
> 7º. Os gastos que ocasionar uma guerra serão pagos pelos Estados Unidos da América do Norte, recebendo em hipoteca a renda das alfândegas bolivianas.
>
> *José Paravincini*, Ministro da República da Bolívia e enviado plenipotenciário.

---

[30] Dizia o *Jornal Província do Pará* do dia 3 de junho de 1899: Caso Sensacional. De ser exatas as informações de carácter reservado que chegaram a nosso conhecimento, o papel do señor Paravicini nas pretensões de direitos do seu país, não se limita a actos ostentatórios de pose, que chegam como noticia ao público. Secretamente, o ministro da Bolívia procurou entrar en conversações com o governo de uma nação amiga, para obter uma intervenção diplomática, e talvez armada, dessa potência em favor de seu país (Domingo, 2003).

> *Luiz Trucco*, Cônsul Geral da Bolívia no Pará. Visto: Kennedy, Cônsul dos E.U.A (Lima, 1998, p. 48).[31]

Com a denúncia, o movimento de emancipação do Acre, que foi desta vez impulsado por Galvez, cria incerteza no governo brasileiro, desafia os oponentes do movimento e, o mais importante, potencializa a solidariedade entre os membros do movimento e da opinião pública.

Se, para os governos brasileiro e boliviano, a nível diplomático, a "Questão Acreana" está resolvida dentro dos marcos legais que supõem os tratados internacionais e do cumprimento que se espera de seus cidadãos, naquelas paragens das terras acreanas e nos círculos de poder de Manaus e Belém, essa premissa não poderia ser assumida como verdadeira. A divulgação do "complô" entre americanos e bolivianos para arrendar as terras acreanas causou duas reações: uma na opinião pública e outra no parlamento brasileiro. A primeira foi alimentada pela opinião de articulistas de renome, como Rui Barbosa, que alertava em artigo em jornais de circulação nacional para o perigo da política expansionista americana, apesar de as autoridades bolivianas e americanas negarem a participação em tal acordo. A segunda reação, no parlamento, foi mais resultado da insistência de deputados ligados ao governo em acusar o governador do Pará de superestimar os fatos que ocorriam na região do Acre. De qualquer forma, ambas as reações são parte dos *marcos interpretativos* que são elevados a um nível mais amplo da sociedade brasileira pelos membros daquela luta política.

Estavam criadas as condições para o desenvolvimento de ações coletivas por parte do sublevadores. Naquele momento, houve um desafio aos oponentes da ideia de emancipação acreana, criou-se uma incerteza com relação à capacidade mobilizadora dos sublevadores e potencializou-se a solidariedade entre os que acreditavam na ideia da emancipação e a opinião pública brasileira.

2.6.1 O Estado Independente do Acre: Quixotada ou Revolução?

Como afirmamos anteriormente, fundamentados em Tarrow (1997), para que uma ação coletiva se coloque em marcha, os contendentes, em muitas ocasiões, se utilizam da violência, da manifestação organizada

---

[31] O Contrato do Bolivian Sindicate, entregue a Luiz Galvez para fazer a tradução ao inglês, foi publicado no dia 4 de junho de 1899 no *Jornal Província do Pará*, omitindo o nome da potência que seria beneficiada com a formação do Sindicato. No dia 9 de junho de 1899, é publicado o documento na íntegra pelo *Jornal O Comércio do Amazonas*, neste caso sem omissão de nomes.

e da ação direta disruptiva. Como vimos, os episódios envolvendo os governos boliviano e estadunidense criaram as condições necessárias para que os oponentes desafiassem o governo brasileiro, criando incerteza e ampliando a solidariedade. Por que isso foi possível? Se assumimos que aqueles episódios eram acontecimentos políticos, devemos assumir também que ali acontecia uma contenda política, pois como afirmam McAdam, Tarrow e Tilly (2003, p. 5):

> By contentious politics we mean:
> Episodic, public, collective interaction among makers of claims and their objects when (a) at least one government is a claimant, an object of claims, or a party to the claims and (b) the claims would, if realized, affect the interests of at least one of the claimants.

Naquela contenda pelas terras acreanas, se perfilavam todas as características citadas; existiam os demandadores e um objeto dessa demanda: o governo brasileiro. É importante ressaltar que as demandas que se impunham, naquele momento, afetavam tanto o governo brasileiro quanto o boliviano.

Galvez foi apenas o indutor de uma demanda que vinha tanto do trabalhador brasileiro, extrator da borracha naquela região, quanto do governo do Amazonas e do Pará, que se sentiam lesados pelos acordos da Bolívia com os EUA. Como bem observa Lima (1998), não importava que o herói fosse estrangeiro. Para os acreanos o que importava era salvar o Acre, ou melhor, o patrimônio dos trabalhadores e do patrão.

A Junta Revolucionária, que no dia 1º de maio de 1899, sob o comando de José Carvalho, havia expulsado o Cônsul boliviano Moisés Santivanez, agora contava com mais um aliado, já que, segundo Lima (1998), os milhares de desbravadores estavam dispostos a lutar colocando em risco sua própria vida. É importante observar que foi o governador do Amazonas quem legitimou a chegada de Galvez, secretamente, apresentando-o como um homem capaz de consolidar a reconquista daquele território (Lima, 1998). Galvez soube aproveitar bem o momento. Com a anuência do Governo do Amazonas, e com perspicácia Galvez percebeu que, após o estabelecimento da *incerteza*, por parte do governo brasileiro sobre o capital político dos revoltados para se mobilizar, contribuíram para que o espanhol decidira utilizar da violência para fazer valer suas ideias por meio da solidariedade dos que acreditavam na justeza daquela disputa política.

Antes de proclamar o "Estado Independente do Acre", Luiz Galvez negociou, convenceu e mobilizou.[32] Foi em seu encontro com a Junta Revolucionária que se concretiza a ideia de fundar o Estado Independente do Acre, uma vez que o governo brasileiro continuava reconhecendo os direitos da Bolívia sobre o Acre (RCEIA, 2002). Essa fase da Revolução Acreana está marcada pelo simbolismo. Por exemplo, o dia 14 de julho de 1899, data escolhida para a fundação do Estado Independente do Acre, tinha como propósito lembrar a data de 14 de julho de 1789, Queda da Bastilha, que deu início à Revolução Francesa. Na oportunidade Luiz Galvez foi escolhido como presidente do novo país.

A "aventura" de Galvez, como foi caracterizado por muitos escritos o movimento inspirado nas suas ideias[33], tem o desfecho planejado, no sentido do aproveitamento das dimensões presentes na estrutura de determinadas oportunidades políticas, que descrevemos no primeiro capítulo baseados em McAdam (1999a), como *presença de aliados* (Governo do Amazonas, Pará e seringalistas); tais como: *variável temporal do ciclo de protesto* (acontecimentos anteriores, como as disputas diplomáticas, revoltas internas, como o da 1ª insurreição Acreana em 1º de maio de 1899); *processos informais em relação a uma reivindicação determinada* (organização espontânea de aliados ao movimento a partir do sentimento de brasilidade); *presença de elites aliadas* (seringalistas, poetas, jornalistas etc.).

Essas variáveis, citadas anteriormente, foram importantes ao se confrontarem os ideais dos revolucionários com o sentimento desafiador e solidário dos brasileiros ali presentes. Esta, talvez, seja a maior contribuição

---

[32] Nos teatros de Manaus, Galvez se encontrou diversas noites com um grupo de 24 espanhóis, remanescentes de uma companhia de teatro que acabara de se apresentar naquela cidade. Nestes encontros, Galvez convence tanto seus patrícios como os brasileiros de que está negociando com o governador do Amazonas, Ramalho Junior, o apoio necessário para uma expedição no Estado do Acre. Cumpre dizer que entre as armas estão: rifles modernos, caixas de balas, revólveres, punhais, canhão. O navio especialmente fretado partirá em meados de maio. Carregado de fartas e requintadas provisões. Sem esquecer mesmo o champanhe da melhor marca, para estourar na hora da grande façanha (Lima, 1998).

[33] Esta ideia de uma aventura quixotesca de Galvez tem na obra literária de Márcio de Souza, Galvez Imperador do Acre, seu principal expoente. Essa foi uma ideia em grande parte difundida por escritos mais literários que históricos. Atualmente existem inúmeros estudos que demonstram a importância dos feitos de Galvez e seus aliados para a definitiva anexação do Acre ao Brasil, pois, como afirma Neves (2002, p. 12): "Ao contrário do que foi popularizado pelo romance "Galvez o Imperador do Acre", de Márcio Souza, os revolucionários acreanos não pretenderam restaurar uma monarquia já morta, e muito menos tornar Galvez um Imperador com poderes especiais. Ao se inspirar no movimento Jacobino francês, os brasileiros do Acre deixavam claro que queriam ir muito mais longe do que a própria república oligárquica brasileira já havia conseguido ir. A intenção dos fundadores do Estado Independente do Acre era estabelecer um governo republicano, democrático e libertário. Este governo tinha como base os ideais populares de Liberdade, Igualdade e Fraternidade que haviam guiado o importante movimento revolucionário francês".

de Galvez, uma vez que, como afirmou Fernandes (1999, p. 18-20): *"Galvez não instalou um "império nos trópicos" nem se proclamou "Imperador do Acre" [...] O seu primeiro decreto transforma "Puerto Alonso" em "Cidade do Acre"; cria um dos símbolos do Estado: a Bandeira; emite um selo postal; ordena a convocação de uma Constituinte onde propõe o sistema presidencialista de governo, mas com eleições indiretas; e decreta, ainda, a fundação de centros agrícolas e pastoris medindo 25ha, objetivando a cultura de plantas alimentícias".*

A República de Galvez não duraria muito em termos de governabilidade do território acreano, já que o governo brasileiro, por meio do Presidente Campos Sales, ordenou que a Marinha Brasileira se dirigisse ao Acre para destituir Galvez de seu governo e restabelecer a posse do território aos bolivianos, fato esse que aconteceu no dia 15 de março de 1890. Neste caso, estamos diante de um componente da disrupção da ação coletiva, quando esta quebra a rotina, surpreendendo aos observadores, desorientando-os durante algum tempo para logo em seguida aproximar-se da *violência* ou da *convenção*. Neste caso, primeiro houve uma convenção, no sentido de manter a "ordem" do Estado brasileiro em relação ao ajustado com o governo boliviano. Entretanto, estava criado um *marco de referência* para que outros descontentes se aproveitassem: é da absorção dos ideais que se colocaram naquele momento que se alimentarão novos movimentos emancipatórios; agora, com um *repertório modular de ação coletiva*, que se expandirá, chegando a um momento de descontrole das autoridades, as quais usarão a força para fazer valer, como veremos a seguir, os contratos do estado.

2.6.2 A Revolução Acreana

Um momento importante e, ao mesmo tempo, romântico, na trajetória da Revolução Acreana e que nos parece importante ressaltar, consiste no que ficou conhecido como *Expedição dos Poetas*. Com a retomada das terras acreanas pelos militares brasileiros e a subsequente devolução do território à Bolívia, o sentimento de perda de identidade por parte dos *brasileiros acreanos* foi utilizado pelo Governo do Amazonas, que financiou uma expedição com o objetivo de travar uma batalha com o exército boliviano. Esta, no entanto, foi derrotada no dia 29 de dezembro de 1900. Esse frustrado intento, uma vez mais, representou a tentativa de o governo do Amazonas de anexar o Acre a seu Estado. Entretanto, a facilidade com que os expedicionários conseguiram mobilizar segmentos da sociedade para a luta armada em defesa do princípio de soberania nacional brasileira foi uma prova de que os marcos de referência da disputa litigiosa estavam sedimentados naquela sociedade, sendo utilizados pelos que viam janelas de oportunidades na disputa ali presente.

As denúncias de Galvez com respeito ao arrendamento do Acre a um sindicato internacional, formado por empresas americanas e inglesas, são finalmente confirmadas pela assinatura do acordo entre a Bolívia e estas empresas no dia 11 de julho de 1901. Para fazer valer tal contrato, é destacada da Bolívia uma autoridade, que tinha como finalidade preparar o território para a instalação do *Bolivian Syndicate*, previsto para formalizar-se definitivamente em 2 de abril de 1902. Essa informação causou, na opinião pública brasileira, uma enorme revolta, que teve como desfecho o posicionamento do governo brasileiro na questão (RCEIA, 2002). A nova postura do governo brasileiro, de colocar a questão à nível diplomático, ficou apenas na intenção, sem, no entanto, acontecer a nível de ocupação do território, o que continuou sendo feito pelas autoridades bolivianas. Esta vai ser a chave de uma nova e decisiva afirmação de soberania, por parte dos brasileiros, naquela região, aproveitando o que Máiz (1997) chamou de *a estrutura de oportunidades políticas do nacionalismo*. Esse autor nos ensina que, apesar da importância das precondições socioeconômicas, tais como a mobilização social, a comunicação, os interesses compartilhados etc., também é importante o contexto político em que se dá tal conflito, seja formal ou informal. Mais interessante ainda é verificar em que contextos se determinam as políticas de regulação dos conflitos, já que essas vão incidir em dois tipos de políticas: a de *supressão* e a de *acomodação* por parte do estado (Máiz, 1997).

Com a definição do tratado entre Bolívia e as empresas do *Bolivian Syndicate*, o governo desse país enviou um administrador do território do Acre, o *Delegado Nacional en el Território del Acre y Purus*, incumbido de assumir e fortalecer a posse da região. Para usar as já citadas palavras de Máiz, o governo boliviano tinha a intenção de *suprimir* e *acomodar* interesses de brasileiros naquela região. O efeito foi a exacerbação das precondições sociais do conflito, que levou a um acirramento ainda maior da disputa entre brasileiros e bolivianos. Essa política de supressão se implementou com um componente de *assimilação*, com vistas à construção de códigos cívicos. Vejamos como Cláudio de Araújo Lima descreve a chegada e as primeiras atitudes de governo de Don Lino Romero ao Acre:

> Dentro de três horas, mal retemperado da sensação de haver penetrado num mundo ainda desconhecido, a sua mão firme, guiada por um cérebro frio e calculador, contrai-se para legislar e estabelecer normas de governo.

> Impostos sobre a importação e a venda de bebidas. Sobre comestíveis. Sobre todos os gêneros de mercadorias que ali cheguem, seja qual for a sua procedência. Providências para consolidar o que já está firmado sobre os impostos relativos à exportação da borracha. Projetos de novos impostos e modificações de tarifas. A par dessas, outras medidas de ordem burocrática. Porque é preciso robustecer a autoridade e punir os funcionários relapsos ou desonestos. Conservar o que está certo, mas repelir o que estiver em desacordo com a moralidade administrativa (Lima, 1999, p. 92).

A supressão de "direitos" aos brasileiros tinha como objetivo fortalecer o Estado boliviano na região. Não obstante, os administradores bolivianos tinham claro que essa política de supressão deveria vir acompanhada de outra, que pudesse dar conta das inúmeras acomodações de interesses que deveria adotar o governo boliviano para o convívio democrático naquele território. Se, por um lado, o *Delegado Nacional en el Território del Acre y Purus* suprimiu alguns "direitos" dos brasileiros, por outra parte, em alguns casos, havia uma certa benevolência com os que se consideravam cidadãos brasileiro. É o caso do município de Xapuri, onde o Intendente, Don Juan de Dios Barrento, fez inúmeras concessões para manter a ordem daquela localidade. Recorreremos novamente a Lima (1999) para demonstrar como se perfilavam as causas da nação boliviana com os ajustes de suas autoridades a fim de se formar um Estado livre da ação coletiva revolucionária, que pairava sobre aquelas terras.

> Desde que se restaurara o domínio boliviano, ali quase cinco mil milhas náuticas do Rio de Janeiro, os representantes da nação ocupante haviam primado sempre no esforço de conquistar simpatias dos brasileiros, facilitando-lhes todas as medidas que apontassem necessárias à ordem e ao progresso da região. Autoridade benévola, Intendente Don Juan de Dios Barrientos começara por instituir um Conselho Municipal, integralmente organizado com elementos brasileiros, cuja deliberações eram acatadas com rigoríssimo respeito (Silva, 1999, p. 96).

Aqui estamos diante de um princípio — que se tornará um dilema para os bolivianos — originalmente apontado por Tocqueville (1987), adotado por Kitschelt (1986), Tilly (1986, 1992), Máiz (1997) e Tarrow (1997), de que a Estados fortes (centralizados) correspondem sociedades potencialmente fracas para a ação coletiva; Estados fracos (descentralizados) correspondem a sociedades potencialmente fortes para a ação coletiva. Porém, como afirma Tarrow, essa é uma relação dinâmica que não tem direção, ou seja:

> Que a construção do Estado cria uma estrutura de oportu-
> nidades para a ação coletiva das que os movimentos tiram
> proveito. O modelo dominante é o seguinte: os estados fortes
> com sociedades débeis produzem participação limitada,
> pontuada por explosões violentas de movimento social;
> enquanto que os estados débeis nas sociedades civis fortes
> levam a uma participação aberta e à ação coletiva conven-
> cional. Porém debaixo destas diferenças, todo desenvolvi-
> mento do Estado provê oportunidades para a ação coletiva
> (Tarrow, 1997, p. 118).

É exatamente no município de Xapuri, o povoado mais antigo do Acre, que os novos revolucionários, tendo como dirigente Plácido de Castro, reiniciarão o processo revolucionário. A pergunta que fazemos é a seguinte: tem alguma relevância o fato de que Xapuri, no momento da eclosão da Revolução Acreana, esteja governada por um Intendente menos centralizador das normas do Estado boliviano? Seria precipitado, já que não é o caso desta obra, responder a essa indagação de forma afirmativa. Entretanto, parece existir evidências a favor do argumento de que a construção do Estado boliviano no Acre criou oportunidades para a ação coletiva. Conforme Tocantins (1979), Xapuri vivia em perfeita harmonia, já que os interesses dos bolivianos estavam garantidos, tanto pelas boas relações entre brasileiros e autoridades bolivianas, diferentemente do que acontecia em Puerto Alonso, como pelo desempenho econômico da vila:

> Esse lugar, agora denominado pelos bolivianos de Mariscal
> Sucre, vivia em perfeita calma. Nunca se revelara um centro
> rebelde, a tendência da população fora sempre de apaziguar
> bolivianos e brasileiros. Não havia tomado parte ativa nos
> acontecimentos do Baixo-Acre, chegando até a condená-los,
> durante os tempos de Galvez, o que levou este a forçar a
> adesão da vila ao Estado Independente.
> [...] Extraía-se muita borracha, o comércio prosperava, o
> dinheiro corria, os navios iam e vinham, os bolivianos, em
> Xapuri, mostravam-se cordatos, em oposto às maneiras
> cesarianas de Lino Romero na *Delegación* de Puerto Alonso.
> Para que perturbar esse ritmo? (Tocantins, 1979, p. 99).

No momento da Revolução e mesmo antes, a Bolívia havia conseguido duas importantes vitórias. A primeira está relacionada com o fato de o Brasil reconhecer como de direito as terras acreanas aos bolivianos. A segunda tem a ver com sua capacidade de administrar aquele imenso território com as duas estratégias citadas, a da *supressão* de "direitos" aos brasileiros em Puerto Alonso (Porto Acre) e a da *acomodação* de interesses de brasileiros em Mariscal Sucre (Xapuri).

Apesar dessas vitórias no campo da manutenção da ordem no território ocupado, havia uma cultura e uma identidade que não poderia ser suprimida nem acomodada pelas ações do Estado boliviano; era algo que estava latente e os revolucionários souberam aproveitar essa fragilidade que marca a ocupação de espaços por forâneos da etnicidade e da cultura de um povo. Como bem salientou Smith (1998, p. 332): *"A ação coletiva se baseia em um núcleo de convicções e realidades compartilhadas entre os membros de uma comunidade. Estes recursos culturais atuam como matriz para a ação social e como foco para a mobilização".* Plácido de Castro, líder da revolução, sabia que esses sentimentos de identidade cultural e étnica eram seus principais aliados, como bem descreveu Lima (1999) sobre a sagacidade do caudilho ao se deparar com a tranquila Xapuri:

> [...] O povo acreano – ele bem o sabia – mantinha-se pronto para investir contra a situação que o próprio governo lhe impusera. Bastava, pois, reavivar a chama que continuava a crepitar surdamente. Simples questão de revolver sentimento de revolta, que a amável habilidade dos ocupantes do Acre não lograram dissipar (Lima, 1999: 98-99).
>
> Para exaltar os ânimos revolucionários dos acreanos, bastou que fosse confirmado, em junho de 1902, através de jornais de Manaus, a íntegra do contrato do *Bolivian Syndicate*. Este fato levou os membros do Conselho Municipal de Xapuri a entregarem seus cargos, colocando-se à disposição dos revolucionários. Estava consolidado o movimento que resultaria na Revolução Acreana em 06 de agosto daquele ano. Desta feita, a guerra vai assumir proporções violentas que antes não havia alcançado, perdurando até 24 de janeiro, com a tomada de Puerto Alonso, o qual receberia o nome de Porto Acre. O Estado Independente do Acre, que já havia sido proclamado por Galvez três anos antes,[34]

---

[34] Existem fortes semelhanças entre a Revolução do espanhol Luiz Galvez e a capitaneada por Plácido de Castro, entre elas, Tocantins (1979) cita: o igualitarismo em quase todos os atos administrativos. Plácido de Castro escolheu o dia 14 de julho para iniciar o movimento. Na mesma data, Galvez havia iniciado sua república. Plácido queria atacar Puerto Alonso, onde Galvez irrompeu o motim, sem um tiro, para aí instalar o seu governo. Os limites geográficos defendidos por ambos os Estados, o de Galvez e o de Plácido, são quase idênticos. A bandeira decretada por Galvez é integralmente adotada por Plácido. A estrutura administrativa do governo de Galvez é mantida por Plácido. O nome que recebe o Estado é "Estado Independente do Acre".

é novamente criado. É importante afirmar que o objetivo dos revolucionários continuava sendo a anexação do Acre ao Brasil (RCEIA, 2002, p. 10).[35]

2.6.3 O fim do conflito e a anexação do Acre ao Brasil

O movimento da Revolução Acreana passou pelas fases do *desafio* aos seus opositores, criação de *incertezas* sobre o potencial mobilizador daqueles que estavam à frente do movimento e, ao final, conseguiu potencializar a solidariedade entre os brasileiros afetados pela ação do governo do Brasil na questão do Acre e a opinião pública. Se o governo brasileiro, até aquele momento da Revolução, não havia tomado uma posição clara com relação à situação dos milhares de brasileiros que habitavam o Acre, a mudança na presidência da República, naquele momento, marcaria uma nova fase nos interesses brasileiros na região. O presidente Campos Sales (1898-1902), que tinha seu governo preso aos interesses das oligarquias estaduais, principalmente na política do café com leite (submissão do governo aos interesses de São Paulo e Minas Gerais), não tinha intenção de se envolver em conflitos de natureza geopolíticos com a Bolívia. Com a chegada na presidência de Rodrigues Alves (1902/1906), a política exterior vai ser redirecionada e o presidente nomeia para Ministro das Relações Exteriores a José Maria da Silva Paranhos, o célebre Barão do Rio Branco que, inclusive, já havia se pronunciado, no governo anterior, a respeito da "Questão do Acre" de forma favorável à anexação do Acre ao Brasil.

> A capital, Cidade do Acre, que Galvez havia dado a Puerto Alonso, é mantida por Plácido. Os dois chefes revolucionários mantiveram a intenção de pedir ao governo brasileiro, como o fixaram, a anexação do Acre ao Brasil (Tocantins, 1979: 102).
>
> O Brasil e a Bolívia firmam finalmente o Tratado de Petrópolis em 17 de novembro de 1903, que colocará fim ao litígio e às disputas do exército revolucionário com os bolivianos. Por este tratado, o Brasil se compromete a pagar uma indenização de territórios brasileiros no Estado do Mato Grosso, 2 milhões de libras esterlinas e a construção da

---

[35] No dia 1º de julho de 1902, os líderes da Revolução, tendo à frente Plácido de Castro, reúnem-se para ajustarem os fundamentos que deverão servir de marco legal para o futuro Estado Independente do Acre. O principal deles era: O Estado a ser proclamado, terá, sob o aspecto político, absoluta autonomia, para não implicar o Brasil em contendas com a Bolívia, já que os revolucionários entendiam que este já reconhecera em tratados internacionais, aquelas terras como sendo de direito bolivianas (Tocantins, 1979).

ferrovia Madeira-Mamoré.[36] A lei federal de 25 de fevereiro de 1904, regulamentada por decreto presidencial em 07 de abril de 1904, incorporou definitivamente o Acre ao Brasil, passando o Brasil a ter a configuração atual e o Acre a ser limitado com a Bolívia nos termos do parágrafo 5º do tratado assim formulado: *"Parágrafo 5º) Da confluencia do Beni e do Mamoré descerá a fronteira pelo Rio Madeira até a bocca do Abunan, seu affluente da margem esquerda, e subirá pelo Abunan até a latitude 10º 20'. Dahi irá pelo parallelo de 10º 20', para oeste até o Rio Rapirran e subirá por elle até a sua nascente principal"* (Bolívia; Brasil, 1903).

2.7 OS CICLOS DA BORRACHA E A DISPUTA PELA TERRA NO ACRE

Tendo como base as fases históricas, descritas anteriormente, é importante ressaltar como se formou a sociedade acreana a partir de alguns fatores econômicos e políticos a nível nacional e internacional: 1) a exploração da borracha pelo capital monopolista na Amazônia e suas consequências para o estado do Acre, no que se chamou o *ciclo da borracha*, com início por volta de 1870, declínio a partir de 1910 e o ressurgimento da sua exploração na Segunda Guerra Mundial; 2) os excedentes populacionais do Nordeste brasileiro e seu deslocamento para a Amazônia; 3) a Ditadura Militar e sua política de *Segurança Nacional* na formatação de uma geopolítica do período.

O primeiro diz respeito ao surgimento e à consolidação, por um largo período, do extrativismo da borracha. A empresa extrativista da Amazônia, apesar de, antes do *boom* da borracha, não se resumir ao látex, em meados do século XIX, havia esgotado seus principais produtos coletáveis, as chamadas *drogas do sertão* e mesmo do cacau, seu principal produto na sua pauta de exportações (Sobrinho, 1992). A produção da borracha na Amazônia se consolidará como principal produto de exportação, devido, principalmente, à revolução nos transportes e à emergência de uma indústria monopolista de produtos elaborados por meio da vulcanização dessa matéria-prima — pneumáticos e câmaras de ar (Rêgo, 2002). Esse

---

[36] O Tratado de Petrópolis definia que o Brasil deveria construir uma estrada de ferro ligando os dois países. A cláusula do contrato tinha o seguinte teor: "Os Estados Unidos do Brasil obrigam-se a construir em território brasileiro, por si ou por empresa particular, uma ferrovia desde o porto de Santo Antônio, no rio Madeira, até Guajará- Mirim, no Mamoré, com um ramal que, passando por Vila Murtinho ou outro ponto próximo (estado do Mato Grosso), chegue a Vila Bela (na Bolívia), na confluência do (rio) Beni e do Mamoré. Dessa ferrovia, que o Brasil se esforçará por concluir no prazo de 4 anos, usarão ambos os países, com direito às mesmas franquias e tarifas" (Tratado de Petrópolis, 1903).

processo de vulcanização, que foi descoberto pelo inglês Thomas Hancock e pelo americano Charles Goodyear, ambos no ano de 1844, permitirá que John Dunlop invente os pneumáticos em 1888. Estes passaram a ser usados tanto em carros, como, posteriormente, nas bicicletas, o que tornou a Amazônia e o Acre em particular os únicos produtores dessa matéria-prima.

A borracha natural vai integrar a pauta de exportações brasileiras como um de seus principais produtos. Já no ano de 1838 participava com um percentual de 16,6% do valor das exportações brasileiras, em 1848 eleva este percentual para 24%. Explica-se assim porque esse produto extrativista passou, na segunda metade do século XIX, a constituir-se como o principal produto de exportação da Amazônia (Sobrinho, 1992). Na Tabela II.1 pode-se notar os altos e baixos da borracha na pauta de exportação de produtos do Brasil de 1889 a 1945.

Tabela II.1 – Brasil, principais produtos da exportação, 1889-1945 (em percentagens)

Períodos	Cafe	Açúcar	Cacau	Mate	Fumo	Algodão	Borracha	Couro e pele	Outros
1889 - 1897	67,7	6,5	1,5	1,1	1,2	2,9	11,8	2,4	4,8
1898 - 1910	52,7	1,9	2,7	2,7	2,8	2,1	25,7	4,2	5,2
1911 - 1913	61,7	0,3	2,3	3,1	1,9	2,1	20,0	4,2	4,4
1914 - 1918	47,4	3,9	4,2	3,4	2,8	1,4	12,0	7,5	17,4
1919 - 1923	58,8	4,7	3,3	2,4	2,6	3,4	3,0	5,3	16,5
1924 - 1929	72,5	0,4	3,3	2,9	2,0	1,9	2,8	4,5	9,7
1930 - 1933	69,1	0,6	3,5	3,0	1,8	1,4	0,8	4,3	15,5
1934 - 1939	47,8	0,5	4,3	1,4	1,6	17,6	1,1	4,4	21,3
1940 - 1945	32,5	0,6	3,2	0,9	1,2	9,1	2,4	3,6	46,5

Fonte: Fausto (1994)

A colonização do Acre esteve, desde do seu início, marcada pelo interesse brasileiro e de outros países — especialmente a Inglaterra — em extrair látex das seringueiras nativas dessa região (Acre, 2001b). No entanto, até 1903, essa região era motivo da contenda entre Brasil, Peru e Bolívia. Tal conflito foi resolvido oficialmente por meio do tratado de

Ayacucho de 1867, no qual o governo brasileiro reconhecia que essa região pertencia à Bolívia. Essa solução *oficiosa* não foi suficiente para conter o avanço de brasileiros, principalmente dos nordestinos, para essa região. Esse aumento populacional de brasileiros foi o que forçou o litígio da Revolução Acreana descrito anteriormente. Aqui o que nos interessa demonstrar é como uma matéria-prima, a borracha, vai constituir-se em um marco estrutural para a formação de uma sociedade.

A produção da borracha na Amazônia e no Acre se deu por meio de um sistema de produção chamado *aviamento*[37]. Essa relação de produção terá na figura do seringueiro o último na cadeia produtiva. Ele padecerá de todas as consequências de um sistema arcaico de utilização da força de trabalho no extrativismo da borracha. Em termos gerais, esse sistema funcionava da seguinte forma: o mercado internacional emprestava bens de consumo, instrumentos de trabalho e dinheiro para as casas aviadoras e exportadoras sediadas em Manaus e Belém. Estas, por sua vez, os emprestava aos chamados aviadores de 1ª linha (altos comerciantes ou grandes seringalistas) que emprestavam aos aviadores de 2ª linha (seringalistas) que, por sua vez, emprestavam aos extrativistas da borracha (seringueiros). O retorno desses investimentos vinha por meio da produção extrativista da borracha, com o seringueiro agora sendo o primeiro nessa linha de devolução e o que menos capital conseguia reter, já que toda essa cadeia era limitativa de ganhos. Ou seja, ao chegar no extrator, os bens de consumo, os instrumentos de trabalho e dinheiro estavam encarecidos de um modo que tornava o seringueiro um semiescravo, à medida que não possibilitava, como descrevemos anteriormente, uma poupança do extrator (seringueiro) e do pequeno e médio seringalista.

A acumulação que foi presenciada nesta época foi de duas ordens: a primeira diz respeito ao acúmulo de capital financeiro pelo mercado internacional, pelas casas exportadoras, pelos altos comerciantes e grandes seringalistas; a outra se refere ao que chamaremos *acúmulo de capital social*, a ser tratado no próximo capítulo. No gráfico II.1, explica-se melhor como funcionava esse sistema de acumulação financeira que, além de arcaico, tinha sua legitimidade intimamente ligada ao processo de produção também arcaico e que permitiu, durante décadas, o aprisionamento de grandes contingentes de trabalhadores nos seringais.

---

[37] O aviador era o agente econômico que nessa fase de exploração da borracha fornecia mercadoria (bens de consumo, instrumentos de trabalho e dinheiro) para receber quando toda a cadeia de aviamento funcionasse e retornasse para ele em forma de capital (dinheiro).

O que atualmente denominamos *globalização* era praticado na região do Acre, na segunda metade do século XIX, por meio da relação representada no Gráfico II.1, em que o financiamento internacional, as casas exportadoras, sediadas em Manaus e Belém e os grandes comerciantes (seta *a*), mantinham os pequenos e médios comerciantes, os seringalistas e o seringueiro (seta *b*) em uma relação de dependência que permitia o retorno do capital empregado naquela atividade e um acúmulo do capital monopolista nas grandes potencias como EUA e Inglaterra (seta *c*).

Como desenvolveremos no próximo capítulo, deste ciclo de exploração da borracha no Acre, sua população, principalmente o seringueiro, se beneficiara apenas do acúmulo de capital social (seta *d*).

Gráfico II.1 – Acumulação de capital financeiro e capital social/cultural nos ciclos da borracha no Acre

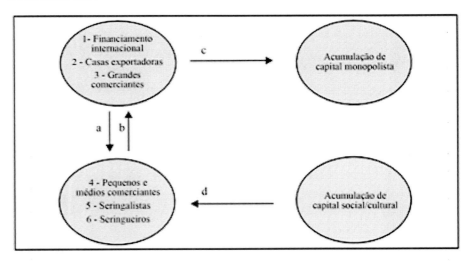

Fonte: elaboração própria

Sobre essa fase do capitalismo, no século XIX, a produção da borracha na Amazônia teve sua parcela de colaboração no acúmulo do capital financeiro, tem-se que ter claro que foi apenas uma das inúmeras experiências por que passava o sistema econômico mundial daquele momento, Martinello, em 1985, assim se referia a esse período:

> Na segunda metade XIX assistimos alterações profundas na maneira de produção e na tecnologia dos meios de produção, operando-se verdadeira revolução na sua

estrutura. A conjuntura econômica mundial dos últimos trinta anos do século passado foi marcada, de fato, pela emergência do chamado capital monopolista das corporações gigantescas, por verdadeira revolução nos transportes (v. g. O automóvel), pelo progresso da indústria química, da eletricidade, da grande siderurgia e pela consolidação do capital financeiro (fusão do capital bancário com o industrial) (Martinello, 1985, p. 24).

Com a crise dos anos de 1930, este sistema vai fraturar-se, tendo em vista, principalmente, que a lógica do capital, que é a obtenção do lucro, não se coadunava com as formas arcaicas de produção na Amazônia, que tinha no *aviamento* seu principal articulador de manutenção de estratos desse sistema.

O antigo sistema de aviamento, que durante décadas foi a base do extrativismo já não tinha mais condições de abastecer de víveres os seringais nos altos afluentes amazônicos. Devido aos baixos preços da borracha, muitos seringalistas não conseguiram saldar seus débitos junto às casas aviadoras de Belém e de Manaus. A inadimplência dos seringalistas deixava as casas aviadoras sem capital de giro para pagar os fornecedores. Para contornar a situação, muitas delas recorriam a empréstimos, junto aos bancos, para sanar suas dívidas mais urgentes e continuar movimentando seus negócios na esperança de que os preços da borracha voltassem a subir. Como isto não aconteceu, os grandes credores das casas aviadoras não tiveram outra alternativa a não ser protestar judicialmente os títulos vencidos. O passo seguinte foi a decretação, ou falência e a liquidação dos bens da grande maioria das casas aviadoras das praças de Belém e Manaus (Araújo, 1999, p. 33).

As análises do primeiro período da produção da borracha na Amazônia levaram a maioria dos estudiosos (Rêgo, 2002; Sobrinho, 1992; Martinello, 1985; Araújo, 1999) a concluir que o aumento da produção e da exportação da borracha não foi acompanhado por uma modernização no seu processo de produção e isso foi particularmente importante para a perda do monopólio da exploração da borracha pelos seringais nativos. Se, em 1900, a participação brasileira na exportação mundial desse produto chegava ao percentual de cerca de 60%, em 1922, esse percentual desceu para pouco mais de 5% (Rêgo, 2000). Essa perda da superioridade brasileira, nas exportações, se deu principalmente pelo baixo nível técnico de produção da borracha na Amazônia[38] e pela subsequente exploração de seringais de cultivo pela Inglaterra na Ásia.

As causas desses declínios sucessivos da produção e comercialização da borracha natural da Amazônia estão ligadas intimamente ao fato de a produção racional de seringais de cultivo no oriente assumirem, na cena mundial, o protagonismo de grandes produtores. Esses seringais de cultivo no oriente foram implantados pelos ingleses, após levarem as sementes da *hevea* da Amazônia. De acordo com Oliveira (1985), a *débâclê* ocorrida naquele período vinha germinando fazia algumas décadas, desde quando especialistas ingleses levaram da Amazônia sementes da *hevea* e plantaram experimentalmente em Londres. Controlados os efeitos dessa transferência, remeteram as mudas para a Malásia e Singapura, dando origem às grandes plantações racionais de borracha na Ásia. A borracha "racional" é uma agricultura tipicamente capitalista, organizada em moldes técnicos e empresariais e com ganhos crescentes em produtividade. Representa uma intervenção direta do capital produtivo na organização da produção e, como tal, é uma forma superior de volume e escala de produção. Nessa nova etapa, tornou-se a borracha livre de incertezas da produção nativa e eliminou as barreiras impostas pelo capital mercantil, instituindo o controle direto das grandes empresas monopolistas inseridas na órbita da acumulação em escala mundial (Oliveira, 1985).

Em 1915, os custos da produção gumífera na Ásia representava menos da metade dos custos praticados na Amazônia. Essa relação favoreceu a borracha natural asiática. A partir daí, os produtores de pneumáticos, no Brasil, passam a importar a borracha necessária à sua industrialização, devido ao melhor preço e ao fato de que contavam com seus próprios seringais de cultivo na Ásia (Rêgo, 2002). Além da ausência de uma política que se antecipasse ao declínio dessa atividade arcaica, no seu funcionamento interno de extração, essa crise também apresenta seus aspectos

---

[38] A economia amazônica parecia lançada na via da prosperidade. Era difícil imaginar que aquela euforia fosse passageira, pois a Amazônia era o maior reservatório de borracha natural do mundo e, praticamente, exclusividade do mercado internacional. Não havia, portanto, nada a temer. A riqueza da região apresentava-se inesgotável. Mas o capital estrangeiro, que pôs em funcionamento a economia da borracha silvestre na região, conhecia profundamente a fragilidade da sua estrutura, as suas principais deficiências e a dinâmica interna de seu funcionamento. Os países imperialistas, que criaram a economia da borracha na Amazônia, sabiam que, dada a ausência de progresso técnico no extrativismo, era praticamente impossível qualquer aumento da produtividade do trabalho; sabiam que o extrativismo retrógrado não acompanharia por longo tempo o crescimento vertiginoso do consumo mundial; sabiam ainda, que aquela euforia era passageira e que aquela normalidade era apenas aparente (Da Silva, 1982).

geopolíticos, já que, para os ingleses, era mais coerente, em termos de soberania, cultivar os plantios na Ásia, onde tinham suas colônias e que, na fase do capitalismo mercantilista, em que se insere esta crise, os capitais não tinham a mesma capacidade de deslocamento que atualmente.

Em definitivo, a crise que o setor da borracha passou a enfrentar teve sérias consequências nos estados da Amazônia, que eram dependentes daquele produto para sua sobrevivência econômica — esse é o caso do Acre. Esta região — que tivera sua ocupação intimamente ligada ao extrativismo da borracha — não havia conseguido reter capitais para investir em outras áreas produtivas durante o primeiro apogeu da borracha. Tanto é assim que, somente com um fator externo, a Segunda Guerra Mundial e a tomada dos seringais de cultivo da Malásia pelos japoneses, será permitido à Amazônia e a regiões como a do Acre que entrem novamente no processo produtivo do látex, em uma escala superior aos momentos de agonia do setor, por um período não superior a cinco anos, dessa vez com uma clara disposição do governo brasileiro, conveniado com os EUA, por meio dos chamados *Acordos de Washington* — segundo o qual o governo norte-americano se comprometia a investir capital na exploração extrativa e o governo brasileiro pactuava que manteria um preço fixado em um determinado teto para os aliados.

Esse novo ciclo da borracha se constitui como o segundo fator da ocupação da Amazônia e do Acre: o deslocamento de trabalhadores do Nordeste brasileiro. Se, durante a primeira crise da borracha, na Amazônia e no Acre[39] como um todo, houve uma redução da população, nesse momento, com a nova etapa da expansão da exploração extrativista da borracha, a densidade populacional vai aumentar vertiginosamente, recebendo imigrantes das regiões do Nordeste, que se deslocavam para a

---

[39] Existe uma controvérsia com respeito à existência ou não de um decréscimo populacional entre os anos de 1920 e 1940. Da Silva (1982) diz que a população do Acre decresceu 13,6 por cento no intervalo de vinte anos. Para Rêgo (2002), citando Santos, sustenta que com a crise da borracha amazônica, decorrente do deslocamento da fonte de abastecimento da indústria europeia para os seringais cultivados do Sudeste Asiático, a população do Pará decresceu a uma taxa anual de 2,2 por cento, a do Amazonas cresceu apenas 0,1 por cento e somente a do Acre cresceu à taxa de 2,2 por cento ao ano, entre 1920 a 1930. No conjunto da região, houve decréscimo demográfico de 1,1 por cento ao ano, no mesmo período. Entre 1920 e 1940, a população da Amazônia praticamente se estagnou (crescimento de 0,1 por cento ao ano), o que denota emigração.
É importante para nosso estudo salientar que a manutenção dos primeiros imigrantes no Acre foi importante para a formação cultural do povo acreano. Essa manutenção muitas vezes se processou de maneira forçada, tendo em vista que os primeiros seringueiros que chegaram ao Acre não o abandonaram na primeira crise da borracha por conta do isolamento da região, em relação ao resto do país e ao estado de pobreza material a que tinham sido submetidos pelo sistema de aviamento na produção da borracha e seu consequente endividamento sem possibilidades de gerar uma poupança para o retorno ao Nordeste.

Amazônia. Diferentemente do primeiro ciclo da borracha, em que a vinda para o Acre de nordestinos se deu devido à seca, principalmente à estiagem do ano de 1877, que se prolongou até 1879[40], na nova fase da exploração da borracha induzida pela Segunda Guerra Mundial, os principais aspectos que se destacam são: a) a criação de mecanismos públicos para recrutar um *exército da borracha;*[41] e b) a criação de várias agências estatais para o incremento da produção gumífera.

De acordo com Da Silva (1982), as entidades envolvidas no programa partiram do pressuposto de que era possível aumentar rapidamente a produção de borracha até um nível de 70 mil toneladas anuais, mediante a adoção das seguintes providências:

a. estabelecimento de preços compensadores;

b. reaparelhamento dos seringais;

c. abastecimento oportuno e eficiente;

d. recrutamento de mão-de-obra de outras regiões;

e. reaparelhamento da frota de "gaiolas", a fim de criar condições para o funcionamento de um eficiente serviço de transporte de mercadorias e borracha;

f. financiamento da produção com o intuito de eliminar o intermediário;

g. saneamento da região.

---

[40] Destaco que os fatores indutores do deslocamento do nordestino para os seringais da Amazônia não se reduziram à questão da seca. Evidentemente, esse foi um aspecto importante, tendo em vista que a agricultura nordestina era que mantinha o maior número de trabalhadores ocupados antes da seca. No entanto, existem outros fatores que explicam este êxodo, eles estão ligados à questões de ordem subjetiva dos trabalhadores e à condições conjunturais da economia e das políticas públicas desenhadas para este deslocamento. Segundo Santos (1980), os principais motivos que levaram os nordestinos a imigrarem para a Amazônia são: 1) preconceito do trabalhador nordestino em ir para o sul, em virtude da existência de trabalho escravo nos cafezais de São Paulo; 2) ilusão de enriquecimento rápido no boom da borracha; 3) propaganda e arregimentação realizada por prepostos dos seringalistas; 4) subsídios dos governos provinciais do Amazonas e Pará ao transporte de imigrantes; 5) o fácil acesso e proximidade do Porto de Belém; 6) a ruptura da resistência oposta pelos senhores de terra no nordeste à saída de mão de obra (Santos, 1980). Destes fatores, os de ordem pública estatal mais relevantes fora a criação da Semta (Serviço de Mobilização de Trabalhadores para a Amazônia), DNI (Departamento Nacional de Imigração), e do Sesp (Serviços Especiais de Saúde Pública) e muitos outros órgãos que passaram a ter atribuições nessa nova fase de deslocamento ou imigração forçada.

[41] Durante a segunda guerra, o governo brasileiro criou um mecanismo legal, o decreto Lei nº 5.813, de 14/09/45, para permitir a troca do serviço militar pelo trabalho na extração da borracha na Amazônia, estes homens que foram para o Acre receberam o nome de soldados da borracha e quando se deslocavam para esta região dizia-se que estavam indo para a Batalha da Borracha.

Apesar de esse esforço não ter alcançado seu objetivo no tocante à produção, ela subiu de 10,7 mil toneladas, em 1941, para 30,6 mil toneladas, em 1945, sendo inferior à metade do que foi colocado como objetivo pelo programa e menos de 80% da produção obtida em 1912 (Da Silva, 1982).

Todavia, um restabelecimento da produção de borracha na Amazônia, tendo como principal mecanismo uma política pública *ad hoc*, sem nenhuma preocupação com um desenvolvimento sustentável da região, levaria inevitavelmente à bancarrota desse setor, tendo em vista que o final da Segunda Guerra Mundial também traria o fim dos incentivos norte-americanos para a produção gumífera.

No entanto, apesar de a região amazônica e o Acre em particular não terem experimentado um desenvolvimento econômico sustentável nesse período, esse momento foi de extrema importância para a consolidação da cultura no interior do Acre.

Se, nas primeiras imigrações de 1877 e 1879, os principais trabalhadores que se deslocaram para essa região eram provenientes do campo e do sertão do Nordeste, onde se desconhecia qualquer direito ao indivíduo pobre e a única vontade prevalecente era a do fazendeiro ou coronel, o movimento imigratório de 1942, principalmente na segunda etapa, incorporou trabalhadores urbanos de várias profissões e já conhecedores dos seus direitos, portanto, arredios às brutais relações de exploração que haviam caracterizado historicamente o regime de trabalho no seringal (Sobrinho, 1992).

É dessa incorporação de novos trabalhadores, aos que anteriormente haviam ficado na região, que se vai formatar a cultura acreana. É dessa mescla de indígenas, sertanejos, camponeses, pequenos fazendeiros que se constitui uma população heterogênea no Acre e que elaborará, como veremos em outro capítulo, seus marcos de interpretação de significados de toda essa trajetória do povo acreano.

Com o fim da Segunda Guerra Mundial e a vitória dos aliados em 1945, os seringais da Amazônia voltam a passar pelo mesmo problema, a falta de competitividade com os seringais do oriente. No entanto, esse momento é diferente do anterior. Essa fase vem marcada pelo aproveitamento, após a Segunda Guerra Mundial, da borracha natural amazônica pelo mercado interno, que, naquele momento, estava em fase de expansão. Os empresários ligados ao setor tiveram que se articular politicamente para manter o monopólio estatal da compra e venda do produto para que, com esse protecionismo, pudessem manter o nível de produção.

De acordo com Sobrinho (1992), durante os anos de 1950 e 1960, os empresários ligados ao extrativismo da borracha na Amazônia e os empresários ligados à indústria de elastômeros do centro-sul travaram uma luta sem trégua por interesses divergentes com relação à política gumífera no país. Essa luta teve seu desfecho com a extinção do monopólio estatal das operações de compra e venda da borracha, acarretando essa medida profundas consequências políticas, sociais, econômicas e ecológicas para a Amazônia e principalmente para o Acre (Sobrinho, 1992).

São essas transformações ocorridas no Acre, depois do apogeu dos dois ciclos da borracha tratados aqui, que condicionaram, em grande medida, a disputa pela posse da terra acreana e o nascimento de uma identidade desses trabalhadores com a terra e seu posterior engajamento na luta por um modo de vida culturalmente distinto do resto do país. É nessa nova fase que surgiram os primeiros conflitos pela posse da terra no Acre, pela disputa política de formas alternativas de desenvolvimento. É também nesse momento que surge o primeiro *ciclo de protesto*, aproveitando-se da *estrutura de oportunidade políticas* que o regime militar decadente lhe abrira, visto que, na nova fase que se inaugura, vai estar ligado às mudanças estruturais, não só em termos econômicos, mas relativas ao Estado brasileiro e suas várias facetas, entre elas, o fim do chamado "milagre brasileiro".

2.8 A CRISE BRASILEIRA DOS ANOS DE 1970 E O NOVO MODELO DE OCUPAÇÃO *X* RESERVA DE CAPITAL SOCIAL NO ACRE

A crise do modelo de desenvolvimento brasileiro que foi marcado pelo fim do chamado "milagre brasileiro" de 1960/1970, levou o capital a proteger-se da inflação, investindo em terras como reserva de valor. Esse processo determinou, em grande medida, as disputas pelas terras do Acre entre moradores tradicionais da floresta e os novos empresários do centro-sul do país.

Feitas as primeiras aproximações aos ciclos da borracha, pode-se dizer que, de certa forma, eles criaram as oportunidades para o surgimento do estado do Acre, já que o deslocamento nos períodos em que essa empresa extrativa estava no seu auge ocorreu em duas frentes: a econômica e a demográfica.

No aspecto econômico, como resumimos, o capital para permanecer no Acre dependia das oscilações do mercado de apenas um produto: a borracha. Isso foi extremamente difícil de ser superado por um estado que era "novo" no aspecto da produção de bens e que havia sido utilizado como válvula de escape para os problemas populacionais de outras regiões, ou seja, sem uma política pública que permitisse a diversificação da produção.

No aspecto demográfico, destacamos a capacidade que teve esse contingente de trabalhadores que imigraram para o Acre nos dois ciclos da borracha de, mesmo com as maiores adversidades, substituírem um modelo de exploração de apenas um produto por uma série de mecanismos de sobrevivência. A condição de trabalhador semiescravo, que marcou os dois ciclos da borracha, não permaneceu incólume por muito tempo, já que esse trabalhador vai se livrar de muitas amarras históricas. Isto, como veremos em outros capítulos, permitiu que esses segmentos populacionais do estado do Acre estocassem um *capital social*, o qual será utilizado nas mobilizações das décadas de 1970 e 1980, o que prova que, no caso da América Latina e especialmente no Brasil, é possível que organizações de movimentos sociais não estejam presas ao que Putnam (1994) chamou de dependência à trajetória (*path-dependence*), no sentido de terem que esperar períodos longos de maturação de um capital social. No caso do Acre, em pouco mais de um século, foi possível estocar capital social, a partir da capacidade de organização dos trabalhadores em avanços sucessivos de continuidades de mobilização. Em 1985, Oliveira concluiu que a linha de continuidade que se procura traçar durante toda a fase de predomínio da borracha — seja na fase do auge ou da decadência e estagnação da atividade extrativa — deve ser encontrada além da natureza da própria atividade econômica e de seu produto específico. A continuidade que se deseja destacar é a da ocupação humana, dispersa pelos 15 milhões de hectares do território, mas fundamentalmente ligada à economia extrativa e/ ou a atividades agrícolas de subsistência e comerciais.

> *De seringueiro sujeito às formas de imobilização prevalecentes no auge da economia gumífera a seringueiro com "condição",[42] passando pela agricultura de subsistência e pela posse, o caminho seguido pela força de trabalho acreana correspondeu a uma gradual sucessão de conquistas — facilitadas ou não pela tradicional oligarquia dominante — em direção à atenuação*

---

[42] Seringueiro com "condição" refere-se ao trabalhador que tem um determinado saldo com o seringalista e não está obrigado a vender a sua produção para este, diferente do que acontecia nos primeiros seringais instalados no Acre e que não deixava nenhuma margem de negociação para este trabalhador. Esse novo mecanismo, acumular para se livrar, apesar de difícil, ocorreu em muitos seringais, o que levou a muitos seringueiros a se espelharem nos que obtinham essa vantagem, no sentido de também criarem mecanismos próprios para não comprar com o seringalista e assim manter um saldo positivo.

> *das relações de subordinação nos seringais e à identificação direta com a terra, nas posses e nas colocações* (Oliveira, 1985, p. 29, grifo nosso).

É desta nova fase de *libertação* do trabalho compulsório, que estava umbilicalmente ligado à produção da borracha no Acre, que surgirá a figura do seringueiro autônomo com capacidade de criar uma cultura diferenciada do que até então havia sido presenciado naquele período. Essa cultura refere-se à capacidade de organização dos chamados trabalhadores rurais: camponês, indígenas, seringueiro, colonos e pequenos fazendeiro em movimentos sociais.

No entanto, essa nova fase veio marcada por um novo modelo de ocupação das terras do Acre pelos "paulistas",[43] que tinham como propósito instalar a empresa agropecuária no Estado, com incentivos do governo estadual e, com frequência, sem um marco legal que constituísse uma disputa igualitária com o morador tradicional. Ou seja, muitas vezes essa incorporação de terras, antes utilizadas por trabalhadores tradicionais, tanto na exploração da borracha como da cultura de subsistência, foi processada de maneira violenta por meio da expulsão do trabalhador e de sua família com a anuência do aparato policial do estado. Essa fase de ocupação das terras do Acre marcarão um *hiato* na maneira como os posseiros, seringueiros e colonos disputarão espaços físicos e institucionais no Acre.

Essa disputa pelas terras do Acre deve ser encarada mais como um indicador da debilidade da democracia brasileira, do que como um simples fator estruturante de disputadas localizadas. Na verdade, essas disputas pelas terras do Acre é mais um dos capítulos das desigualdades geradas pelo que Weffort (1993), inspirando-se em Dahl (1989), chamou de *sistema dual brasileiro*, Weffort aponta que, para os indivíduos que estão integrados, existem mecanismos efetivos de participação e influência, enquanto que, para os que estão fora, existe um regime de coerção e, em casos extremos, de terror. No caso do Acre, essas características deste *sistema dual* são particularmente percebidas na fase de enfrentamento dos que tinham, além dos recursos econômicos, a benevolência do governo e os que até então não haviam tido acesso aos mecanismos de participação institucional formal.

---

[43] "Paulista" é a designação genérica pela qual os moradores tradicionais da floresta no Acre apelidaram os empresários vindos do centro-sul do país para ocuparem os espaços deixados pelos seringais decadentes. Etimologicamente, a palavra é atribuída às pessoas naturais e habitantes do estado de São Paulo.

Para matizar melhor como se configuram essas disputas dentro do *sistema dual brasileiro*, é importante salientar que, após os ciclos da borracha que marcaram a sociedade acreana — sendo o último a fase pós-Segunda Guerra Mundial e que duraria apenas três anos — viria a fase *liberalizante* do sistema político brasileiro, que vai da *política de distensão* do Governo de Ernesto Geisel (1974-1978), a política de *abertura* do governo de João Batista de Figueiredo (1978-1984) até a chamada *Nova República* (1984-1989).

Todavia, é importante ressaltar que o sistema político brasileiro, que deu sustentação às políticas de desenvolvimento para a Amazônia e para o Acre, não entrou em crise de estado, já que, como afirmado em outro lugar, o processo de *transição* brasileira foi levado a cabo pelas elites ligadas de modo direto ou indireto ao regime autoritário anterior. Nesse caso, parece não ser possível falar de uma *liberalização* ao processo de *democratização*, uma vez que por liberalização se entende que: a) os que estão no poder concedem maiores direitos políticos e civis à população em geral e b) permitem que setores sociais, antes controlados por completo, possam organizar-se, ainda que seja de maneira controlada, porém com certa abertura.

Do dito anteriormente, podemos inferir que não se aplica ao Brasil a ideia de que o regime militar/autoritário tenha entrado em crise para fazer a *transição* para a democracia. Como bem expressou Gugliano (1996), no Brasil não se podia dizer que a transição nasceu de um período de crise ou divisão no seio dos setores autoritários. Muito pelo contrário, esta nasce quando o regime ainda domina a iniciativa política e isto parece ser um elemento central para definir seu desenvolvimento. O principal resultado que obtiveram os militares no governo foi a criação de condições básicas para a realização de uma transição conservadora no país (Gugliano, 1996). Ademais, por crise se entende a existência de três elementos, se não fundamentais, quase sempre presentes: a) o caráter instantâneo e de frequência imprevisível, principalmente; b) a duração, que é com frequência limitada; c) sua incidência no funcionamento do sistema (Pasquino, 1997). As duas dimensões de uma crise são: crise revolucionária, quando as mudanças no regime vêm acompanhadas de mudanças na ordem socioeconômica. A outra dimensão é o que atualmente se chama de crise de desenvolvimento do sistema, em que se descreve a maneira como o sistema se defende das provocações na sua interação com outros sistemas, ou bem o modo que resiste às provocações desde dentro, por exemplo, de uma excisão da elite política. Em nenhum desses paradigmas parece inscrever-se a *transição* para a democracia no Brasil. O que parece mais provável é que todo esse processo tenha um componente hegemônico das elites para legitimar suas funções/organizações no parlamento, partidos políticos, meios de comunicação etc. (Sena, 2001). Daí nossa afirmação, de que a transição para a democracia no Brasil ainda passa por um processo inconcluso, e que gera uma série de episódios característicos de sistemas não poliárquicos, mais acentuadamente em regiões do Norte e Nordeste brasileiro. Isso não implica que os atores que surgem nessa nova fase fiquem fora do sistema, antes, eles competem dentro desse sistema, daí chamarmos a configuração que se deu no Acre de *sociedade agrária competitiva* em termos políticos.

Segundo Weffort (1993), a ordem política brasileira atual reflete, de um lado, uma sociedade extremamente desigual, e de outro, a presente fase de transição. Ela não expressa diretamente a correlação de forças (classes e grupos) na sociedade; essa ordem apresenta de modo distorcido a correlação, como uma lente que reflete a configuração política estabelecida durante a transição. Esse autor argumenta ainda que a lente que distorce essa realidade é a mesma que distorce a realidade conservadora brasileira. Em outras palavras, apesar de importantes, as pressões sociais durante o processo de *transição*, foram muito mais importantes no regime político que no governo e como não houve um colapso do regime militar autoritário e sim uma *transição* com notável continuidade. Chegamos na Nova Constituição de 1988 com um regime de oligarquias competitivas (Weffort, 1993).

Essas facetas marcantes do sistema político brasileiro, nas duas últimas décadas do século passado, vão incidir nas regiões mais atrasadas ou, para usar uma terminologia de Dahl, nas sociedades agrárias tradicionais. Isso se deu principalmente pela falta de mecanismos para a efetiva reforma agrária brasileira, já que a própria constituição de 1988, apesar de ser um tema recorrente, não criou mecanismos eficazes para fugir do que havia sido definido em termos de distribuição de terras presentes nos governos autoritários.

O poder das oligarquias agrárias nas regiões mais atrasadas do Brasil sempre esteve ligado ao poder político. A partir dessa constatação, é pertinente falar de uma manutenção do sistema de apropriação da terra como manutenção do poder político, que distorce a representação dessas regiões com relação às mais avançadas[44]. Nesse sentido, nessas regiões — o Acre não está fora dessa configuração —, a terra sempre foi um mecanismo para inibir uma transição para a democracia com distribuição de recursos sociais. Nesse processo, a terra passa a ter um valor não de uso e sim de sua extensão e da capacidade de manter um determinado *status* de estratos sociais das regiões mais avançadas e que buscavam esse poder econômico e político por meio de novas aquisições desses recursos.

Ao salientar esses aspectos da concentração de terra no Brasil nos anos analisados neste livro, queremos apontar que este é um fator a mais nas variáveis que orientam a causalidade da disputa pela terra no Acre, destacando seu aspecto do poder político, tendo em vista que o grande número de brasileiros que habitaram esse estado passou pela mesma trajetória que a maioria dos trabalhadores rurais do Nordeste brasileiro, ou seja, estes brasileiros convivem com duas formas de exclusão dos benefícios da democracia formal inaugurada com a Constituição de 1988. O primeiro, como destacamos, diz respeito à formação da estrutura agrária no interior do país e que, no estado do Acre, se dará de forma diferenciada do resto do país, mas com os mesmos objetivos de utilizar as massas de trabalhadores como clientes.

No Acre, este processo ficou conhecido como sendo a substituição do trabalhador tradicional, principalmente o seringueiro, pelo fazendeiro do centro-sul do país; estes se apropriaram de áreas de terras para a criação de gado de forma extensiva, o que, por sua natureza, requereu que não existisse outra forma de produção naquelas áreas. A outra forma de exclusão que ocorreu neste processo foi a do poder político. Até a chegada dos fazendeiros do centro-sul do país, o poder político estava concentrado nas mãos dos seringalistas, os *coronéis de barranco*[45]. Se, no Nordeste brasileiro se utilizou a nomenclatura de coronel de forma estrita para designar o proprietário de terras, que tinha sob seu controle os chefes locais, no

---

[44] No Brasil, a representação das regiões no parlamento não se dá de forma igual. Existe um antigo debate acerca do peso do voto dos eleitores das regiões menos populosas na hora da escolha dos deputados federais. Entre os principais argumentos dos detratores do modelo da proporcionalidade no Brasil, está o de que, a cada eleitor, deveria corresponder um voto, o que levaria a uma correção das "distorções" que proporciona o atual modelo de representação brasileira. Sobre uma argumentação da proporcionalidade como um princípio consociacional e oposta ao argumento anterior, existe quem defenda o modelo atual brasileiro, como forma de incluir minorias em uma democracia. Ver especialmente: Lijphart (2000).

[45] Esta expressão é uma extensão da forma genérica que se adotou para designar os grandes proprietários de terras e as oligarquias no Brasil, na transição do Império à República. Em regiões como as do Sul eram chamados de "Coronel caudilho", no Nordeste "Coronel donatário", no Sudeste cafeeiro "Coronel empresário" e na Amazônia extrativista "Coronel de Barranco", para patentear os empresários seringalistas.

Acre esse fator também se mantém com uma pequena alteração do *modus operandi,* mas com os mesmos objetivos, ou seja, a manutenção do poder político. Como bem expressou Weffort em 1993:

> Depois de 1930, houve uma mudança no sistema de poder brasileiro. Com o desenvolvimento industrial e urbano, o *coronelismo* – o sistema de dominação dos chefes locais que, de 1889 a 1930, havia servido de sustentação às oligarquias locais no âmbito nacional – começou a declinar e se tornou cada vez mais um fenômeno regional, restringido aos estados do Norte e do Nordeste (Weffort, 1993, p. 34-35).

A análise que empreendemos sobre como a manutenção do poder político esteve ligado aos detentores da terra no Brasil e no Acre, permite que façamos uma aproximação ao que Dahl (1989) apontou como sendo um dos fatores das sociedades agrárias, ou seja, o grau de equidade na distribuição das terras. Diz este autor, seguindo Tocqueville, que, nas sociedades agrárias, a característica determinante do *status,* a renda ou a riqueza, é a possessão da terra ou o direito a seus produtos, resultando que a desigualdade na possessão da terra equivale à desigualdade na distribuição do acesso ao poder político, ou seja, quanto maior for a má distribuição da terra em uma sociedade agrária, menores serão as chances de que esta quebre a correlação entre poder e possessão da terra, visto que esta permanecerá cumulativamente alta. O autor faz uma referência, ainda, de como se relaciona esse fator da acumulação da terra com outros que podem perfeitamente servir de fio condutor para o que apontamos, anteriormente, sobre como funciona o sistema de hegemonia política na sociedade agrária brasileira e por conseguinte do Acre. Ou, dito de outra forma pelo autor, as desigualdades acumulativas de *status,* riqueza, renda e meios de coação equivalem a desigualdades manifestadas na manipulação das fontes de ação política, desigualdades que são reforçadas pelas crenças imperantes. Uma minoria muito pequena, porém, com recursos superiores, desenvolve e mantém um sistema de hegemonia política (Dahl, 1989).

Entretanto, acrescentamos a esse brilhante mapeamento do funcionamento das sociedades agrárias de Dahl um fator a mais para a sua superação, em termos de mobilização e criação de mecanismos próprios pelos movimentos sociopolíticos para superar esta dinâmica. Nesse caso, não estamos falando apenas de levantamentos esporádicos ou resistência passiva. Esses segmentos se mobilizam para superar essa dinâmica, acrescentando a tal sistema de dominação seus próprios códigos de conduta com respeito ao sistema de crenças e coação das sociedades campesinas. Nosso argumento é de que existe algo mais que possibilita a estes segmentos de *campesinos* (para utilizar um termo mais aproximado da literatura sobre as sociedades agrárias) o acesso à terra e ao poder político. No Gráfico II.2, repassamos a contribuição de Dahl, acrescentando um elemento a mais ao esquema, qual seja, o da entrada na arena política, por meio da disputa pela terra, que, para o estudo do caso do Acre, servirá para demonstrar como as *oportunidades políticas* abriram janelas para essas demandas dos setores excluídos do processo de democratização instalado no país e como tais oportunidades influenciaram a transformação dessa sociedade agrária local. Em outras palavras e arriscando um *estiramento* conceitual, chamaremos essa nova formatação de *sociedade agrária competitiva*, em que as elites tiveram que dividir o poder político com a massa de excluídos, *vide* o atual estágio de descentralização da terra e de políticas para os setores antes fora dos sistemas de poder *dual* que caracterizava a sociedade acreana.

Gráfico II. 2 – Sociedade agrária competitiva

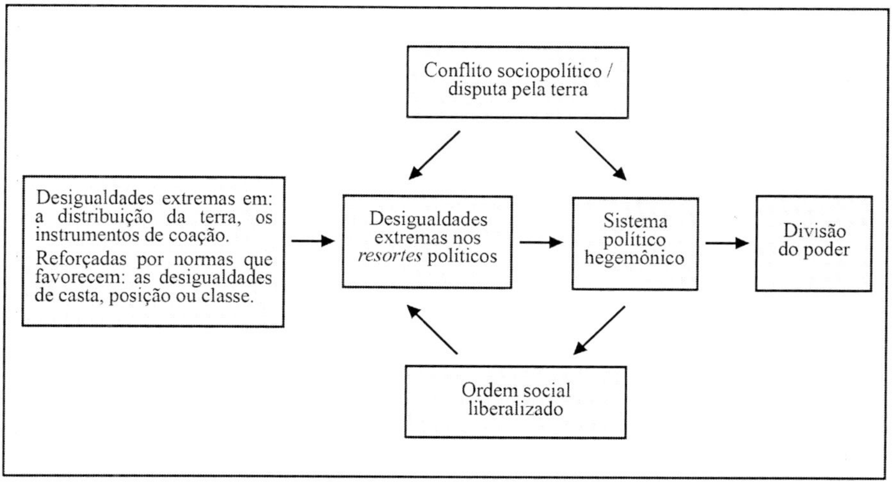

Fonte: elaboração própria a partir de Dahl (1989, p. 81)

A sociedade brasileira tem na sua formação ingredientes de desigualdades, que na sua trajetória geraram conflitos sociopolíticos em disputa com o sistema político hegemônico. Particularmente importantes a essa disputa foram as capacidades que tiveram os segmentos excluídos dessa sociedade ao se organizarem dentro desse sistema *dual*. No caso do Acre, como veremos no capítulo quarto deste livro, o movimento pelo desenvolvimento sustentável se articulou com o PT, intelectuais, Igreja e uma rede temática para, a partir do momento em que a ordem social é liberada, disputar poder, sendo artífice de uma nova divisão deste poder dentro do sistema político local.

> [...] entre as coisas "improváveis", os trabalhadores acrea-nos já tinham feito uma "revolução" no início do século, que incorporou, definitivamente, o Acre ao Brasil; partici-param do esforço de guerra, em 1945, como "soldados da borracha"; na década de 60, implantaram algumas "ligas camponesas" no Acre; no final dos anos 70, organizaram--se em sindicatos rurais, fundaram, com o apoio da Igreja, Comunidades Eclesiais de Base e, a partir desse embrião organizativo, começaram a construção de um partido polí-tico, expressão da classe trabalhadora do Estado – o PT (Fernandes, 1999, p. 141).

A disposição de estudar o processo político contemporâneo no Acre está influenciado por esse problema do "improvável" sucesso, em termos de resultado do MSA na disputa de poder nas instituições formais do Estado de Direito. Nesse sentido, propomos explicar esses sucessos do MSA em termos de poder, buscando suas origens na disputa litigiosa e suas consequências tanto para os atores sociopolíticos desse movimento, como para outros segmentos dessa sociedade local.

2.9 RESUMO

Neste capítulo, empreendemos um análise histórico-descritiva dos processos econômicos e políticos que marcaram dois momentos que ante-cederam à formação do MSA: a) as disputas diplomáticas entre o Brasil e a Bolívia pelas terras do Acre, herança da divisão das terras da América do Sul entre as duas principais potencias marítimas do século XVIII: Portugal e Espanha, resultando no que se denominou a *Questão Acreana*, que no final do século XIX e início do XX se desdobrará na Revolução Acreana; b) a entrada do Acre como área produtora de matéria-prima para a indústria, por meio da produção da *hevea látex*, do século XIX até meados do XX, quando houve um colapso da comercialização desse produto e o abandono dos seringais nativos da Amazônia. E esse desamparo, tanto por parte do governo quanto da indústria, permitirá o surgimento do conflito por terras no Acre, uma vez que se buscou a substituição daquela matéria-prima por, principalmente, fazendas de gado extensiva, que não incorporavam a mão de obra existente na região e não respeitava a posse da terra por seus moradores tradicionais.

Sustentamos que a Revolução Acreana, mesmo a iniciada pelo espanhol Luiz Galvez, teve causas de duas ordens. A primeira está relacionada às perdas de arrecadação por parte do estado do Amazonas, com a incorporação das terras acreanas pela Bolívia, portanto, o efeito foi de ordem econômica. A segunda diz respeito ao *sentimento de brasilidade* presente nas populações que habitavam as terras acreanas. Nesse caso, estamos afirmando que a causa foi de ordem identitária, visto que criou os marcos interpretativos para as posteriores manifestações da ação coletiva dos moradores tradicionais do Acre.

Quando, em 1902, a Bolívia, com a anuência do governo brasileiro, reassume a posse do Acre, após a efêmera República do Estado Independente do Acre do espanhol Luiz Galvez, resolve, para usar as palavras de Máiz (1997), "*suprimir direitos e acomodar interesses*" e, dessa forma, estabelecer um estado com um componente forte e outro fraco. Ao lado dessa hibridez irregular do modelo toqueviliano (estados fortes, sociedades fracas; estados débeis, sociedades fortes), existiu um outro componente que não é tão simples de explicar e que Tarrow (1997) percebeu como sendo a abertura de *oportunidades políticas* para a ação coletiva pela formação do Estado, seja ele fraco ou forte. O que importa é que a formação desse estado cria incentivos para a ação coletiva e isso foi especialmente importante no caso da Revolução Acreana.

Encontramos, ainda, no caso da disputa litigiosa analisada, dimensões da estrutura de oportunidades políticas tais como: presença de aliados, variável temporal do ciclo de protesto, processos informais e elites aliadas do movimento (McAdam, 1999a), que em grande medida serviu de suporte ao movimento emancipatório no Acre.

Afirmamos que, ao ciclo econômico que marcou a exploração extrativista no Acre, seguiu-se um ciclo de protesto, derivado das injustiças cometidas contra os estratos sociais que sustentavam aquela atividade econômica nos moldes do capitalismo monopolista e que marcou a acumulação do capital financeiro nas grandes corporações. Entretanto, chegamos à conclusão, após analisar o sistema de *aviamento* da produção nos seringais (*vide* Gráfico II.1), que no Acre se formou um capital social/cultural que, em grande medida, sustentará a ação coletiva dos excluídos na disputa litigiosa pela terra e pelo poder político.

A derivação que retiramos da análise desse processo de formação de capital social é importante para nosso caso de estudo por dois motivos. O primeiro é que, para se formar capital social, é necessário que uma comunidade se articule em torno de sua identidade, cultura cívica e relações sociais para gerar confiança; o segundo é que uma comunidade pode quebrar o que Putnam (1994) chamou *path dependence* (dependência a trajetória). Se, para esse fim, essa comunidade avança na mobilização da ação coletiva pautada na organização regular de estratos sociais excluídos historicamente de que Weffort (1993) chamou *sistema dual brasileiro*.

Dessa disputa política, chegamos à conclusão de que o processo político contemporâneo no Acre formou uma sociedade agrária competitiva, na qual a terra e o poder político foram disputados em duas fases. A primeira esteve ligada à violência como forma de manter o morador tradicional sem os recursos da terra e desse poder político. A segunda, como afirmamos, materializou-se com o aproveitamento das *oportunidades políticas* que se abriram devido, principalmente, ao uso do *estoque de capital social* presente nesses estratos sociais.

CAPÍTULO III

OS CICLOS DE PROTESTOS DO MSA E FORMAÇÃO DE IDENTIDADES

3.1 INTRODUÇÃO

Neste capítulo, mostraremos como a disputa pela terra e a repressão aos movimentos sociais criaram um processo de política litigiosa no Acre no início e meados da década de 1980. As perguntas que responderemos são: por que em determinado período, início e meados dos anos de 1980, surgem *ciclos de protesto* contra as injustiças que eram cometidas a esses estratos sociais e os quais abrem oportunidades para outros segmentos da sociedade, criando uma identidade interna e externa ao movimento? As estratégias que adotam esses movimentos têm a ver com o *modus vivendi* dessa comunidade ou os marcos de referência que adotam esses movimentos são extensão da percepção que têm as lideranças enquanto aliados externos? Esses marcos partem da própria comunidade ou são uma síntese da retroalimentação entre os movimentos e seus aliados? Desse *feedback* nasce um capital social capaz de aportar novos elementos ao processo de mobilização e abertura de oportunidades políticas a esses movimentos e a novos grupos sociopolíticos?

Um movimento social geralmente surge quando alguns indivíduos percebem que é possível mobilizar outras pessoas para lutarem contra determinado grupo social ou contra a ordem estabelecida, para tentar colocar suas pautas na agenda pública estatal ou no interior da opinião pública. Todavia, antes de conseguirem respaldar suas pautas nas agendas públicas, os "madrugadores" dos movimentos sociais passam por situações *sui generis* que os que se aproveitarão das oportunidades abertas por esses primeiros litigantes não passarão durante os *ciclos de protestos*. Nossa intenção neste capítulo, além de outras que já foram assinaladas com as perguntas iniciais, é demonstrar como um movimento se capacita para influenciar políticas a partir, primeiro, do marco de injustiça percebido e, depois, do aproveitamento das *oportunidades políticas* que se abrem no processo litigante.

3.2 OS "MADRUGADORES" DO MSA, A IDENTIDADE DOS "POVOS DA FLORESTA" E SUA INSTITUCIONALIZAÇÃO INFORMAL E FORMAL

Para nossa investigação, o fato mais relevante do início do *ciclo de protesto* que marcou a década de 1970 foi a situação de insegurança pessoal a que estava exposta a vida das lideranças do MSA e que aqui chamaremos de "madrugadores" na acepção que dão os estudiosos da Teoria Mobilização Política, como por exemplo: McAdam, Tarrow e Tilly (1996, 2001) e Tarrow (1989, 1997). Esta insegurança pessoal era, de certa forma, uma extensão das injustiças promovidas pelos oponentes deste movimento e pelo Estado. Ambos tinham em comum um elemento fundamental para suscitar disputas litigiosas: a concentração do poder e a vinculação deste com um modelo de desenvolvimento para o estado do Acre que não incluía um seguimento histórico da formação da sociedade acreana — o seringueiro e seus congêneres de trabalhadores tradicionais do estado do Acre.

Começaremos descrevendo a razão que propiciou um intenso processo de mobilização, desde o início da década de 1980. Para tanto, repassamos o que foi esse período de insegurança para as lideranças do MSA para, em seguida, demonstrar que essas injustiças permitiram a muitos líderes colocarem para a opinião pública suas reivindicações, se aproveitarem das fragilidades do sistema e abrirem uma janela de oportunidades políticas para outras pessoas ou grupos sociais que estavam fora da disputa contenciosa. Desse processo, coexistiram pelos menos dois aspectos relevantes para que o MSA alcançasse alguns resultados neste período, trata-se da bifurcação entre a identidade interna e externa do movimento e que, durante toda a década vai acompanhá-lo.

Para relacionar essa identidade interna com a externa, ou seja, os marcos interpretativos do movimento com o de seus aliados, acreditamos que uma citação de algo, que já começa a ser considerado como histórico, seja importante para nosso propósito: as ameaças e punições sofridas pelos líderes e aliados desse movimento. Vejamos o que dizia Chico Mendes, no ano de 1980, quando denunciava para um outro "madrugador", Wilson Pinheiro, o que estava acontecendo em termos de política litigiosa e o que apontava como perspectiva para o movimento:

> "Companheiro Wilson,
> Estive aqui a fim de falar com você, porém não foi possível. Olha, é o seguinte, as cousas (sic) em Xapuri estão quentes, os posseiros estão botando para quebrar, então,

os fazendeiros, fizeram uma reunião e estão afirmando que a única saída para eles é matar o presidente do Sindicato (Sindicato dos Trabalhadores Rurais de Brasiléia)[46], o Delegado da Contag[47], o Chico Mendes, os padres e outros delegados sindicais. Diante destes acontecimentos, o Dr. João Maia, combinou comigo para se organizar um ato público em Xapuri, apoiados por várias entidades, inclusive com vários sindicatos do Estado e ficou acertado para eu vir falar com você aqui, a fim de que vocês saiam daqui pela manhã, levando um caminhão, com os passageiros da estrada que quiserem participar, por sinal, o povo já está sendo avisado por toda a área do Santa Fé.[48] Sim, é bom lembrar que o ato será realizado a partir das nove horas da manhã, a fim de dar tempo ao povo voltar cedo para as suas casas. Também quero te avisar que dia dois de julho estarei aqui para nos organizarmos os documentos da comissão executiva municipal do PT neste município (Brasiléia), para que seja encaminhada à direção nacional, para o registro do partido, não sei se você já sabe que eu fui eleito, ou melhor, escolhido para presidente da comissão provisória, executiva estadual e agora tenho que me virar que só charuto em boca de bêbado, pois tenho que me deslocar para todos os municípios; também quero te avisar que o partido já está praticamente organizado em 22 estados, não tem mais dúvida, os nossos adversários já não vão ter mais argumentos para mentir para o povo dizendo que o PT, não é partido ainda. Olha, dar um jeito de ir, ou melhor, levar o seu apoio a nossos companheiros de Xapuri, a gente dar uma ajuda na despesa do caminhão. Tiáu e um abraço petista. Assina. Francisco Mendes Filho. Em 24 de junho de 1980".[49]

Uma rápida mirada na carta mostra, pelo menos, dois eixos centrais em que o líder Chico Mendes se apoiava para mobilizar os afetados pelas injustiças e seus aliados de luta política: a) os recursos internos em termos de identidade e b) os recursos externos em termos de apoio dos aliados aos temas que os mobilizavam: a conservação ambiental, de um modo geral, e a preservação de um modo de vida dos *povos da floresta*, em

---

[46] O presidente do Sindicato de Trabalhadores Rurais de Brasiléia nesse momento era o próprio Wilson Pinheiro.

[47] Confederação Nacional dos Trabalhadores na Agricultura.

[48] Seringal onde no momento se instalava uma fazenda de gado e que, no ano de 1973, foi palco de conflitos de terras, tendo Chico Mendes participado ativamente na defesa dos moradores tradicionais daquela área.

[49] Carta do sindicalista Chico Mendes ao presidente do Sindicato dos Trabalhadores Rurais de Brasiléia-Acre, Wilson Pinheiro. Base de dados do autor sobre partidos políticos e movimento sociais.

particular — dois temas conexos e que terão tratamento neste capítulo desde uma perspectiva do processo político, que envolveu toda a década de 1980 e que foi marcada por um amálgama de fatores internos e externos para o desenvolvimento de uma identidade pública desse movimento.

Os primeiros dizem respeito a uma matriz de significados do que vinha a ser seu oponente em termos históricos. Nesse caso, fica bem definido como sendo o fazendeiro que, na carta, já apregoava: iria matar as lideranças e seus apoiadores. Percebe-se uma clara dicotomia entre dois polos e que forçara que a identidade deste estrato social fosse em grande medida, formada, em termos de ator social, a partir da disputa pela terra com os chamados "novos proprietários" ou "paulistas" e que vinham a formar a categoria de "fazendeiro".

Como foi descrito no capítulo anterior, o "ciclo de protesto", que surge no final da década de 1970 e início da década de 1980, é resultado do fracasso do ciclo da borracha e da falta de políticas para assegurar a terra para os seringueiros e demais "posseiros" que haviam ficado órfãos dos recursos materiais para a sua sobrevivência; daí que a própria identidade individual desses seringueiros tenha sido moldada por sua identidade básica (*core identity*) e pelo entorno social, ou circunstâncias (Johnston; Laraña; Gusfield, 1994). Ramos (1995) considera a criação de identidade coletiva, o imaginário coletivo ou o sentimento de comunidade como uma necessidade individual, como medo ao desarraigo social, ansiedade de pertença coletiva, em definitivo o medo à incerteza e que será sanado com o processo de articulação entre indivíduos.

Nesse caso, um movimento social deve ser analisado como um processo de criação de identidade, já que é uma configuração de integração social (Ramos, 1995). Acrescentamos que a capacidade do movimento de articular indivíduos não é condição suficiente para elevar suas demandas a um público mais amplo. Para essa ampliação, é necessária uma abertura de canais de ressonância em outros estratos sociais, que aqui chamamos de *aliados* desse movimento. Ademais, a identidade individual desse movimento se estabeleceu de uma forma lenta e gradual. Somente com a percepção do que se podia fazer, em termos de mobilização, é que se vai sedimentar.

Em Revilla (1994) encontramos que, na ação de um movimento que se projeta para o futuro, se produz sentido individual e coletivo para a ação coletiva como forma de identificação, em que estarão presentes dois componentes: 1) a (re)constituição de uma identidade coletiva — expressiva; e 2) a obtenção de recursos políticos e sociais para o desenvolvimento da identidade — instrumental (Revilla, 1994). Como se percebe no depoimento de um dos seus integrantes, o MSA passou por essas fases na constituição de sua identidade:

> De 1970 a 1975 chegaram os fazendeiros do Sul que, com o apóio dos incentivos fiscais da SUDAM,[50] compraram mais de seis milhões de hectares de terra, espalhando centenas de jagunços[51] pela região, expulsando e matando posseiros e índios, queimando os seus barracos, matando, inclusive mulheres e animais. [...] A partir de 1975 começa a nascer uma consciência, organizam-se os primeiros sindicatos rurais, juntamente com um trabalho da Igreja Católica. Mas tudo foi ocorrendo muito lentamente até 1980, quando generalizou-se por toda a região o movimento de resistência dos seringueiros para impedir os grandes desmatamentos. Foi criado o "empate", forma que encontramos de, em mutirão, nos colocarmos diante dos peões, das motosserras, iniciando um trabalho no sentido de impedir os desmatamentos [...].[52]

O sentido de pertencer a uma determinada comunidade foi, em grande medida, construído pela via da incerteza do que era o próprio "eu" em termos de posse da terra[53], já que, na maioria dos casos, esses seringueiros não tinham reconhecidos seus direitos básicos de permanecer na terra em que haviam vivido durantes décadas. O marco legal, como veremos, existia para garantir esse direito, o que não existia, e foi forjado pela disputa litigiosa, era um sentido de identidade e que o "outro" (fazendeiro) trazia bem formado na hora da disputa. É nessa fase de formação da identidade, que foi, basicamente, construída na incerteza do direito positivo como instrumento para garantir a posse da terra e fortemente influenciada pelo sentido de pertencimento a um determinado espaço, que

---

[50] Superintendência do Desenvolvimento da Amazônia.

[51] Nesta acepção, jagunço significa aquele que se coloca a serviço de outrem por dinheiro.

[52] Entrevista de Chico Mendes aos integrantes da Secretaria de Meio Ambiente da Central Única dos Trabalhadores (CUT), durante o 3º congresso da entidade, em 9 de setembro de 1988 (Martins, 1998).

[53] Recentemente uma avaliação do Banco Mundial sobre sua assistência para a conservação da Amazônia diz que a posse não clara de terra é uma característica no Brasil. E que este é um dos fatores que levam ao desmatamento na Amazônia. Os autores brasileiros deste relatório afirmam que o direito de posse é pré-requisito crítico para a conservação florestal por meio do manejo (Lele *et al.*, 1999). Sobre como o manejo florestal está sendo usado como modelo de desenvolvimento e preservação pelo MSA, analisaremos no capítulo cinco desta obra uma política pública não estatal: o Polo de Indústrias Florestais Xapuri, apontando como se articula, atualmente, o movimento, o estado, o mercado e o partido político.

se vai formar a identidade interna e externa do movimento. É interessante como se expressa um desses membros do movimento social no Acre, sobre esse sentido de pertencimento à comunidade e a quase ausência de compreensão do que vinha a ser a propriedade da terra em termos jurídicos.

> No passado eram seringais e os seringalistas colocaram nessa terra vários seringueiros e os seringueiros, de certa forma, ficavam lá nas colocações e produziam a borracha e morava lá. Os seringalistas viviam disso e os seringueiros viviam lá por vinte a trinta anos, acontece que quando chega o fazendeiro e começa outra atividade que é a pecuária, com desmatamento e esse seringueiro não servia como mão-de-obra para o fazendeiro, até porque o seringueiro era extrativista e não sabia lidar com boi, com motoserra e os fazendeiros trouxeram mão-de-obra de fora, pessoa mais de Mato Grosso e até do Paraguai chegavam por aqui. Então, essa mão-de-obra era dispensada e isso influenciou para que o seringueiro resistisse mais, porque se nesse momento o fazendeiro absorvesse essa mão-de-obra do seringueiro, talvez tivesse evitado, e ele (o seringueiro) vivia lá trabalhando para o patrão e nem entendia muito essa questão da lei da propriedade também e ele morava lá, não interessava se era, o que ele era, só sabia que morava lá, nasceu e criou- se lá e não queria nem saber se era dele. Não havia uma concepção assim muito forte com relação à propriedade e ele que não tinha essa vivência com propriedade, também não queria respeitar esse direito de propriedade.[54]

A falta de clareza do que vinha a ser seu direito como proprietário da terra que havia habitado por décadas não impedia a esse estrato social perceber a territoriedade em uma relação simétrica com a natureza, ou com o modo de vida que sua força de trabalho havia imprimido. Tinham também um sentido do que vinha a ser sua relação diacrônica com os ciclos econômicos e, portanto, não via a outra atividade econômica como sendo uma sequência desse ciclo econômico. Como exporemos, essas características foram — se não suficientes — pelo menos necessárias para uma tomada de posição com relação às novas formas de apropriação da terra pelos "sulistas" e para a formação do sentido do direito, que permitirá, em grande medida, que nasçam as lideranças apoiadas tanto no aspecto cultural de seus aliados, como na utilização do direito como instrumento de justificativa para a manutenção do direito de posse da terra.

---

[54] Entrevista do presidente do PT de Xapuri, Francisco de Assis Monteiro, 2002.

O segundo dos eixos para a mobilização dos atores sociopolíticos do MSA, os recursos externos, por outro lado, se apoiam nas redes sociais que sustentam o movimento: a Igreja, a Contag e outras entidades da sociedade civil. Na ausência do Estado para assegurar o direito de associação desses injustiçados, é sua própria articulação com outros atores que estão dentro e fora do sistema que lhes vai permitir uma disputa com seus oponentes, fortes em recursos políticos e econômicos. Essa interação coletiva dentro e entre os grupos é que produz a identidade coletiva (Pizzorno, 1991). Esse espaço, denominado público, é caracterizado pela capacidade que têm os movimentos sociais de fazer circular suas ideias no interior da sociedade.

Sampedro Blanco (2003), tratando da comunicação identitária de coletivos, adverte para a relação de emissão e recepção de mensagens em que o "nós" e "eles" se definem, para, a partir daí, determinar direitos normativos, obrigações e sanções que, por sua vez, irão se corresponder com papéis sociais distintos. Para o autor, é a partir dessa relação que nascem as *políticas de identidade*, uma vez que existem diferenças entre os coletivos. Por outra parte, será a *identidade pública*, resultante das diferenças, que determina a visibilidade e atenção dos poderes públicos para esses coletivos (Blanco, 2003).

Em um primeiro momento, é crível que os movimentos se constituam a partir da construção de sua própria identidade interna, de sua capacidade de articular suas necessidades com a percepção que têm seus membros do *mundo da vida* e (Habermas, 1988), dos *marcos de referência* (Snow; Benford, 1988), para constituírem o que Nancy Fraser (1989) relata como sendo a capacidade de esses membros colocarem publicamente suas necessidades até então despolitizadas, exigindo um tratamento para essas questões em termos de políticas legítimas. Dessa forma, buscam criar um discurso público para elevar a interpretação dessas necessidades por uma vasta gama de diferentes discursos públicos e canalizam, modificam e/ou deslocam elementos hegemônicos dos meios de interpretação e comunicação (Fraser, 1998). Também, se constitui em uma integração simbólica de indivíduos, que antes não tinham sua voz ressonando nos projetos existentes na sociedade (Revilla, 1994).

Ambos os recursos serão utilizados para uma disputa de poder, da qual, no início, não se tem uma certeza do resultado. Dessa disputa, surge um "ciclo de protesto", ou como disse Tarrow, uma fase de intensificação dos conflitos e da confrontação no sistema social, que acelerará ou transformará a mobilização destes movimentos; um ritmo de inovação acelerado nas formas de confrontação; marcos novos ou transformados para incentivar a ação coletiva; combinações de formas organizadas e não organizadas; relações de interação entre autoridades e dissidentes que, ao final, acabam na reforma, repressão ou em alguns casos em revolução (Tarrow, 1997).

Um ciclo de protesto pelo poder é uma combinação de recursos internos e externos. Para estudar um ciclo de protesto, e pensamos que esse esforço deva ser empreendido independentemente de seu resultado, devemos ter presente que as insurgências começam com frequência dentro das instituições formais e que o movimento vai se articular em um processo político com outros atores: sindicatos, partidos e Estado. Tarrow (1997) nos orienta que, para abarcar os ciclos, é necessário vincular os movimentos sociais às lutas pelo poder, tanto nas instituições como fora delas. No campo metodológico, este autor nos orienta a adotar um grau de sincretismo que não esteja preso ao espírito da divisão do trabalho imperante na ciência social contemporânea (Tarrow, 1997).

O ciclo de protesto iniciado no Acre tem a característica de lutar por recursos que na ocasião só poderiam ser colocados à disposição pelo Estado ou pela pressão dos atores envolvidos. Quando Chico Mendes escreve para Wilson Pinheiro alertando sobre as implicações violentas da disputa litigiosa, de certa forma, tem clara essa distinção em termos de detentores do poder: os fazendeiros, que contavam com a anuência do Estado, e os demais aliados do movimento, que estavam fora dessas instituições formais. Essa distinção entre as instituições formais e informais é importante, já que, como os neoinstitucionalistas, percebemos que a ação humana está relacionada com a cultura institucional e que não pode ser resumida às instituições enquanto organização.

Vejamos como uma sequência de disputa germina dentro das próprias instituições do Estado de Direito. No dia 17 de junho 1980, na cidade de Xapuri, em uma reunião dentro da Superintendência de Desenvolvimento da Borracha (Sudhevea), portanto, dentro das instituições do estado, com a presença de autoridades e do presidente do Sindicato dos Trabalhadores Rurais de Xapuri, o Secretário da Prefeitura Municipal de Xapuri deu a seguinte declaração: *"A única maneira de resolver os problemas de terras que estão surgindo aqui é matar o presidente do sindicato dos trabalhadores rurais, o delegado da CONTAG e os padres que vivem instigando os seringueiros"* (Gazeta do Acre, 1980 *apud* Fernandes, 1999).

A maneira como se propagam essas declarações, na sociedade, é importante para sabermos como o conflito vai se sedimentar na opinião pública e que identidades estão se formando. A declaração do secretário da Prefeitura teve duas formas de propagação: a primeira refere-se ao fato de que, no dia da reunião, ela foi transmitida ao vivo pela rádio 6 de agosto de Xapuri, que é de propriedade da Prefeitura desse município. Portanto, tinha interesse que a opinião pública tomasse uma posição com relação ao conflito político que se estabelecia. Essa instituição trabalhava com o que Schattschneider (1967) chama de *audiência latente* e esperava que a população tomasse partido nessa disputa. A segunda forma de propagar o conflito foi pelo jornal *A Gazeta*, periódico de circulação estadual que na época dava uma certa margem de propaganda positiva ao movimento. Portanto, ambas as propagandas elevam o movimento para um estágio institucionalizado na cultura da população.

Wilson Pinheiro, que havia sido alertado por Chico Mendes das consequências da disputa litigiosa, foi morto no dia 21 de julho de 1980 — um mês após a manchete da *Gazeta* publicar as ameaças à sua vida — dentro do Sindicato do Trabalhadores Rurais de Brasiléia, entidade que fundou no ano de 1979 e que presidia na época de sua morte, ocorrida de forma violenta, com três tiros nas costas a mando de fazendeiros da região. Além de presidente desse sindicato, Wilson Pinheiro havia sido nomeado membro da comissão provisória do PT de Brasiléia, cidade a 40 km de Xapuri, onde os conflitos pela posse da terra vão se intensificar e, em grande medida, vão orientar as estratégias de lutas dos movimentos sociais pela preservação da floresta no estado do Acre.

Pode parecer estranho que venhamos insistindo no fator morte para demonstrar que os "madrugadores", ou iniciadores do MSA, criaram uma identidade própria em oposição aos latifundiários e também de como essas mortes incentivaram os protestos nessa região. No entanto, como assinala Tarrow (1997), é a reação dos *vivos* — especialmente diante de uma morte violenta — que constitui a fonte do protesto, mais que a morte em si, já que a morte tem o poder de unir as pessoas que, muitas vezes, não têm muito em comum, a não ser sua dor. É da morte e suas cerimônias que uma multidão pode se reunir sem temer as represálias dos agentes públicos encarregados da ordem, já que estes respeitam tais cerimônias (Tarrow, 1997).

A morte de Wilson Pinheiro reuniu, em um ato público, algumas expressões dos aliados ao movimento do qual fazia parte. Entre elas estava Luís Inácio Lula da Silva[55], que ao repudiar sua morte pronunciou um discurso emotivo, sendo suas palavras interpretadas como um incentivo a revidar aos que cometeram o crime contra a vida de Wilson Pinheiro, disse Lula: *"está na hora da onça beber água"*[56]. De fato, no dia 27 de julho de 1980, os seringueiros que faziam parte desse movimento assassinaram o fazendeiro Nilo Sérgio de Oliveira, principal suspeito da morte de Wilson Pinheiro. Após esse episódio, Lula e Jacó Bittar, representantes do PT a nível nacional, foram enquadrados na Lei de Segurança Nacional, acusados de incitamento à luta de classe por meio da violência.

Como dito no começo deste capítulo, um "ciclo de protesto" não pode ser definido *a priori* em termos de resultados, nem pelos membros dos movimentos nem pelas autoridades. Os fatos relatados anteriormente são um exemplo de como é possível que um ciclo fuja do controle de ambos os litigantes. As autoridades se veem pressionadas a agir e, ao fazerem, criam novas oportunidades para os membros dos movimentos. Desse processo, o que mais se sobressai é a sedimentação da identidade, já que a ideologia presente no movimento permitirá que se separem cada vez mais os detentores de poder dos que buscam esse poder.

Quatro anos depois da morte de Wilson Pinheiro e com a luta que se seguiu, essa identidade de oposição entre os que tinham poder e os que o buscavam fica cada vez mais sedimentada. Vejamos o que diz Chico Mendes sobre um determinado conflito, envolvendo fazendeiros e seringueiros, orientando sobre como proceder em termos de direitos e do próprio conflito político.

> Xapuri, 02 de maio de 1984. Companheiros do Independência e demais seringais vizinhos. Seguem os companheiros Sebastião Gomes e Raimundo Barros. Os dois estão autorizados a resolverem qualquer problema ou tomarem qualquer decisão juntamente com vocês. Agora, em primeiro lugar, a nossa orientação é de que primeiramente os companheiros não podem ter medo de conversa, vocês têm que se manterem firmes e a primeira coisa é não fazer acordo, aquele companheiro que, por medo ou covardia,

---

[55] Atual Presidente do Brasil, eleito nas últimas eleições de 2022. No ano de 1988, era Deputado Federal pelo estado de São Paulo, onde havia sido eleito com 651.776 votos, a maior votação obtida naquele ano para deputado no país.

[56] Folha de São Paulo, 10 dez. 1999.

> fizer acordo com fazendeiro, não terá o apoio desta entidade. Vocês têm o legítimo direito de defenderem suas posses, até mesmo na *marra*.[57] O artigo 502[58] e 160[59] do Código Civil Brasileiro dá este *direito* para vocês. O Estatuto da Terra, Lei 4.504,[60] também dá este *direito*, depois de um ano e um dia de posse, você não é obrigado a fazer acordo. Eu estou viajando para Boca do Acre, mas volto logo, se for preciso vou lá novamente, só que o que for decidido *junto* com Sabá e Raimundo de Barros, deve ser acatado. Outra coisa importante, é que os companheiros nesta reunião devem eleger uma comissão de Delegados, mas que sejam pessoas que assumam o compromisso de lutar junto com vocês em qualquer momento. Saudações sindicais. Francisco Mendes Filho. Presidente (nosso grifo).[61]

Partindo da orientação de que a construção de identidade coletiva compartilhada não se cria por si só, mas em oposição a outra (Ramos, 1995), chegaremos à dupla sugestão que apontamos sobre a criação de identidade a partir da luta contra as injustiças por parte do movimento social e sua disposição de usar os instrumentos legais do direito positivo para fazer frente ao litígio. Na orientação do líder Chico Mendes, percebem-se essas duas dimensões. Por um lado, existe a percepção de que, no caso de arbitrariedade por partes do oponente, deve-se adotar uma posição radical, "na marra", em que o diálogo com outro passaria a um nível da disputa violenta. Por outro lado, o reconhecimento de que existe um marco legal para a disputa mostra que, dependendo da situação, a melhor maneira de manter o princípio da identidade dependerá do que o outro adote como estratégia. Para Ramos (1995), em ambos os casos, os "nós" não são unitários, trata-se de um processo de mudança que varia, adotando-se, para diferentes ações, as distintas amplitudes que possuem

---

[57] Conforme o Dicionário Aurélio da Língua Portuguesa (2003), a expressão "na marra" na linguagem popular é utilizada para definir como se pode conseguir algo mediante o emprego da violência, à viva força; a qualquer preço; contra a vontade ou a contra gosto.

[58] Lei 3.071, de 1º de janeiro de 1916 - Art. 502. O possuidor turbado, ou esbulhado, poderá manter-se, ou restituir-se por sua própria força, contanto que o faça logo.
Parágrafo único. Os atos de defesa, ou de desforço, não podem ir além do indispensável à manutenção ou restituição da posse.

[59] Lei 3.071, de 1º de maio de 1916 – art. 502. o possuidor turbado, ou esbulhado, poderá manter-se, ou restituir-se por sua própria força, contando que o faça logo. Parágrafo Único. Os atos de defesa, ou de desforço, não podem ir além do indispensável à manutenção ou restituição da posse.

[60] Lei nº 4.504, de 30 de novembro de 1964, Art. 1º Esta Lei regula os direitos e obrigações concernentes aos bens imóveis rurais, para os fins de execução da Reforma Agrária e promoção da Política Agrícola no Brasil.

[61] Carta de Chico Mendes em 1984. Base de dados do autor sobre partidos políticos e movimentos sociais.

o "nós" e, portanto, diferentes antagonistas, o "eles" (Ramos, 1995). Essa capacidade que têm os movimentos sociopolíticos para descolar formas de disputa política, para sedimentação de identidade, estará presente desde o início do MSA e se consolida com o acúmulo conceitual do que seria o objetivo de suas lutas, baseadas em um *éthos* diferenciado de movimentos similares no resto do país.

As estratégias que adotou o MSA foram diferentes das que se utilizaram outros movimentos similares, em outras regiões do país, devido à existência de um princípio de identidade que os unia. E foi essa forma distinta que adotaram para perceber o valor da terra. No Acre, e isso começou pelo município de Xapuri com os "madrugadores" desse movimento, os afetados pela destituição da terra ou seus aliados passaram por um processo de constituição de quase uma ideologia dessa identidade, o que se convencionou chamar entre os vários movimentos de "Aliança dos Povos da Floresta". Uma dessas aliadas, a atual Ministra do Meio Ambiente do Brasil, assim relata este processo:

> Era diferente a luta que a gente fazia aqui da luta que os camponeses e os trabalhadores rurais faziam no sul e no sudeste do país. Com o tempo os conceitos foram surgindo e definindo-se que aqui a gente lutava pelo que tinha de recursos naturais na terra, o valor da terra era pela quantidade de recursos naturais e não pela terra em si.[62]

As estratégias para se chegar aos objetivos da preservação do meio ambiente, com a manutenção do modo de vida dos que habitavam aquele espaço geográfico há décadas, foram incrementadas com a capacidade que teve esse movimento de unir-se a vários segmentos da sociedade civil e política para dar visibilidade ao que inicialmente poderia ser um conflito localizado. O discurso inicial do movimento tem um viés que perpassa a ideologia e a identidade, visto que faz da necessidade de o trabalhador possuir a terra, para seu usufruto, não como valor em si, mas como algo que é intrínseco à sua condição de "povo da floresta". Esse mesmo discurso influencia as estratégias para que sejam mais heterodoxas e estas, por sua vez, influenciaram o movimento para que abrisse várias frentes, no sentido de conseguir apoio tanto na sociedade civil organizada, como na sociedade política.

---

[62] Entrevista da Ministra do Meio Ambiente do Brasil Marina Silva, concedida ao autor em 20 de dezembro de 2002.

Esses "madrugadores" do MSA, como vimos no capítulo anterior, são extensão de uma luta política que se inicia com a expulsão do homem da floresta, quando da quebra do monopólio da borracha, que garantia a produção e a manutenção do seringueiro, com o agravante da especulação da terra pelos latifundiários com o apoio do Governo Federal. Todavia, é possível perceber que esse movimento não se resumiu ao conflito pela terra, ele se expande quando consegue traduzir para outros setores suas demandas e quando consegue se articular como rede de movimento que, no Acre, chamou-se "Aliança dos Povos da Floresta". Essa aliança, como veremos, começa, efetivamente, a ganhar projeção quando esses segmentos, herdeiros das injustiças cometidas contra os moradores tradicionais da floresta, se utilizam de seus recursos internos e externos.

Internamente, a organização desse movimento foi sua principal aliada, já que foi essa capacidade que uniu os vários segmentos afetados pelas injustiças na disputa da terra, preconizando a "defesa do homem e da mata amazônica", entre eles, os seringueiros, castanheiros, indígenas, ribeirinhos etc. Essa organização interna ganha força de identidade quando propõe extrapolar as instituições formais para se aproximar de uma institucionalidade de via dupla, em que sua identidade cultural passa a ser também reconhecida como uma instituição informal. Estabelecendo-se uma disputa entre essas duas formas de ver as instituições.

No ano de 1985, esse movimento já começa a madurar em termos do que seria uma união entre sua identidade interna, percebida aqui como uma instituição informal, e sua identidade externa, como uma institucionalização formal nos termos de North (1993). A criação do Conselho Nacional dos Seringueiros foi o primeiro passo nesse sentido, como fica claro nas finalidades da organização:

> a) representar os interesses específicos dos seringueiros e trabalhadores extrativistas da Amazônia; b) proteger o meio ambiente, especialmente na região amazônica; c) defender uma política da borracha e demais produtos da Amazônia, que atenda aos interesses dos seringueiros e demais trabalhadores extrativistas da região; d) propugnar o estabelecimento de legislação trabalhista que defenda os interesses dos seringueiros e demais trabalhadores extrativistas; e) lutar pela criação de Reservas Extrativistas da Amazônia; f) promover manifestações culturais valorizando a arte, o folclore e o artesanato da região, resguardando o modo de vida dos habitantes da floresta amazônica; g) propor, desen-

> volver e executar projetos econômicos, sociais e culturais voltados à proteção ambiental e ao desenvolvimento da economia extrativista; h) desenvolver atividades voltadas à proteção da mata e do homem da Amazônia; i) divulgar a nível nacional e internacional a luta dos seringueiros, seu modo de vida e os objetivos do próprio Conselho Nacional dos Seringueiros; j) estabelecer alianças e relações com as populações indígenas e outros trabalhadores extrativistas, considerando a semelhança do modo de vida e respeitando as especificidades de cada grupo; k) preparar recursos humanos voltados para a defesa da mata e do homem da Amazônia (CNS, 1985).

No *Encontro Nacional dos Seringueiros da Amazônia,*[63] podemos perceber que já existe uma consciência que vai além da posse da terra como instrumento de inclusão dos seringueiros e demais trabalhadores extrativistas. A ênfase está em fixar parâmetros que possam articular a identidade interna desses segmentos com outras de caráter mais geral e que tenham ressonância na sociedade política. Se, por um lado, se mantém o princípio articulador em torno da questão da posse da terra, como é o caso da criação de Reservas Extrativistas, por outro lado, vincula-se esse princípio da identidade desses segmentos com a questão da preservação da Amazônia, como sendo capaz de reivindicar no plano mais institucional formal políticas públicas para o setor.

De acordo com McAdam (1999b), um movimento político — e acreditamos que estamos analisando um movimento com essas características, ainda que não sejam as únicas — deve eleger, entre as seguintes estratégias, se quer converter-se em motores da mudança social: 1) conseguir novos membros; 2) manter a moral e o nível de compromisso dos membros com os quais já contam; 3) conseguir cobertura dos meios de comunicação, idealmente, ainda que não necessariamente, favorável a seus pontos de vista; 4) mobilizar o apoio de grupos externos; 5) limitar as opções de controle social que pudessem ser exercidas pelos seus oponentes; e 6) influir sobre o político e conseguir que o Estado atue.

Ainda para McAdam, os dois primeiros objetivos são internos ao movimento por meio do recrutamento e da capacidade de retenção dos membros com que esse movimento já conta. Acrescentaríamos que é o momento em que o movimento elege entre manter sua identidade em termos paroquiais ou abrir para outros segmentos da sociedade civil

---

[63] O Encontro Nacional de Seringueiros da Amazônia foi realizado em Brasília de 11 a 17 de outubro de 1985.

e política, para que possam interpretar seus marcos interpretativos e ganhar força e poder. Os demais objetivos para o movimento que busca a mudança social têm mais a ver com o fato de que, após o processo de mobilização dos movimentos sociais, eles enfrentam um contexto político institucionalizado fluido e que se interessará pelas demandas desse movimento ou não. Para isso acontecer, dependerá de sua capacidade de fixar sobre si o olhar dos meios de comunicação, obter apoio de grupos externo, limitar o campo de ação de seus oponentes e influir sobre as autoridades (McAdam, 1999b). Nessa etapa, o movimento terá êxito, se conseguir elaborar significados que possam ser apreendidos por uma gama maior de pessoas que não sejam somente seus aliados históricos. No caso do movimento que estamos estudando, essa etapa foi marcada pela abertura a novas alianças e que possibilitaram o *feedback* entre sua identidade interna e a de seus aliados históricos e potenciais.

A pauta do *Primeiro Encontro Nacional dos Seringueiros* se aproxima do que Tilly (1978) sugere como sendo um campo em ascensão de alianças que, com frequência, traspassam as fronteiras que separam aos que propõe o desafio e aos membros do sistema político (Tilly, 1978). Estavam presentes, nesse encontro, tanto os membros desse movimento como membros do sistema político brasileiro naquele momento. A abertura do encontro foi feita pelo Ministro da Cultura do Brasil, Aluísio Pimenta; Governador do estado do Acre, Nabor Telles da Rocha Júnior; Governador do estado do Amazonas, Gilberto Mestrinho; Governador do estado de Rondônia, Ângelo Angelin; Reitor da Universidade de Brasília, Cristóvam Buarque; Presidente da Contag, José Francisco da Silva; Presidente da Federação dos Trabalhadores na Agricultura do Acre; Presidente do Sindicato dos Trabalhadores Rurais de Xapuri; Representante dos Seringueiros do Amazonas; Presidente das Associações de Seringueiros e Soldados da Borracha de Rondônia; poeta Thiago de Melo; Fundação Nacional Pró-Memória do Ministério da Cultura do Brasil; e Instituto de Estudos Socioeconômicos (Inesc). Os temas que compuseram as mesas de discussão deste encontro traziam, no seu bojo, aspectos da luta histórica dos trabalhadores extrativistas em sintonia com a busca do direito nas instituições do Estado de direito: direitos históricos dos Soldados da Borracha, os seringueiros e o desenvolvimento da Amazônia, o seringueiro e a reforma agrária, política para a borracha, cultura, educação e saúde nos seringais.

As resoluções tomadas no Encontro Nacional dos Seringueiros são expressão máxima da capacidade que teve esse movimento de colocar na pauta do sistema político suas demandas e, ao mesmo tempo, tentar restringir a seus oponentes os recursos políticos historicamente negados a esse segmento. A resolução é uma mescla de reivindicações reativas ao sistema e a um número considerável de proposições proativas[64]. Essas resoluções podem ser interpretadas como sendo parte dos resultados alcançados pelo movimento pelo desenvolvimento sustentável no Acre e no resto da Amazônia. O interessante aqui é demonstrar que, mesmo que um movimento se considere algo exterior e oposto às instituições formais, a ação coletiva lhe vai inserir no marco institucional formal, no dizer de Tarrow (1994), em complexas redes políticas. Colocando-se ao alcance do Estado e, ainda que seja somente isto, ao anunciarem suas exigências em termos de marcos de significado, que vão resultar mais compreensíveis para um setor mais amplo da sociedade, vão empregar formas de ação coletiva extraída de um amplo repertório e desenvolver tipos de organização que, com frequência são réplicas das organizações que se opõem (Tarrow, 1994).

O MSA adotou estratégias que se contrapunham às instituições do Estado, as quais estavam desenhadas para o desenvolvimento do setor que representam além de propugnar outras de caráter mais propositivo dentro dessas próprias instituições, sendo que ambas as estratégias eram no sentido de aumentar seu poder de influenciar em um número maior de não membros desse movimento.

Entre as resoluções, consideradas como reativas ao modelo de desenvolvimento da Amazônia, presentes nas Resoluções do *Primeiro Encontro de Seringueiros da Amazônia*, estão:

> a) Exigimos uma política de desenvolvimento para a Amazônia que atenda aos interesses dos seringueiros e que respeite os nossos direitos. Não aceitamos uma política para o desenvolvimento da Amazônia que favoreça as grandes empresas que exploram e massacram trabalhadores e destroem a natureza; b) Exigimos a participação em todos os projetos e planos de desenvolvimento para a região (PLANACRE, POLONOROESTE, Asfaltamento da BR-364 e outros), através de nossos órgãos de classe, durante sua formulação e execução; c) não aceitamos mais projetos de colonização do INCRA em áreas seringueiras e castanheiras (CNS, 1985).

---

[64] Sobre as estratégias dos movimentos sociais a partir das suas reações e pró-ações, encontramos em Tilly que as diferenças entre as ações coletivas do tipo *proativa* para a *reativa* está em que: a *proativa* busca constituir associações mais complexas, com propósitos específicos, articulam os objetivos que são objetos de demandas dos movimentos e buscam os direitos que lhes foram negados e que tem ressonância na sociedade como verdadeiros. No caso da ação coletiva *reativa* estaríamos diante apenas da indignação pela perda dos direitos ou privilégios (Tilly, 1975).

No plano propositivo ou proativo, essas resoluções apontam para uma resposta a possíveis ataques dos opositores ao movimento e também um campo de resolução de problemas dentro das instituições do Estado de Direito. São elas:

> a) Não somos contra a tecnologia, desde que ela esteja a serviço nosso e não ignore o nosso saber, nossas experiências, nossos interesses e nossos direitos. Queremos que seja respeitada nossa cultura e que seja respeitado o modo de viver dos habitantes da floresta amazônica; b) Reivindicamos que todos os projetos e planos incluam a preservação das matas ocupadas e exploradas por nós, seringueiros; c) Queremos uma política de desenvolvimento que venha apoiar a luta dos trabalhadores amazônicos que se dedicam ao extrativismo, bem como às culturas permanentes e às culturas de seu interesse, e que preserve as florestas e os recursos da natureza. Queremos uma política que traga benefícios a nós trabalhadores e não aos latifundiários e empresas internacionais. Nós, seringueiros, exigimos sermos reconhecidos como produtores de borracha e como verdadeiros defensores da floresta (CNS, 1985).

O MSA, ao chegar a essa etapa que sucede um primeiro ciclo de protesto, se encontrou com um processo de reivindicação que se apoiava em grande medida na construção de sua identidade, seja individual ou coletiva. Um movimento social é, até certo ponto, relacionado com questões de identidade individual e coletiva, e essa relação depende da forma em que as reivindicações mais importantes afetam à vida cotidiana (Johnston, 1994).

Como apontado no início deste capítulo, a identidade individual dos seringueiros no Acre foi formada tendo como base a perda da terra, devido, principalmente, à falência dos seringais, isso os uniu para reivindicar direitos baseados em uma identidade coletiva. Não obstante, essas reivindicações que foram pautadas na identidade individual e coletiva desses movimentos adquirem uma nova dimensão e foram transformadas em uma identidade pública.

> A identidade individual está composta por uma série de aspectos previamente estabelecidos que aportam ao movimento cada um dos seus seguidores. Sem embargo, essa identidade se distingue por sua condição fundamentalmente dúctil e suscetível de ser transformada no curso da

interação dentro dos coletivos que integram um movimento. De forma análoga, a identidade coletiva pode se conceber como um conjunto preestabelecido de significados, marcos de interpretação e prescrições normativas e avaliadoras que influem no comportamento individual dos atores sociais; porém também é um produto da interação dentro dos grupos que integram um movimento, que é reforçada por sua solidariedade interna e pelas atividades destinadas a manter seus limites com o exterior, e está fortemente influenciada pelas imagens públicas do grupo e pelas relações com pessoas alheias ao mesmo (Johnston, 1994, p. 35).

A imagem pública do MSA foi formada pela capacidade que teve esse movimento de elevar a outras esferas um tema, a luta pela terra, e articulá-lo com outro, a preservação ambiental. As autoridades públicas, ao darem respostas às primeiras iniciativas de elevar esses temas ao marco institucional, já percebem o forte conteúdo cultural e de identidade que está involucrado nas pautas deste movimento. É interessante ver como se expressava o Ministro da Cultura no *Primeiro Encontro Nacional dos Seringueiros da Amazônia* sobre a cultura e a identidade em formação destes estratos sociais:

> Ao apoiar o Encontro Nacional dos Seringueiros da Amazônia, o Ministério da Cultura procura ressaltar que as modificações políticas não tenham como base somente as reivindicações conjunturais e o voluntarismo ideológico, mas que se radiquem nas condições concretas da existência diária. Pensar nossa identidade é pensar a coexistência, a combinação de questões étnicas com questões sociais, a interpenetração dessas forças na História.
> Para entendermos a nós mesmo é importante conhecer o diferente, o que está longe em nosso passado, ver que outros vivem de formas diversas, sem cair no equívoco de consagrar como virtudes as carências e os defeitos engendrados pelo desenvolvimentismo.
> A procura de uma identidade brasileira ou de uma memória brasileira remete a uma questão fundamental: quem é o artífice desta identidade e desta memória ou a que grupos sociais ela se vincula e a quais elas servem?[65]

No período em que o movimento começa a tomar corpo no discurso institucional formal, meados dos anos de 1980, sedimenta-se também o que seria até os dias atuais conhecido como o "empate" da destruição

---

[65] Discurso do Ministro da Cultura Aluísio Pimenta, em Brasília, 11 de outubro de 1985.

da natureza e da cultura dos povos da floresta. Interessante notar que a legitimidade do movimento é gestada a partir de dois aspectos que se complementam na hora de ganhar um espaço público alternativo: o discurso interno ao movimento e externo dos seus aliados.

Dagnino (1999) afirma que, se é possível pensar que um primeiro momento desses espaços privilegia uma necessidade interna dos movimentos sociais, de construção de identidades, de afirmação de sujeitos políticos, é importante reconhecer que um segundo momento representa a publicização, cada vez maior, desses espaços e o desdobramento externo do seu papel transformador para o conjunto da sociedade, que se vê assim cada vez mais exposta a um campo ético-político distinto (Dagnino, 1999). Descreveremos a seguir como um instrumento de luta, o "empate" emprestou um discurso para a elaboração desse espaço público, em termos de legitimidade nas instituições formais e informais.

O movimento, com o início do ciclo de protesto, abriu a janela de oportunidades políticas para outros segmentos menos mobilizados, como é o caso dos indígenas, colonos e ribeirinhos da região. Com Tarrow (1989), já sabíamos que um ciclo de protesto se produz quando a estrutura de oportunidade políticas se amplia ao mesmo tempo para uma série de grupos, na presença de profundas reivindicações e crescente solidariedade. Nestes períodos se abre um novo "universo de discurso", permitindo que se formule e, às vezes, até se assuma o que já foram reivindicações inaceitáveis.

Como já foi assinalado, o tema que mobilizou o MSA inicialmente foi a luta pela terra, não que este tema fosse restrito àqueles madrugadores, o que lhes fez diferente dos demais atores afetados pela expropriação da terra no Acre, foi sua capacidade de ampliação de seu discurso. Uma de suas aliadas relata que essa capacidade de aumentar o "universo do discurso" permitiu ao movimento ser visto como, no dizer de Tarrow (1989), agregados de episódios parcialmente autônomos e parcialmente independentes de ação coletiva em que emergem e evoluem novas formas de ação, um setor do movimento social cresce e muda sua composição, e novas oportunidades políticas se desenvolvem, em parte como resultado das ações, temas e saídas de movimentos anteriores no ciclo. Vejamos como se expressa a Ministra Marina Silva, sobre esta fase mutante do MSA:

> Na época do Chico Mendes, quem falava em preservar a floresta eram os índios, os seringueiros e um grupo muito pequeno de pessoas ligadas a ONG's e à academia; hoje, o

> governo, universidades, formadores de opinião, não tem ninguém que defenda a velha tese de que isto aqui era um deserto verde, de que isto aqui era uma floresta homogênea, de que isto aqui era um vazio demográfico e que precisava colocar aqui o modelo do Sul e do Centro-sul do país, então eu acho que essa também foi uma tese altamente vitoriosa, ela precisa agora ter uma correspondência do ponto de vista das ações reais, eu acho que nós já temos algumas experiências pulverizadas, pilotos, pontuais que são muito interessantes, mas que precisam ganhar escala, precisam ser redimensionadas, precisam ser transformadas em políticas públicas de desenvolvimento; mas que pelo menos do ponto de vista do compromisso oral existe uma consciência difusa muito grande, que é a dos constrangimentos políticos que são causados se você defender a velha matriz de desenvolvimento sem nenhuma vinculação com a questão da preservação do meio ambiente e da sustentabilidade; não tem quem sustente um discurso desse [...] quer por uma tentativa, de fato, verdadeira de alguém que está se forçando para alcançar essa nova qualidade, no que concerne a compatibilizar desenvolvimento com preservação ambiental.[66]

É essa faceta do MSA, de sair do momento difuso, que caracterizou o ciclo de protesto inicial, a um momento formalmente mais institucionalizado, que permite transformar reivindicações que estavam fora do sistema político, em políticas públicas ou em demandas aceitáveis, do ponto de vista da sociedade mais geral. Ademais, os resultados que o MSA está obtendo na contemporaneidade são, em grande medida, resultados em que convergiram uma série de fatores estruturais, mas também fatores ligados ao aspecto político, já que é sua dimensão diacrônica e sincrônica que vai definir os *recursos* que utilizará nesta relação espaço e tempo.

3.3 O "EMPATE" COMO FORMA DE PRESERVAÇÃO DA NATUREZA, DA TERRA E DE UM MODO DE VIDA DOS "POVOS DA FLORESTA": OS MARCOS DE REFERÊNCIA DAS LIDERANÇAS E DA COMUNIDADE

Quando um movimento social se propõe a criar um espaço alternativo de debate na sociedade, sobre um determinado tema que lhe afeta, necessita do que Melucci chamou de "redes submergidas", para designar

---

[66] Entrevista da Ministra Marina Silva.

a forma em que esses movimentos criam identidades coletivas, em um processo de construção social no qual se processa dentro de âmbitos de oportunidades e restrições das suas ações.

Tejarina (1998) diz que, para Melucci, a identidade coletiva não pode ser pensada como algo unitário e coerente. Ela é muitas vezes contraditória, sem, no entanto, negar a existência de acordos mais gerais dessa identidade coletiva. Neste caso, surgem três tipos de elementos: em primeiro lugar, implica uma presença de aspectos cognitivos que se refere aos fins, meios e âmbito da ação coletiva. Este nível cognitivo está presente em uma série de rituais, práticas e produções culturais que, em certas ocasiões, mostram uma grande coerência (quando são amplamente compartilhados pelos participantes da ação coletiva ou, no conjunto de uma determinada sociedade) e, em outras circunstâncias, apresenta uma ampla variedade de visões divergentes ou conflitivas. Em segundo lugar, faz referência a uma rede de relações entre atores que comunicam, influenciam, interatuam, negociam entre si e adotam decisões. Segundo Melucci, este entrecruzado de relações pode apresentar uma grande versatilidade enquanto a formas de organização, modelos de liderança, canais e tecnologias de comunicação. Em terceiro lugar, requer um certo grau de implicação emocional, possibilitando aos ativistas sentirem-se parte de um "nós". Uma vez que as emoções também formam parte de uma identidade coletiva, sua significação não pode ser inteiramente reduzida a um cálculo de custo e benefício, e este aspecto é especialmente relevante naquelas manifestações menos institucionalizadas da vida social, como são os movimentos sociais (Melucci, 1989a, 1995, 1996).

Aqui nos interessa demonstrar como essas três dimensões da construção de identidade estiveram presentes na trajetória do MSA, acrescentando os aspectos dos marcos de referência de que se utilizou esse movimento, para unir suas propostas aos elementos externos advindos da construção de lideranças, afetados ou não pelo tema que os unia: a preservação ambiental e de um modo de vida dos "Povos da Floresta".

O processo de construção de identidade pública do MSA foi influenciado, em grande medida, pelos recursos internos e externos deste movimento. Como vimos, este processo se afina com dois tipos de abordagem para a análise da mobilização de atores sociopolíticos: a teoria da mobilização de recursos e a teoria da mobilização política. A primeira coloca ênfase nos recursos, nas organizações e nas estratégias (recursos econômicos e organizativos); para essa teoria, mobilizar recursos é a principal tarefa de um movimento que pretende subtrair dividendos de uma relação de custo benefícios da ação coletiva. A segunda fixa, no entorno político, as possibilidades de recursos para a mobilização destes atores (contexto político). Para esta teoria, se aproveitar dos recursos externos ao movimento é a principal tarefa dos movimentos que pretendem subtrair da fragilidade do sistema as oportunidades para mobilizar coletivamente um grupo de atores sociopolíticos.

Viemos afirmando neste livro a disposição de abordar a descrição explicativa do processo de mobilização dos atores sociopolíticos a partir de uma perspectiva dinâmica, que possa articular algumas propriedades das teorias citadas acima. Para tanto, acreditamos ser necessário adotar uma postura metodológica que permita, em um primeiro plano, elaborar perguntas e logo respondê-las com ferramentas que já estejam disponíveis (conceitos). Neste aspecto, relevar conceitos que possam dar conta de um processo que é heterogêneo na sua formação e na sua continuidade nos remete a um plano de abertura de enfoques sem amarras epistemológicas, para se aproximar a estes determinados fenômenos de mobilização. Do dito, procuramos responder à pergunta sobre se os marcos de referência que adotam esses movimentos são extensão da percepção que têm as lideranças enquanto aliados externos, ou se esses marcos de referência partem da própria comunidade ou, ainda, se são uma síntese da retroalimentação, entre os recursos internos do movimento e seus recursos externos, presentes na disposição de seus aliados de apreender seus marcos interpretativos e elevar a um número maior da audiência.

No caso do MSA, como já frisamos anteriormente, se constata um processo de mobilização dos atores sociopolíticos de forma distinta do que ocorreu no resto do Brasil com relação à posse da terra. O objetivo dos movimentos rurais que surgiram no Brasil a partir do final dos anos de 1970 eram os mesmos: a distribuição da terra em termos gerais; no que toca aos objetivos mais específicos, o que os diferenciava era a pluralidade de atores sociais e a diversidade de interesses coletivos que representariam nesta trajetória.

> [...] citam-se os boicotes e bloqueios de estradas pelos produtores rurais (de suínos, soja, etc.), por uma melhor política agrícola e pela fixação de preços mínimos. As greves de assalariados e boias-frias (cortadores de cana e picadores de laranja), pela melhoria de salários e condições de tra-

> balho. Os acampamentos dos Sem-Terra que lutam por uma reforma agrária imediata. O movimento das mulheres agricultoras que reivindicam, sobretudo, o direito à sindicalização e à previdência social, vindo também a reforçar uma nova corrente do sindicalismo no campo (Scherer-Warren, 1993, p. 98).

O principal diferencial dos movimentos que surgiram no início dos anos de 1970 no Acre, em relação a alguns de caráter mais gerais no Brasil, é exatamente esta peculiaridade da defesa da manutenção da terra e por extensão de um modo de vida particular.

Apesar dessa sua peculiaridade, ele não está isolado na disputa por espaço político. Existem alguns movimentos que têm essa característica da luta pela manutenção da terra, que se aproximam do movimento ecológico para criarem uma identidade pública com mais apelo nas instituições formais. Para Scherer-Warren, entre os que se podem citar estão três: os movimentos de camponeses atingidos por barragens, que lutam por "indenização justa" por "terra por terra" ou tentam, às vezes, impedir a construção de tais obras — o "não às barragens" — a fim de garantir as condições de reprodução de seu grupo social, o movimento de indígenas atingidos por barragens e outras grandes obras, que lutam pelo direito de manutenção de suas terras, de sua comunidade e, consequentemente, de sua identidade cultural. E, finalmente, o movimento dos seringueiros (posseiros e indígenas), que defendem o direito de preservação das reservas extrativistas e de um modo de viver na Floresta Amazônica (Scherer-Warren, 1993). Aqui radica um aspecto importante nesta vinculação de um objetivo, que é a preservação da terra e de um modo de vida de determinados grupos sociais e o tema da preservação ambiental que possibilitar uma maior aproximação com aliados ou mediadores em redes que vão influenciar e ser influenciados pelos resultados políticos destes movimentos.

> No Acre, a gente teve que fazer na prática o que as pessoas estavam teorizando na década de 1980 com o "Relatório do Nosso Futuro Comum"[67] e tantas outras formulações que foram surgindo, mesmo que fosse uma experiência local e de comunidade, que era essa questão de compatibilizar

---

[67] Relatório elaborado pela Comissão Mundial sobre Meio Ambiente e Desenvolvimento, conhecido também como Relatório Brundtland, no qual se defendia que se deveria produzir com menos energias, diminuir a expansão demográfica, repartir bens e riqueza sobre produzidos para os pobres e que deveria haver uma transição de um crescimento econômico em direção a um desenvolvimento qualitativo.

> desenvolvimento, muito voltado para experiências localizadas de comunidades com o uso dos recursos naturais com a preservação, que foi o caso da luta dos seringueiros. A formulação teórica disto realmente não fazia parte do universo simbólico e da oralidade do movimento. Mas o mais importante de tudo isto é que, lendo o movimento, se poderia claramente encontrar a realização do desenvolvimento sustentável, a realização do que seria uma consciência ecológica e uma série de outros conceitos que poderia se ler no movimento, mas que a gente mesmo não tinha essa leitura.[68]

A luta política iniciada pelos seringueiros em Xapuri tinha um componente da localidade sem perder de vista o global. O fato é que existia um problema definido em termos de injustiças sociais com a expropriação das terras e que se aproveitou de uma conjuntura global para estabelecer uma rede de colaboradores dentro e fora das instituições do Estado. Esse marco de referência da comunidade de seringueiro, a luta pela terra, pode ser considerado como, no dizer de Snow e Benford (1992), os *master frames*, ou marcos gerais que possibilitaram a extensão a esferas mais amplas na sociedade civil e política. Os chamados aliados desse movimento aportaram novas categorias de conceitos ao que era um primeiro intento de processar demandas localizadas e que, com estas novas ferramentas, ganham uma dimensão mais global. As mudanças que se processam nos marcos de interpretação do significado da luta dos seringueiros pela preservação da terra funcionaram como uma gramática para um código linguístico, permitindo entender e falar do que ocorre no mundo com sentido (Tejerina, 1998).

É dessa capacidade que tem o MSA de vincular em seus apoiadores externos suas demandas que surgirá um discurso mais elaborado em termos de alcance desse código em outros âmbitos sociais e políticos. No dizer de Dagnino, desde sua emergência, é impossível caracterizar os movimentos sociais, mesmos os menores e mais localizados, como atores "puros" isolados, contidos em si mesmo, sem relações com o exterior. Nesse sentido, a existência de comunicação e interação entre movimentos e/ou entre eles e outros atores, e, em consequência, a formação de um campo discursivo comum são características da história dos movimentos sociais (Dagnino, 1999).

---

[68] Entrevista da Ministra Marina Silva ao autor.

A luta de Xapuri pode ser observada e circunscrita no âmbito de algumas questões muito originais. Uma delas é que a gente não pode ver a luta de Xapuri, circunscrita unicamente naquilo que nós chamamos de política e ideologia, então, é fato que o movimento ali estava imerso em uma carga enorme de ideologia, na medida em que combatia, o que chamávamos de patrão, isso era um fato, no entanto, *ali se extrapolou essa visão tipicamente política-ideológica, então, e por uma questão de ordem cultural e ambiental, no caso especificamente, e ai eu queria resgatar essa parte, o movimento se abriu para o mundo na medida em que começou a extrapolar as esferas ou a ótica de Xapuri, no sentido geográfico, social e político e começou a beber em outras fontes,* daí a busca em relação ao ambiental e quando você observa que no Brasil inteiro se discutia a Reforma Agrária, em Xapuri se discutia a Reforma Agrária não nos termos que o INCRA (Instituto Nacional de Reforma Agrária) sugeria para o Brasil inteiro; em Xapuri os seringueiros desde cedo observavam que a terra não importava se a floresta não tinha valor e portanto, aquele tipo de Reforma Agrária, aquele modelo de Reforma Agrária do INCRA não poderia ser buscado [...] a partir deste corte ambiental e também dialogando com outras fontes, e uma das fontes mais importantes foi exatamente o movimento indígena, é que o Chico Mendes aprendeu, por exemplo, a importância da Reserva indígena e também a fazer alguma coisa no mesmo modelo em relação às Reservas Extrativistas para o seringueiro e *na medida em que tinha uma proposta, essa proposta lhe permitia dialogar com outras instituições federais e até com ONG's do Brasil e do mundo.*[69]

Novamente estamos diante de um aspecto relevante sobre a trajetória do MSA — seu caráter político vinculante. Ou seja, a exterioridade desse movimento é, em grande medida, influenciada pelo grau de entrada de seus atores sociopolíticos na arena do sistema político. As demandas desse movimento foram se processando e ganhando adeptos nas instituições em um processo *reativo* e *proativo* nos termos de Tilly. O primeiro diz respeito a que, no início de sua trajetória, estavam reagindo, inclusive em termos ideológicos, a uma situação de exclusão do sistema político, ou melhor, das políticas públicas para esse setor. Por outro lado, esse movimento

---

[69] Entrevista do Secretário de Assuntos Políticos do Governo do Estado do Acre, Francisco Afonso Nepomuceno (o Carioca), ao autor em 17 de fevereiro de 2003.

passa a ser proativo quando conseguem deslocar suas demandas para um público maior, melhorando suas possibilidades de lograr resultados e na capacidade de formular novas expectativas e reivindicações (Tilly, 1975).

É ilustrativo como esse marco geral, a luta pela terra, se expande com a adesão dos "agentes externos" ou "articuladores políticos" e a sua vez reintroduz novas questões nas pautas desse movimento. Verifica-se o que Gamson, destacou como sendo os três componentes que as pessoas utilizam para a mobilização: injustiças, identidade e agenciamento. Para este autor, um *frame* de injustiças refere-se à indignação moral expressa em forma de consciência política. O de identidade refere-se ao processo de definição do "nós" em oposição ao "eles". E o de agenciamento refere-se ao processo de conscientização de que é possível alterar as condições ou as políticas por meio da ação coletiva. Gamson destacará o papel da mídia, analisando sua contribuição no estímulo ou no desencorajar das ações coletivas (Gamson; Fireman; Retina, 1982; Gamson, 1992; Gamson, 1995). A seguir, mostraremos como acreditamos que esses três elementos estiveram presentes no processo de mobilização do MSA e de como a imprensa foi importante para criar o que Snow e Benfort chamaram de *frome alignement* para descrever os esforços feitos pelos organizadores de um movimento para juntar as orientações cognitivas dos indivíduos afetados por uma injustiça com o das organizações-suporte dos movimentos (Gohn, 2000). De acordo com Máiz (2003), os meios de comunicação, além de *emoldurar* a interpretação da realidade, também jogam um importante papel na definição da competição entre diversas ideologias, valores e interesses, isso ocorre devido à reprodução que fazem dos emissores: líderes, partidos, grupos de interesse, assim como também de sua autonomia relativa, que incidirá na fixação dos *marcos* interpretativos (Máiz, 2003).

No caso do MSA, é neste período que surge a mais importante de suas organizações-suporte: o PT. Essa vinculação com esse agente externo ao movimento se constitui no principal eixo de propagação das demandas do movimento e da posta em marcha de um discurso próprio do movimento que relacionava violência com a política e que será a tônica da maioria das denúncias tanto aos órgãos do próprio Estado como a outras organizações nacionais e internacionais.

Desde o início dos anos de 1980, como já assinalamos, o MSA vinha sedimentando uma identidade interna e externa. Todavia, seria uma falha deixar de apontar a importância da imprensa, na hora de articular os *frames* de injustiças, de identidade, de agenciamento e a capacidade do movimento se apoiar em outras organizações locais, nacionais e globais.

As injustiças relacionadas com a expropriação da terra tiveram um componente a mais: a repressão aos seus líderes do MSA, o caso de Chico Mendes foi o mais conhecido. Esta fase foi marcada pela construção de uma identidade de oposição e, ao mesmo tempo, de vincular o tema da terra com o interesse de organizações da sociedade política. Já em 1982, é interessante como Luís Inácio Lula da Silva, na época presidente nacional do PT, se expressava em uma carta ao Ministro da Justiça do Brasil sobre o conflito de terra em Xapuri envolvendo o líder sindical Chico Mendes:

> Senhor Ministro,
> Na qualidade de presidente do Partido dos Trabalhadores venho a presença de V.Exa., por meio desta carta, para informar-lhe acerca de fatos que estão ocorrendo no Acre, em especial na cidade de Xapuri, com um dirigente nacional do PT, o vereador Francisco Mendes.
> *Sabe V.Exa. os problemas que envolveu a luta pela posse da terra, no interior do país, e sabe também que o governo vem dando soluções insatisfatórias à questão.*
> *Os organismos criados para resolver tais conflitos são inoperantes e na maioria das vezes se colocam ao lado dos esbulhadores, grileiros[70] e latifundiários, ao invés de o fazerem em defesa dos lavradores.*
> Esse comportamento condenável, faz com que os latifundiários se robusteçam na prepotência e na prática de arbitrariedades contra humildes posseiros que se encontram trabalhando em suas terras.
> *O Fetat [...] e a Polícia Federal costumeiramente se associam a grupos de capangas e pistoleiros contratados pelos grileiros de terras públicas e fazem vista grossas às perseguições que eles perpetram aos lavradores e a quem os defende e apóia.*
> Pois bem. Isso está ocorrendo, agora, no Acre.
> Não seria uma posição alarmista dizer-lhe ser provável, quando V.Exa. receber esta carta, que a vida do companheiro Francisco Mendes já poderá ter sido ceifada.
> *O companheiro Francisco Mendes, ex-dirigente do Sindicato dos Trabalhadores Rurais de Xapuri, e atual candidato a deputado estadual pelo Estado do Acre, pela legenda do PT, sempre defendeu os seringueiros na luta pela permanência nas terras e, por isso é e sempre foi perseguido pelos grileiros.*
> Há alguns dias atras, entretanto, veiculou-se com insistência que os fazendeiros de Xapuri, tinham contratado um pistoleiro para assassinar Francisco Mendes.

---

[70] Conforme o Dicionário Aurélio da Língua Portuguesa (2003), grileiro: "indivíduo que procura apossar-se de terras alheias mediante falsas escrituras de propriedade".

A notícia e o atirador caminham às soltas pelas ruas da cidade e nenhuma autoridade se dispôs a investigar as ameaças, ou dar ao vereador as garantias necessárias.

Daí porque, encaminho a V.Exa. a denúncia de tais fatos, certos de que o governo a que V.Exa. presta colaboração, não desejará ser responsabilizado pela omissão em coibir abusos contra cidadãos que vivem constantemente ameaçados e não encontram por parte do Estado a tutela de seus direitos individuais, especial o da vida.

Atenciosamente,

Luiz Inácio Lula da Silva.[71]

Ao fazer as denúncias sobre ameaças à vida de Chico Mendes, Lula aproveita para expressar pelo menos mais três aspectos da luta política. O primeiro é a crítica aos órgãos encarregados da política latifundiária do país, e isso se configura como um sentimento de descontentamento com as políticas para esses setores, ou melhor um sentimento de injustiça. O segundo diz respeito ao componente da identidade oposta entre os lavradores e os latifundiários, se um é beneficiado, significa que o outro é preterido nas instituições do estado, pelo menos nesse estado ineficiente às garantias aos direitos individuais. O terceiro relaciona política e violência e remete à responsabilidade desta violência ao estado, por não agir.

De certa forma este discurso se mantém por toda a década de 1980 no interior do MSA, ou seja, o de vincular as injustiças sociais com a criação de uma identidade de oposição aos que tinham, de alguma forma, acesso ao poder político, neste caso, os latifundiários. Para manter esse discurso, foi necessário elevá-lo às esferas nacionais e internacionais da opinião pública, aproveitando as oportunidades políticas que surgiam naquele momento e refinar o processo de conscientização dos coletivos sociopolíticos com as organizações suportes desse movimento.

Uma dessas organizações-suporte, o PT, vai se formar no momento em que começa a maturar a identidade pública deste movimento, quer dizer, sua capacidade de dialogar com outros segmentos da sociedade civil e política. A identidade pública desse movimento foi influenciada e influenciou a identidade de seus aliados locais na formação de um partido político, com origens nesse movimento, e em uma elite política que

---

[71] Base de dados do autor sobre movimentos sociais e partidos políticos no Acre.

estava fora do poder institucionalizado formalmente. A necessidade de influenciar as políticas públicas para o setor permitiu que o movimento se inclinasse a um espectro mais institucional formal, na tentativa de receber um tratamento por parte dos detentores de poder político.

> Só tinha uma forma, naquele período, dos movimentos populares implementarem um modelo alternativo, era criando um partido político, tendo em vista que os partidos tradicionais, as elites, dificilmente iam defender um modelo alternativo, já que poucas vezes a nível nacional se percebeu uma movimentação dos partidos tradicionais para ver na Amazônia uma alternativa que não fosse para resolver problemas de caixa do Governo Central ou para resolver problemas sociais que aconteciam em outras regiões do país, principalmente do centro-sul, então, a ótica dos partidos tradicionais e da elite nacional sobre a Amazônia era essa; e ai o Partido dos Trabalhadores foi construído dos movimentos sindical, popular e estudantil para ter uma nova ótica para o país e para aquela região. Em Xapuri, como era o foco principal, onde se concentraram as principais lideranças, eles foram os principais fundadores do PT, e nós na Universidade, nós que éramos do movimento estudantil, acompanhamos essa luta, então, Xapuri foi o berço para a gente ter a noção de que, na Amazônia, poderia ser construída uma alternativa ao modelo, ou ausência de políticas, que nunca houve para a Amazônia; e ali percebeu-se que dá para manter o homem no campo, dá para gerar emprego na cidade, dá para manter a floresta em pé, dá para gerar renda para o país, enfim, conservar a Amazônia com um modelo, todo mundo vivendo bem[...].[72]

3.4 O PICO DO CICLO DE PROTESTO DO MSA EM XAPURI E NO ACRE

A influência que o movimento exerceu sobre seus aliados externos deveu-se principalmente a uma dinâmica própria das formas diversas e multifacéticas de um movimento social, nas fases que viemos denominando ciclo de protesto. É dessa fase que surgirão as alianças entre elite intelectual, igreja, sindicatos, ONGs etc., para, pelo menos em parte, aproveitar as oportunidades políticas oferecidas naquele momento pelo sistema político.

---

[72] Entrevista do Deputado Estadual Ronald Polanco, ao autor, em 8 de março de 2003.

> Eu não diria que as lideranças se aproveitaram de toda a conjuntura política, eu acredito que a ação, a movimentação dessas lideranças, o seu dia a dia na luta, na divulgação, na pressão foi com que fez com que a conjuntura no Brasil mudasse. Eu lembro que, em dezembro de 1988, até 22 de dezembro de 1988, por exemplo, o debate sobre a Amazônia era um debate feito com uma série de dúvidas; as pessoas não acreditavam, inclusive a própria imprensa não acreditava que o Chico Mendes tivesse falando a verdade quando ele dizia que estava ameaçado de morte; a população do Acre e não era a população da Amazônia, ficava questionando por que o Chico Mendes era uma pessoa que brigava constantemente contra os grandes desmatamentos, contra os projetos que o Banco Mundial e o Banco Interamericano estavam implantando[...].[73]

Essa fase, que Tarrow (1989) chamou *peak of cycle* (cúspide do ciclo), é como se a sociedade estivesse entrado em um "momento de loucura" e, para aqueles que estão fora do setor do movimento, é como se esta estivesse desordenada, e para aqueles que estão dentro, é como se o milênio tivesse chegado.

> For at the height of mobilization, conflict between group is intense, resentment is bitter at the disruption of people's lives, and the forms of collective action range from conventional strikes and public meetings to exuberant assemblies, determined forced entries, and violent clashes between opposing group. People begin to disagree – not only about the content of collective action, but about action itself. These "moments of madness" pass from the scene very quickly, to be replaced by more conventional protest with more instrumental goals. Their main importance may be the heritage they leave to the future. For it is these brief periods that provide the society with a uniform image of what was in reality a complex cycle of conflict and mobilization (Tarrow, 1989, p. 52-53).

A cúspide do ciclo de protesto do MSA tem uma característica parecida com a forma que descreve Tarrow anteriormente, principalmente com relação aos conflitos e às novas formas de se expressar do MSA e aos ressentimentos, tanto das pessoas comuns, quanto dos adversários políticos desse movimento. No entanto, existe algo que, se considerarmos os estudos estruturais desse movimento, foi deixado de lado nas análises

---

[73] Entrevista do Prefeito do Município de Xapuri-Acre, Júlio Barbosa de Aquino, ao autor em 9 de janeiro de 2003.

feitas sobre esse movimento no Acre: a sua dinâmica de relações internas com as de caráter mais externas, ou seja, sua capacidade de ampliar o universo de alcance do seu discurso com práticas internas e externas de mobilização da opinião pública.

Como descrevemos, o MSA passou por um processo de construção de identidade interna que foi, em grande medida, formada pela via da incerteza da posse da terra e a subsequente luta pela manutenção de seus membros em seu habitar natural. A outra forma de construção de identidade foi a que estamos chamando de *identidade pública*. Esta, por sua vez, teve um componente estratégico para alcançar ressonância tanto a nível nacional como internacional: a preservação da natureza. No dizer de Scherer-Warren (1993), os afetados utilizam dois discursos, o da manutenção de um modo de vida e o da manutenção da natureza, visto que, para atingir seus objetivos, se dão conta de que necessitam de apoio e de pressões mais amplas (nacionais e internacionais). A morte de Chico Mendes só teve repercussão graças às articulações do movimento dos seringueiros com o dos movimentos ecológicos nacionais e internacionais (Scherer-Warren, 1993).

Já apontamos que, no ano de 1985, o MSA se consolidou como instituição formal, ao criar o Conselho Nacional dos Seringueiros, entidade que conseguia se articular tanto a nível nacional como internacional. No entanto, é na segunda metade da década de 1980 que o ciclo de protesto se intensificou, com uma clara disposição de uma oposição aos temas que o MSA estava levantando e que, de certa forma, começavam a ganhar legitimidade na opinião pública.

Destacamos nesse período a ida do líder sindical Chico Mendes ao Estados Unidos para esclarecer à opinião pública norte-americana sobre o que significava para os trabalhadores tradicionais da floresta amazônica e para a preservação do meio ambiente, os financiamentos do asfaltamento da BR-364 pelo Banco Mundial. A imprensa local deu destaque especial a ida do líder seringueiro aos EUA[74] e sua posição com

---

[74] Algumas manchetes de destaque desse momento foram: "Chico Mendes vai a Washington" e "Chico Mendes viaja para os Estados Unidos", Jornal "A Gazeta do Acre" de 22.03.1987; "Chico Mendes se reune com BID", Jornal "A Gazeta do Acre" de 28.03.1987; "Interesse Americano destacado por Mendes", Jornal "O Rio Branco" de 29.03.1987; "Um seringueiro do Acre na reunião do BID em Miami" por Mary Helena Allegret, Secretária de Coordenação da Amazônia, no Jornal "O Rio Branco" de 01.04.1987; " Um seringueiro do Acre na reunião do BID em Miami", Jornal "A Gazeta do Acre" de 01.04.1987; "Chico Mendes retorna hoje dizendo ter cumprido missão", Jornal "A Gazeta do Acre" de 02.04.1987; "Chico Mendes destaca Amazônia no Exterior", Jornal "A Gazeta do Acre" de 02.04.1987.

relação ao tema, aspecto importante para compreender como o ciclo de protesto tem seu ápice nesse período, compreendendo a segunda metade da década de 1980:

> O representante do Conselho dos seringueiros no Acre, sindicalista Francisco Mendes (Chico Mendes), viajou ontem a Manaus, de onde seguirá para os Estados Unidos onde manterá contatos com a presidência do Banco Interamericano de Desenvolvimento BID, a quem entregará um documento dos seringueiros acreanos, contendo sua posição com relação ao asfaltamento da BR-364.
>
> [...]Francisco Mendes informou que, em sua exposição sobre a BR-364, ele defenderá a posição dos trabalhadores acreanos, que são favoráveis aos asfaltamentos da estrada com a condição de que seja incorporado, no planejamento da Rodovia, a preocupação dos trabalhadores, seringueiros e índios, com relação às questões do meio ambiente, incluindo a preservação das reservas indígenas e áreas que permitam a continuidade da atividade extrativista nos próximos 10 anos.
>
> O que nós não aceitamos, disse o sindicalista, é o asfaltamento de uma Rodovia com a extensão da 364, que vá beneficiar apenas os grandes latifundiários. Nós queremos o desenvolvimento do Estado, mas que considere as questões acima levantadas como prioridade.
>
> [...] A viagem do sindicalista é financiada pelo Ministério da Cultura e por uma estação de televisão inglesa, que faz um trabalho de documentação do desmatamento na Amazônia para algumas comunidades ambientais europeias.[75]

Verifica-se que o MSA refinou seu discurso, no sentido de dar uma roupagem radical à preservação da Amazônia como sendo condição *sine qua non*, para a obtenção de melhores condições de vida para os trabalhadores tradicionais da floresta nativa do Acre. O outro aspecto importante, é que o MSA, já não trata o tema da preservação do modo de vida apenas como *categoria*, já estende seus temas a uma *rede* que vai mais além dos afetados pelas injustiças. Seguindo Tilly (1991), diria que o MSA consegue nesse momento criar uma *catnet* (categoria *x* rede), no sentido de cumprir as condições de características comuns e vínculos de união.

> O presidente do Sindicato dos Trabalhadores Rurais de Xapuri, Chico Mendes, chega hoje nesta capital, após ter realizado – junto com organizações preservacionistas do

---

[75] Jornal *A Gazeta do Acre*, de 22 de março de 1987, com o título "Chico Mendes vai a Washington". Base de dados do autor sobre movimentos sociais e partidos políticos no Acre.

> EUA – um trabalho de esclarecimento da opinião pública norte-americana sobre o risco de destruição da floreta amazônica devido às obras de asfaltamento da rodovia BR-364, que vem sendo realizado com o financiamento do Banco Mundial (BID).
>
> Chico Mendes disse por telefone desde Washington, na noite de terça-feira, que considerava ter cumprido bem sua missão de sensibilizar a opinião pública sobre a questão, "ao ponto de alguns diretores do BID, em Miami e assessores de parlamentares, em Washington terem se comprometido em visitar o Acre para conhecerem o problema mais de perto". Ele enfatizou que outro ponto alto da viagem foi a entrevista de quinze minutos que concedeu ao programa radiofônico "Voz da América", do governo estadunidense, levado ao ar na terça-feira. "O pessoal do serviço brasileiro da "Voz da América" considerou um fato histórico a presença de um seringueiro nos seus estúdios para falar dos problemas dos habitantes da floresta amazônica.
>
> [...]Ele informou ainda que, na tarde de terça-feira, esteve reunido em Washington com diversas organizações preservacionistas, como o Fundo de Defesa do Meio Ambiente, Fundação Pró-Natureza e o Fundo Nacional da Vida Silvestre. "Nesse encontro as entidades decidiram cerrar fileiras na luta pela preservação da Amazônia apontando como alternativa mais racional de ocupar a região sem destrui-la, a efetivação das reservas extrativistas para os seringueiros".[76]

Neste período, não se tratava apenas de um reconhecimento da terra como um instrumento de trabalho capaz de manter o seringueiro no seu habitar natural, agora o MSA estava levantando aspectos do financiamento internacional de projetos que beneficiavam segmentos da sociedade e que eram contrários a seus objetivos. Nesse momento, fica mais claro quais são os instrumentos que movimentos e adversários utilizariam para legitimar suas posições na opinião pública, nas instituições formais e em seus aliados.

Como foi possível que um movimento que, na sua origem, era desprovido de capital político e financeiro, se firmara como sendo um dos atores mais importantes de um período da história do estado do Acre? Esta é uma pergunta recorrente que leva a outra que não é menos importante para descobrir os sucessos que ali se passaram, ou seja, quais são

---

[76] Jornal "*O Rio Branco*", de 2 de abril de 1987, com o seguinte título: "Chico Mendes destaca Amazônia no exterior". Base de dados do autor sobre movimentos sociais e partidos políticos no Acre.

as estratégias de seus adversários para se contrapor à rede que se estava formando de apoio aos temas-chaves do MSA: preservação de um modo de vida e da natureza? Se, por um lado, este movimento se articulou com segmentos que, de certa forma, já possuíam uma certa legitimidade na sociedade, com é o caso da Igreja Católica, seus adversários se alinharam a determinados setores que careciam de uma mínima interlocução com setores mais avançados da sociedade acreana daquele período. O exemplo clássico é a disposição dos fazendeiros de formarem um movimento que tivesse na figura da União Democrática Ruralista (UDR) seu principal articulador de demandas ao estado. Essa aliança com setores mais conservadores, que estavam na esfera pública estatal, vai levar a um enfrentamento tanto em termos ideológicos por parte dos fazendeiros, como de violência política por parte do aparato policial.

O ano de 1988 foi marcado por uma série de episódios que demonstram como o "ciclo de protesto" foi intensificado com acusações de ambos os lados e que, ao final, culminaria com a morte do líder sindical Chico Mendes pelo fazendeiro Darli Alves e seu filho Darci Alves. É importante ressaltar que as fronteiras que dividiam o legal do ilegal, neste momento, não estavam bem-definidas, uma vez que a própria Polícia Federal se envolveu no conflito de forma difusa, mais como uma disputa pessoal de seu Superintendente do que como uma justificativa das prerrogativas deste órgão, que entre outras coisas, deveria manter a ordem pública em temas como o da disputa da terra no Brasil.

Como disse Tarrow (1989), em um ciclo de protesto, o desafio inicial muda no transcurso do ciclo, segundo se vão empregando táticas novas e mais radicais. Neste caso, os organizadores de um movimento, em cada nova ação, devem fazer uso de um grau maior de perturbação para ganhar visibilidade e apoio. A pacífica ocupação, que foi dissolvida pela polícia, só pode ser seguida por uma ocupação que se faz forte com barricadas. Quando essas organizações competem por apoio, o fazem utilizando-se de seu valor e ousadia para desafiar as elites e articulando suas demandas com objetivos mais amplos. Este desafio atrai a cólera do sistema e das forças da ordem sobre os partidários das organizações (Tarrow, 1989). Vejamos como uma série de episódios envolvendo o sistema político, as forças da ordem, os movimentos e seus partidários, foi motivo de disputa e acirramento do "ciclo de protesto".

Os pistoleiros de Darli estão circulando na cidade toda noite, cada um com dois revólveres. Muito combustível está sendo gasto: toda manhã são levados para descansarem e à tarde retornam para a ronda da noite. Seus pontos estratégicos são: Sindicato (Sindicato dos Trabalhadores Rurais de Xapuri), residência do Chico Mendes e CTA (Centro dos Trabalhadores da Amazônia) [...] Polícia! Tá na hora de justificar o ordenado![77]

[...] Hoje o trabalho de Chico Mendes e seus companheiros, apesar de ameaçado pela UDR, ganhou uma dimensão internacional. O próprio BID, através do chefe da missão, Carlos Ferdinand, admitiu que colocará dinheiro nas reservas extrativistas.[78]

MD. DR. GOVERNADOR DO ESTADO DO ACRE FLAVIANO FLÁVIO BAPTISTA DE MELO

Prezado Senhor,

O C.T.A (Centro de Trabalhadores da Amazônia)., CONSELHO NACIONAL DOS SERINGUEIROS, COMISSÃO PASTORAL DA TERRA-REGIONAL ACRE, SINDICATO DOS TRABALHADORES RURAIS DE XAPURI, OPOSIÇÃO SINDICAL DOS TRABALHADORES RURAIS DE RIO BRANCO, CENTRO DE DEFESA DOS DIREITOS HUMANOS, INSTITUTO DE ESTUDOS AMAZÔNICOS E CIMI (CONSELHO INDIGENISTA MISSIONÁRIO), comparecem diante de V. EXA., expor e requerer urgentes medidas sobre graves fatos que estão ocorrendo no município de Xapuri:

No dia 26 de maio de 1988, no período da noite, os seringueiros MANOEL SANTANA DA SILVA e RAIMUNDO PEREIRA DA SILVA foram atingidos por disparos de armas promovidos por pistoleiros, quando dormiam na varanda da sede do I.B.D.F. (Instituto Brasileiro de Defesa Florestal) –Xapuri;

1. Pelo inquérito policial instaurado pela delegacia da Comarca de Xapuri, os fatos ainda não foram devidamente apurados. É pública e notória a autoria do atentado ocorrido contra a vida dos dois seringueiros e demais pessoas;

2. No dia 11 de maio do mês de junho de 1988, a Polícia Militar de Xapuri apreendeu uma arma em poder do Sr. Aparecido Alves, filho de Darli Alves, quando o mesmo encontrava-se no interior da "Boate Eldorado", situada na cidade de Xapuri. A partir desta data, apareceram na

---

[77] Jornal *O Ventania*, publicação de responsabilidade do Diretório Municipal do Partido dos Trabalhadores de Xapuri, ano VII, n. 7, de maio de 1988. Base de dados do autor sobre movimentos sociais e partidos políticos no Acre.

[78] Jornal *A Folha de São Paulo*, com a seguinte chamada: "Seringueiros, resistência contra a devastação na floresta" de 19 de maio de 1988. Base de dados do autor sobre movimentos sociais e partidos políticos no Acre.

cidade de Xapuri 15 (quinze) elementos fortemente armados, que passaram a fazer provocação ostensiva à população da cidade – especialmente aos membros da Diretoria do Sindicato dos Trabalhadores Rurais de Xapuri – (exibição ostensiva de armas);

3. As entidades abaixo-assinadas, exigem imediatamente ação das autoridades do Estado do Acre (Governador e Secretário de Segurança Pública), com a conseqüente apuração e punição de todos aqueles elementos que estão ameaçando a vida dos seringueiros de Xapuri, Diretoria do Sindicato dos Trabalhadores Rurais de Xapuri, a vida da população e dos próprios policiais militares da cidade. A ação dos elementos armados na cidade de Xapuri afronta a autoridade do Governador do Estado do Acre e do Secretário de Segurança Pública;

4. As entidades alertam V. Exa. que é responsabilidade maior do Estado – (Governador), determinar todas as medidas necessárias para garantir a paz social e a segurança pública de qualquer cidadão.

Qualquer ocorrência mais grave no município de Xapuri será de inteira responsabilidade do Governador do Estado do Acre – Dr. Flaviano Flávio Baptista de Melo e do Secretário de segurança Pública – Ten. Cel. José Carlos Castelo Branco;

5. As entidades abaixo-assinadas, comunicam a V.Exa. que estão remetendo cópias do presente requerimento para as seguintes instituições: ANISTIA INTERNACIONAL, CNBB (Confederação Nacional dos Bispos do Brasil), CONTAG (Confederação dos Trabalhadores na Agricultura), CNBB-REGIONAL NORTE I, CPT (Comissão Pastoral da Terra) – NACIONAL, O.A.B (Ordem dos Advogados do Brasil) – Conselho Federal, Associação BRASILEIRA DE IMPRENSA, FENARJ (Federação Nacional do Jornalistas), MINISTÉRIO DA JUSTIÇA, LIDERANÇAS DE TODOS OS PARTIDOS REPRESENTADOS NA CONSTITUINTE, ABRA, CUT (Central Única dos Trabalhadores) – Direção Nacional e CGT (Central Geral dos Trabalhadores) – DIREÇÃO NACIONAL.

Termos em que pedem providências urgentes.

Rio Branco- Acre, 14 de junho de 1988 (CTA, 1988).

No dia 18 de junho de 1988, o sindicalista Ivair Higino, candidato a vereador pelo PT, foi morto em uma emboscada em Xapuri. Apesar dos alertas feitos constantemente pelas "organizações suporte" do MSA na tentativa de frear violência em Xapuri, não surte o efeito desejado, pelo contrário, a própria Polícia Federal, por meio de seu Superintendente, começa uma disputa com o líder Chico Mendes, antes de sua morte, com acusações que serão rebatidas na imprensa local. Vejamos como esse incidente, divulgados pela imprensa, tem importância no desfecho, no sentido de dar legitimidade aos desafetos de Chico Mendes:

> Mauro Spósito acusa Chico Mendes de ser "colaborador" da PF.
>
> O Superintendente da Polícia Federal no Acre, delegado Mauro Spósito rebateu as acusações formuladas pelo líder sindical Chico Mendes de ter facilitado a fuga dos pistoleiros Darli e Alvarino Alves de Xapuri e lançou uma série de denúncias contra o sindicalista em documento divulgado na noite de terça-feira. Mauro Spósito afirma em sua defesa que Chico Mendes seria um "colaborador" da Polícia Federal desde 1980, "prestando informações acerca da área rural, tendo, inclusive, fornecido dados que possibilitaram identificar organizações clandestinas acobertadas por siglas político-partidárias". Diz, também, que "a partir de meados deste ano, em razão de ação belicosa durante os conflitos no seringal Cachoeira, foi cancelado o porte federal de arma de Chico Mendes, perdendo, inclusive, sua credibilidade, haja vista documento que nos foi entregue dando conta que o mesmo estava sendo subvencionado por uma entidade alienígena multinacional"
>
> O documento a que se refere o superintendente é uma carta do representante da Fundação Ford, entidade americana subvencionada pela Ford Motors Corporation e pelos descendentes do industrial Henry Ford e que apoia e financia projetos de educação em todo o país, muitos em convênio com o próprio governo e universidades federais. No Acre, a Fundação Ford apoia o projeto Seringueiro, de alfabetização segundo o método Paulo Freire, desenvolvido pelo Sindicato dos Trabalhadores rurais de Xapuri.
>
> Mauro Spósito nega que tenha dado qualquer cobertura aos pistoleiros e afirma só ter encontrado em três oportunidades com Darli Alves e uma com Alvarino Alves [...][79]
>
> Chico Repudia "calúnias" e denuncia jogo baixo da Federal junto com a UDR.
>
> O sindicalista Chico Mendes refuta com veemência a acusação de ser "colaborador" da Polícia Federal no Estado e acusa o superintendente Mauro Spósito de tê-lo submetido a duros interrogatórios durante os anos de 79 e 80, para recolher informações sobre o movimento sindical rural no estado,

---

[79] Jornal *A Gazeta*, de 4.12.1988. Base de dados do autor sobre Partidos Políticos e Movimentos Sociais no Acre.

especialmente quando Chico Mendes foi enquadrado na Lei de Segurança Nacional, após o episódio do assassinato de Wilson Pinheiro, líder sindical e do massacre do capataz Nilão, apontado como autor do crime.

[...]Ele diz que são os próprios pistoleiros que afirmam sua aproximação com o superintendente da Federal e que os "esquema baixo de tentar me atingir com calúnias mostra apenas a falta de argumentos e que a denúncia de conivência tem fundamento. Spósito, com esta atitude deixou claro o seu jogo com a UDR e outras entidades que tentam fazer uma campanha difamatória contra a luta dos seringueiros e suas lideranças" [...][80]

É no mínimo curiosa a posição do ilustre Dr. Superintendente da Polícia Federal do Acre, visto que confessou que esteve 3 (três) vezes com os fugitivos da justiça DARLI ALVES e ALVARINO ALVES e não os prendeu, apesar dos mandados de prisão existirem desde o ano de 1973 para prendê-los. O Superintendente da PF não promoveu qualquer investigação para conhecer a ficha criminal dos acusados (antecedentes criminais). Já no ano de 1977, os pistoleiros foragidos cometiam assassinatos em Xapuri impunemente. Foi necessário instituição particular buscar os mandados de prisão contra os pistoleiros e entregá-los ao Superintendente da PF que "engavetou" os mandados de prisão do dia 27 de setembro até 13 de outubro de 1988 e, assim, ocorreram os fatos de conhecimento público (fuga). Vale ressaltar que é eloquente a ausência de investigação dos antecedentes criminais dos fugitivos. Todos sabem que a Polícia Federal possui quadro funcional e material capacitados para investigação de delitos de qualquer natureza no Estado. O Ilustre Superintendente da PF sempre foi muito zeloso em seus interrogatórios de Líderes Sindicais no Acre, no entanto, quando tratou de efetivar a prisão de pistoleiros perigosos, o servidos público Mauro Spósito não aplicou a mesma dedicação demonstrada nos referidos interrogatórios. As levianas alegações lançadas pelo Ilustre Superintendente da PF contra a minha pessoa, até desmerece o seu autor, não há a menor procedência. Espelham mais frutos de desespero de quem não cumpriu o seu dever. O Sr. Superintendente da PF não deve explicações à minha pessoa, mas sim, deve explicações à comunidade acreana. Quanto ao apoio financeiro da Fundação Ford, o mesmo existe em diversos setores, inclusive, o Governo Estadual tem apoio financeiro da Fundação Ford

---

[80] Jornal *A Gazeta* sem outros dados. Base de dados do autor sobre movimentos sociais e partidos políticos no Acre.

> em um projeto da FUNTAC. A única saudável medida do Sr. Superintendente da PF é executar a ordem de prisão contra os fugitivos DARLI ALVES e ALVARINO ALVES e daí sim, receber os elogios da Comunidade.[81]
> Ao Dr. Romeu Tuma – Chefe da Policia Federal Ministério da Justiça
> O Conselho Nacional dos Seringueiros, Sindicato de Trabalhadores Rurais de Xapuri, Centro de Trabalhadores da Amazônia, Sindicato de Trabalhadores Rurais de Brasiléia, Estado do Acre, comunicam e requerem à V. Exa., providências no sentido de garantir a Paz social no Campo (Xapuri e Brasiléia), em virtude de conflitos fundiários. Pistoleiros com mandado de prisão soltos em Xapuri, sem qualquer previdência do Poder Público Estadual e até omissão da Polícia Federal. Risco de morte (assassinato de Trabalhador Rural), requerem a pronta intervenção Federal no caso e severa punição dos pistoleiros contratados por integrantes da UDR.[82]

Estas foram basicamente as disputas que antecederam à morte de Chico Mendes, ocorrida dia 22 de dezembro de 1988, efetuada por Darci Alves, a mando de seu pai, Darli Alves. Pode parecer que o MSA, por meio de seu maior líder, Chico Mendes, tenha entrado no período de decadência do "ciclo de protesto" apontado por Tarrow, no entanto, é a partir da morte de Chico Mendes que o movimento se aproveitará com mais vigor das oportunidades políticas nacionais e internacionais.

3.5 APROVEITAMENTO DE OPORTUNIDADES POLÍTICAS NACIONAL E INTERNACIONAL PELO MSA E OUTROS ATORES

A década de 1980 foi um momento em que o sistema político brasileiro passou por uma abertura, pelo menos, em termos das reivindicações de segmentos da população serem auscultadas na elaboração da Constituição de 1988. Em todo país, os inúmeros movimentos sociais se organizavam para colocar suas reivindicações na pauta do Congresso Nacional e o tratamento que recebiam na disputa política da elaboração da carta magna dependia da capacidade de mobilização dos atores sociais que faziam parte destes movimentos.

---

[81] Jornal *A Gazeta,* nota assinada por Chico Mendes, em 6 de dezembro de 1988. Base de dados do autor sobre movimentos sociais e partidos políticos no Acre.

[82] Telegrama do Conselho Nacional dos Seringueiros ao Chefe da Polícia Federal em 5 de dezembro de 1988. Base de dados do autor sobre movimentos sociais e partidospolíticos no Acre.

No Acre, foi particularmente importante esse momento da abertura política, já que possibilitou que o MSA se aproveitasse da abertura do "sistema de oportunidades políticas". Utilizamos aqui este conceito para nos referir, como faz Tarrow (1997), às dimensões do contexto político que alimentam de incentivos às pessoas, para que façam parte de uma determinada ação coletiva e que afetará as expectativas de êxito ou fracasso destas pessoas. Neste caso, a estrutura de oportunidades políticas é consistente, porém não necessariamente formal ou permanente. Para este autor, as mudanças mais destacadas na estrutura de oportunidades políticas surgem da abertura do acesso ao poder, das mudanças nos alinhamentos governamentais, da disponibilidade de aliados influentes e da divisão entre elas. Ademais, o Estado cria oportunidade estáveis, porém, são as oportunidades em transformação no seio dos estados que oferecem as condições para que os interlocutores pobres em recursos possam criar novos movimentos. (Tarrow, 1997).

Essas afirmações de Tarrow nos remetem à pergunta que fizemos sobre o porquê de um movimento social que, no início, era pobre em recursos, tenha tido uma incidência tão grande no processo político contemporâneo no estado do Acre. Como já afirmamos, os *ciclos econômicos* anteriores à década de 1980, no Acre, foram seguidos por *ciclos políticos* que, em maior ou menor medida, tiveram componentes ligados aos estratos sociais que propugnavam um modelo de desenvolvimento diferenciado pela própria formação econômica, social e cultural do Estado, como consequência, o MSA se aproveitou dessas três esferas que estiveram historicamente vinculados à sua vocação extrativista.

Esse aspecto da vocação extrativista do estado do Acre incidirá nas estratégias do MSA, para se aproveitar das oportunidades políticas que o sistema abrirá, não sem que o próprio movimento se utilize de seus recursos internos em termos de cultura, ou melhor, do *capital social* que se formou na história do Acre com a luta pela preservação da terra e do modo de vida desses estratos sociais ligados à esta vocação extrativista.

> [...] O Chico Mendes estava entrando na ideia de dar uma atenção especial não apenas para a política pura, mas abrir uma atenção especial, dar uma ênfase para a sustentação econômica para as atividades dos extrativistas e eu achei aquilo fabuloso, porque aquilo era um passo adiante da ideia de criar as Reservas Extrativistas, mas já estava pensando,

> nós já estávamos trabalhando naquela época com a ideia de dar sustentabilidade econômica, de dar uma competitividade e isto é uma coisa pouquíssimo explorada.[83]

A afirmação anterior do governador do estado do Acre é corroborada pela inquietação que se percebia no governo de Flaviano Melo (1987-1991) de tentar se aproveitar das oportunidades abertas pelo MSA, para tentar incrementar recursos para políticas públicas com investimentos nacionais e internacionais. No entanto, não é a mesma coisa se aproveitar das oportunidades abertas por um movimento e manter a mesma linha de discurso de aumento de poder deste movimento, já que o discurso do governo local, naquele momento, não levava em conta os aspectos históricos da formação ou da vocação extrativista do Estado.

> Diante da perspectiva de intensificação do processo migratório para o Acre e considerando a necessidade de ocupar o espaço físico visando o desenvolvimento econômico, o governo deve ter uma política clara em relação ao meio-ambiente, garantindo a preservação ecológica e as fontes naturais de recursos.
>
> O objetivo do governo é antecipar-se aos resultados negativos derivados da ocupação econômico-demográfica desordenada, e definir estratégias de desenvolvimento de modo a indicar o uso adequado dos recursos ambientais, colocando o desenvolvimento social acima dos interesses particulares ou de grupos que buscam apenas a acumulação de riqueza. Impõe-se a realização de um plano geral de meio ambiente, assim como de inventários dos recursos ambientais e de estudos de identificação das áreas críticas e dos ecossistemas representativos, com o objetivo de se definir um planejamento espacial adequado à realidade do Estado. (ACRE, 1987: 22-3, *apud* Da Silva, 1997: 79).
>
> Para Da Silva (1997), a mudança de estilo de política pública do governo local não deve ser entendida somente como expressão das críticas do modelo de desenvolvimento até então colocado em prática com suas devidas pressões sociais, ambientais e econômicas internas e externas. Para o autor o discurso do governo tinha como pretensão garantir a viabilização de seu programa de governo, permitindo uma de suas metas: o asfaltamento das principais rodovias do Acre. O autor faz referência à citação acima do discurso do

---

[83] Entrevista do governador do Estado do Acre, Jorge Viana, ao autor em 10 de março de 2003.

governador afirmando a "necessidade de ocupar o espaço físico visando o desenvolvimento econômico" por meio da pavimentação de rodovias (Da Silva, 1997:79).

Quando questionado sobre os discursos ecológicos do governo do Estado, Chico Mendes em janeiro de 1988, quase um ano antes de sua morte, respondia: *"Não dá para acreditar, mesmo porque se você ver a própria história do PMDB a nível de Brasil, com um Presidente da República sendo um dos maiores latifundiários do Maranhão, que faz bonitos discursos em defesa da Reforma Agrária e que por trás alia-se ao grande latifúndio. O governo do Estado do Acre é um representante dos interesses desse poder, desse partido que domina o país. Isso já é bastante para que não se possa acreditar num governo que não tem coragem, sequer, de enfrentar os madeireiros, mas que está sempre colocando a polícia contra os trabalhadores[...]"*[84]

Percebemos que, apesar do discurso pela preservação do meio ambiente que estava presente também nas plataformas políticas do governo local, existia uma discrepância por parte do MSA sobre as estratégias e objetivos de tal discurso. Se, por um lado, o governo local buscava se aproveitar das oportunidades políticas criadas pelo MSA, por outro, alimentava a necessidade de criar uma infraestrutura viária que não respeitava um zoneamento que levasse em conta um dos principais objetivos do MSA: a garantia de projetos com sustentabilidade ambiental e critérios marcadamente culturais. Como veremos no próximo capítulo, este aspecto cultural e que damos um tratamento analítico com ferramentas conceituais da teoria do Capital Social, foi utilizado pelo MSA para potencializar seus objetivos e para diferenciá-los de outros segmentos que buscavam se aproveitar das oportunidades criadas por este movimento.

3.6 RESUMO

A intenção deste capítulo foi de descrever um processo de política litigiosa que teve lugar na década de 1980 no Acre. Assumimos que este processo foi iniciado em Xapuri com o MSA, tendo na figura de Chico Mendes seu principal líder e que esse processo foi essencialmente cultural e político, apesar de seus condicionantes estruturais na formação da população do estado do Acre: a exploração da borracha do início do século XIX a meados do século XX.

---

[84] Entrevista de Chico Mendes ao Jornal *O Ventania*, de reponsabilidade do Diretório do Partido dos Trabalhadores de Xapuri, ano VII, n. 6, janeiro de 1988. Base de dados do autor sobre movimentos sociais e partidos político no Acre.

A conexão da identidade interna deste movimento com a sua identidade pública são recursos que possuem um movimento para elevar suas pautas ou reivindicações a um público mais amplo. Estabelece-se que se a identidade interna deste movimento foi construída, historicamente, por meio de uma estrutura que condicionou o modo de vida econômico, social e cultural da maioria dos trabalhadores tradicionais da floresta acreana, principalmente, o seringueiro, sua identidade externa, ou pública, foi construída tendo como base um aspecto político que permitia um *link* com a opinião pública nacional e internacional. Ambas tiveram em comum a capacidade de esse movimento de se aproveitar das oportunidades políticas que eram criadas, utilizando-se do binômio: preservação de um modo de vida e preservação da natureza.

Uma das principais perguntas que orientou este capítulo foi: por que em meados da década de 1980 este movimento inicia um ciclo de protesto que culminará com disputas violentas, colocando em risco a vida das lideranças desses movimentos e formando uma identidade mais sedimentada com relação a seus opositores? Argumentamos que o MSA saiu da institucionalização informal para institucionalização formal, ou seja, quando a identidade dos afetados pela injustiça, no tocante à expropriação da terra, passou a ser um tema que vinculou esta injustiça com marcos de interpretação de um público mais amplo, o MSA consegue deslocar a questão da terra para uma disputa política vinculante com a preservação do meio ambiente, que afetava não só os "madrugadores" deste movimento, mas um público que está "latente" e que se aproveitou mutuamente das oportunidades políticas abertas pelo "ciclo de protestos" iniciado por esse movimento.

Deste processo político contemporâneo no Acre, o que mais chama a atenção é a capacidade do MSA de se vincular a outras "organizações suporte" do movimento ou às redes de movimentos (*network organizations*) e que lhe permitiu, entre outras coisas, chegar a resultados institucionalizados formalmente; suas estratégias passaram a se apoiar em organizações que socialmente tinham uma legitimidade em termos institucionais formais, como é o caso da Igreja, elite intelectual (Universidades), agências do Estado, imprensa nacional e internacional. Melucci (1989b) designa essas novas formas da ação social de atores como redes de movimentos ou de áreas de movimento, visto que nestes estão incluídas as organizações formais e também a rede de relações informais que articulam indivíduos e grupos em um público mais amplo.

Scherer-Warren (1993) aponta que, no Brasil, existem três categorias de agentes políticos que se enquadram nesta perspectiva assinalada por Melucci, no sentido de formação da articulação entre organizações para a formação de um movimento mais abrangente: o sindicalismo, as ONGs e o PT (Scherer-Warren, 1993). No caso estudado, este ator político, o PT, se aproveitará das oportunidades abertas pelo movimento e se firmará como seu principal interlocutor nas instituições do Estado de Direito.

Este capítulo termina com uma pergunta que foi respondida em parte e que no próximo capítulo pretendemos concluir: por que um movimento social que, no início, era desprovido de capital político e econômico consegue ter uma incidência tão marcante no processo político contemporâneo no estado do Acre? Argumentaremos que o principal recurso que dispunham estes atores sociopolíticos eram seu "capital social", sua capacidade de organização cultural e a confiança que se estabeleceu nas relações sociais destes atores sociopolíticos.

CAPÍTULO IV

O CAPITAL SOCIAL DO MSA

4.1 INTRODUÇÃO

No capítulo anterior, fizemos uma descrição explicativa do "ciclo de protesto" do MSA. No repasso que empreendemos, argumentamos que esse movimento se aproveitou das oportunidades políticas abertas pela disputa litigiosa da terra nesse Estado, conectando sua identidade interna com uma identidade externa, ou melhor, com seus aliados. Nesse caso, estamos nos referindo a dois protagonistas do processo político contemporâneo no estado do Acre, nas três últimas décadas. Os primeiros seriam os afetados pelas injustiças na distribuição da terra e o segundo, as "organizações suporte" do movimento que propugnavam a preservação ambiental. Entretanto, respondemos apenas parcialmente à pergunta do por que um movimento que, no início, era carente de capital financeiro e político, torna-se um dos atores importantes no processo político contemporâneo do estado do Acre. Neste capítulo, argumentaremos que o MSA se aproveitou de uma "estrutura de capital social/cultural" existente no entorno de seus membros, para colocar na agenda do sistema político suas demandas e receber um tratamento em termos de políticas públicas que obedece ao duplo objetivo do movimento: a preservação de um modo de vida das populações extrativistas e a preservação da natureza como condição do desenvolvimento do estado do Acre.

Utilizaremos três dimensões do conceito de capital social para dar conta de explicar a incidência do MSA no processo político contemporâneo no estado do Acre: o *"bonding social capital"*, o *"bridging social capital"* e o *"linking social capital"*. Com essas três dimensões, pretendemos demonstrar que o MSA passou por fases em que estiveram presentes os laços fortes entre atores sociais da mesma posição: os afetados pela disputa da terra; os laços fracos entre atores sociais distintos: seus aliados; e por últimos, as relações verticais: entre os atores sociais e os governos. No Quadro IV.1 relacionamos a partir de Monastério (2000a) esses tipos de capital social.

Quadro IV.1 – Tipos de capital social

"Bonding social capital"	"Envolve os vínculos entre agentes de mesma posição. São os grupos homogêneos, voltados para dentro, nos quais as identidades dos membros são reforçadas. Essa "supercola sociológica", nas palavras de Putnam cria um ambiente de lealdade e reciprocidade entre membros, sendo útil, especialmente, para a resolução de problemas de ação coletiva e para o apoio mútuo intragrupo".
"Bridging social capital"	"Essa forma refere-se aos laços fracos entre agentes de grupos sociais distintos. São as relações sociais mais distantes que trespassam as fronteiras sociais, nos quais as virtudes cívicas se mostram mesmo entre pessoas com distintas situações demográficas, étnicas ou ocupacionais. Trata-se de um "óleo lubrificante social". As informações sobre o comportamento de outros agentes e oportunidades disponíveis fluem através do capital social do tipo "bridging". Quando o capital social do tipo "bridging" é abundante, tem-se uma sociedade fluída e integrada, na qual, por exemplo, a despeito das diferenças sociais, pobres e ricos confiam uns nos outros e compartilham informações".
"Linking social capital"	"Refere-se às ligações verticais entre os pobres e pessoas em postos de decisão em organizações formais. Comunidades onde abunda esse tipo de capital tem governos permeáveis às demandas oriundas dos estratos inferiores da pirâmide social".

Fonte: Monastério (2000a)

Trata-se de dimensionar as várias formas em que se apresenta o capital social, já que esse conceito é multifacetado e aparece nas relações sociais entre indivíduos com uma mesma posição social ("bonding social capital" ou "laços fortes"); nas relações entre grupos sociais distintos ("bridging social capital" ou "laços fracos"), como sendo capital do tipo ponte (Abramovay, 2001). Existe ainda quem defina essas duas primeiras formas como sendo o *capital social comunitário* e o *capital social extracomunitário*. A outra forma seria o *capital social institucional*, ou seja, as relações entre o Estado e a sociedade (Durston, 1999). No caso do último tipo de capital social, preferimos chamar de *"capital social institucional-formal"*, pois acreditamos que os dois primeiros, ao serem percebidos e utilizados, passam a ser instituições em termos de confiança, porém, instituições informais.

Para nosso caso de estudo, utilizaremos o conceito de capital social nessas dimensões citadas anteriormente, ou seja, buscaremos demonstrar que esse conceito nos permite explicar um processo político em que a sociedade civil organizada se articula tanto com atores internos, externos e com o Estado para disputar propostas de desenvolvimento para essa sociedade. Em outras palavras, trataremos de utilizar o capital social como instrumento teórico para dar conta da explicação do processo de desenvolvimento, fugindo daquela noção estática sobre as diferenças entre regiões e países, de que nos fala Woolcock (1998), quando afirma que essas diferenças não foram explicadas suficientemente pelas teorias neoutilitaristas que viam que os agentes sociais se comportavam de formas distintas frente à cooperação, que o Estado é um problema nesse dilema e não a solução nem pelas teorias da modernização e suas explicações culturais, nem pelos argumentos da teoria da dependência e sua importância no centro-periferia. Aponta esse autor, com o que estamos de acordo, que essa explicação deve incorporar as relações sociais que existem dentro dessa comunidade e da natureza dessas relações Estado--sociedade civil. Além da cultura, da racionalidade, é importante saber como se articulam as relações sociais, tanto em nível micro quanto em macro, para compreender as possibilidades de políticas de desenvolvimento (Woolcock, 1998).

Como já apontamos em várias ocasiões neste trabalho, buscamos exatamente essa capacidade da sociedade se articular com as várias dimensões ou possibilidades que o processo político lhe permite, já que esse processo não é estático. Além de ser dinâmico, é agregador, visto que permite uma variedade de estratégias sociais nos espaços de disputa política, da qual, em uma análise de resultados, se pode aproximar para saber como as normas e valores desta sociedade se articulam a fim de beneficiarem-se mutuamente, em um círculo virtuoso que vai das fases antes, durante e depois do ciclo de protesto, em um espaço micro, meso e macro e se utilizando do capital do tipo bonding, bridging e linking. Como pretendemos demonstrar, esse processo é sistêmico.

De acordo com Elinor Ostrom (1999), existem três escalas em que se localizam o capital social, o macro (sistema político), a meso (comunidade) e a micro (vínculos pessoais e familiares), visto que em cada uma existem diferentes problemáticas. A existência de capital social em uma dessas escalas não significa que as demais estejam definidas por essa presença (Ostrom, 1999). Seguindo a Woolcock (1998), o capital social pode se apresentar de diferentes formas: "integração", "integridade", "ligamento" e a "sinergia" ao se estudar a relação entre a comunidade e o Estado, ou melhor, ao se observar como diferentes variáveis se combinam para aumentar ou diminuir a relação positiva (sinergia) entre o Estado e a sociedade. Não se trata de postular sobre a importância do capital social comunitário ou individual para o fim de sinergia entre Estado e sociedade, pois, como disse Agosto (2002), a discussão entre capital social individual e capital social coletivo ou comunitário é inócua, se os diferenciarmos pelas motivações, o conteúdo dos seus vínculos e o alcance de suas ações. Diz a autora:

> El capital social individual se basa en el crédito que ha acumulado la persona en la forma de reciprocidad difusa que pode reclamar en momentos de necesidad, a otras personas para las cuales ha realizado, en forma directa o indirecta, servicios o favores en cualquier momento en el pasado. Hay que destacar que este recurso reside no en la persona misma sino en las relaciones entre personas. El capital social colectivo o comunitario, en cambio, consta de las normas y estructuras que conforman las instituciones de cooperación grupal, residiendo en las relaciones complejas, en sus estructuras normativas, gestionarias y sanciona-doras. Recordemos al respecto que las comunidades son mucho más que las redes, mucho más incluso que las redes "circunscritas". La definición clásica de comunidad abarca aspectos de actividades coordinada con cierto propósito común, autogobierno, superestructura cultural y sentido de identidad (Agosto, 2002).

É importante evidenciar que o capital social não é atributo único de uma forma de se comportar de uma determinada relação individual ou comunitária. O conceito, pelo menos para nosso propósito neste livro, abarca sim as relações políticas que se dão a nível cultural, não impor-tando se o impacto vai se dar a nível micro ou macro. O importante é que ambos são necessários para relacionar Estado e sociedade. Torcal e Montero (1999), analisando o capital social da sociedade espanhola, afirmaram que é preciso encarar a cultura para entender a formação do capital social e que não basta aproximar-se da posição culturalista, é necessário conferir à política um papel essencial na formação do capi-tal social. Afirmam também que, diferentemente das teorias da eleição racional, que assumem que a confiança social é fundamentalmente uma espécie de ato de fé baseado em um conhecimento imperfeito, existiriam pelo menos duas razões para não acreditar nessa espécie de axioma, já que a participação em associações apenas se baseia em relações pessoais, e por consequência, a confiança social não se cria nas redes de interação individual. Trata-se de um fenômeno cultural coletivo, resultado da acumulação e da atualização das experiências vividas pelos cidadãos com organizações e associações, em termos gerais. com acontecimentos políticos (Torcal; Montero, 1999). Mantendo essa linha de raciocínio, nos será possível sustentar uma aproximação aos fenômenos que incidiram na formação das dimensões do capital social na sociedade acreana. Dessa forma, defenderemos que o MSA se aproveitou desses ativos de forma cíclica e que a interação política capacitou tanto o movimento como as instituições para se aproveitarem dessas oportunidades, neste caso estamos afirmando que as características estruturais da sociedade — os conflitos reais e latentes — oferecem uma série de oportunidades e obstáculos para os atores sociais e políticos, levando a resultados que não estão definidos a *priori*. Verificar essas nuanças na articulação dos atores sociais e políticos e sua vinculação com outros grupos históricos e favorecidos pelas mudanças institucionais advindas desse processo, será o principal objetivo que propomos nesta parte do trabalho.

4.2 O CAPITAL SOCIAL VINCULANTE DOS ATORES SOCIAIS DO MSA: SEUS LAÇOS FORTES

Quando propusemos estudar o MSA, tínhamos claro que existia um capital social histórico desse movimento, que remonta a seu "ciclo de protesto". Ou, no melhor dos casos, o "pico" desse ciclo, que elevou o tema da preservação do modo de vida das comunidades afetadas pelas injustiças cometidas com relação à questão da terra, a um nível de participação de aliados, que propunham a preservação ambiental desses espaços ocupados por populações tradicionais, no caso os extrativistas do Acre.

Dessa constatação, surgiu a questão sobre o motivo, culturalmente falando de esses estratos sociais manterem uma sinergia até os dias atuais, com relação à confiança em seus objetivos e na capacidade de manterem-se unidos em torno desses objetivos comuns cooperantes: a permanência dos seringueiros em suas terras em oposição à ocupação pelos "sulistas" e a ulterior superação dos dilemas da ação coletiva. Um dos primeiros implicados no conflito pela terra se refere a essa sinergia a partir de uma ideia vinculante do seringueiro com o movimento:

> O movimento é o eixo principal de todas as lutas dos seringueiros, principalmente aqui no nosso município de Xapuri e Brasiléia, aqui no Alto Acre,[85] porque é nesse movimento, através da luta social, a gente começou em 1975, quando fundamos o primeiro Sindicato de Trabalhadores Rurais de

---

[85] Alto Acre, região do estado do Acre que abrange os municípios de Xapuri, Brasiléia, Assis Brasil, Epitaciolândia.

> Brasiléia [...]levamos essa luta a frente com muita disposição e dificuldade, mas aí foram crescendo (os sindicatos) e os seringueiros aderindo ao movimento e em 1978 nós fundamos o Sindicato dos Trabalhadores Rurais de Xapuri [...] aqui tivemos diversos empates para defender a nossa floresta, defender o nosso seringueiro nas suas colocações que habitavam [...] Esse "empate" era, em primeiro lugar, porque nós queríamos a permanência de nossos companheiros seringueiros nas suas colocações de seringa, nas áreas em que habitavam e por outro lado, nós também [...] brigávamos para que a floresta permanecesse em pé, porque nós acreditávamos muito na floresta e por isso nós fazíamos "empates" naquele momento que foi muito perigoso, mas naquele momento era nossa ferramenta, nossa arma para podermos nos defender através dos "empates".[86]

Essa tomada de consciência de "empatar" do seringueiro-posseiro foi algo peculiar na trajetória do MSA, foi um *mix* de confiança e solidariedade, como o único recurso que se tinha, ou melhor, seu capital social. Essa peculiaridade de mobilização inicial de um movimento que, na origem, contava apenas com seu capital social, é uma característica da desorganização que marca a gênese de um processo de confiança entre atores de uma mesma posição e que, de alguma forma, amadureceram suas atitudes com relação a seus objetivos em comum. Esse processo se aproxima do argumento de Tarrow sobre a rápida formação e declive de um movimento, se lhe faltam incentivos seletivos e de como resolvem este problema.

> Sabemos que o problema fundamental que causa a rápida formação e o declive dos movimentos sociais é falta de incentivos seletivos concretos para a participação. A longo prazo, as organizações dos movimentos sociais resolvem este problema bem através do aproveitamento de recursos da ordem social a que se opõem, construindo sistemas de reciprocidade interna e de dependência mútua que mantenham os militantes ativos, ou bem por meio de uma institucionalização pensando que lhes dotará de incentivos seletivos. Porém os únicos benefícios imediatos que podem oferecer os movimentos sociais aos participantes potenciais são: a solidariedade, o entusiasmo e a satisfação que surge de atrever-se a desafiar juntos ao sistema. Os quadros organizativos dos movimentos não fomentam a

---

[86] Entrevista do vereador Osmar Facundo (primeiro vereador eleito pelo PT no Acre no ano de 1982), ao autor em 12.01.2003.

> ação coletiva desorganizada porque assim prefiram, mas porque isto é tudo que tem para oferecer no "mercado" da ação coletiva (Tarrow, 1989, p. 54).

Segundo Sobrinho (1992), a ação coletiva dos seringueiros/posseiros, em torno da resistência para não abandonar suas terras foi uma reação, de certa forma, espontânea que ganhou um significado de desafio ao poder de fogo dos "paulistas", servindo de exemplo para outras atividades. A resistência desses estratos sociais foi fragmentada pela estratégia dos "paulistas", de ir expulsando os posseiros, para deixá-los sem condições de manterem, de forma regular, uma comunicação que permitisse a continuidade de ações coletivas para impedir o avanço das ações destes fazendeiros. Nas palavras de Sobrinho (1992, p. 154-155):

> Depois dessa ação coletiva (cerco de um acampamento de peões de fazendeiros) foi acertado que iriam resistir, não aceitando mais as arbitrariedades dos "paulistas" e o descaso das autoridades. Iriam brocar a mata, botar os roçados e responder se necessário à bala.

No entanto, pouco tempo depois, a resistência sofreu um sério golpe, mais de 30 posseiros "passaram" suas colocações, fragmentando o coletivo, e tornando vulnerável a permanência nas outras colocações.

As formas que adotaram as ações coletivas desses grupos não fogem ao que Robert Axelrod (1986) propôs como sendo uma estratégia de colaboração em um dilema do prisioneiro, ou seja, para que a cooperação evolua é necessário que os indivíduos tenham uma probabilidade suficientemente grande de voltarem a se encontrar, de modo que tenham algo que ganhar em uma futura interação (Axelrod, 1986).[87] Destarte, é importante verificar que o dilema da cooperação desses grupos estava condicionado pelo espaço e pela estrutura em que viviam no momento, mesmo assim, não existiu impedimento para uma tomada de consciência que, com a interação repetida, possibilitaria ganhos para a *causa*, mesmo que à custa de algum benefício individual.

> O movimento aqui começa a partir da área rural e com o seringueiro a coisa foi cruel; aquele que não se organizou foi expulso para a cidade e não teve nem como pegar carona;

---

[87] · Para Putnam, os teóricos do jogo estão geralmente de acordo em que a cooperação deve ser mais fácil quando os jogadores se dedicam a jogos que se repetem indefinidamente, para que os desertores sofram seu castigo em sucessivas rondas. Este princípio é fundamental para teorizar mais neste campo. Uma versão deste é o famoso Teorema Popular (Putnam, 1994).

> aquele que não acreditou, veio para a cidade expulso pelo fazendeiro, ou vendeu suas benfeitorias por besteira [...][88]

Se fôssemos levar ao pé da letra a teoria dos jogos, não poderíamos sequer indagar por que, em alguns casos, as pessoas se mobilizam em ações coletivas que, em muitos casos, colocam, inclusive, em perigo as vidas dos que cooperam (Aguiar, 1991). E é exatamente essa questão que está no centro do debate entre a Teoria da Eleição Racional e a Teoria do Capital Social, desenvolvida por Pierre Bourdieu (1980, 1985), James Coleman (1988, 1990) e que ganhou reputação nos últimos anos com o trabalho de Robert Putnam (1994). Este último autor afirma que, nos dilemas da ação coletiva presentes na teoria dos jogos, como é o caso da deserção, ela acontece porque é parte de um equilíbrio estável para todas as partes. No entanto, afirma Putnam (1994), esta teoria demonstra demasiadamente, uma vez que subprediz a cooperação voluntária e, se o exemplo da parábola de Hume[89] serve para demonstrar que agricultores vizinhos não cooperam, se deveria contrapor exemplos como o da *aiutarella* no centro da Itália, como exemplos de cooperação mútua.

Acrescentamos, com esse caso de estudo, sem pretensões de generalização, o "Adjunto" e o "Empate" no Acre, duas formas de solidariedade social, em que, em muitos casos, estiveram presentes elementos de violência política que não impediram a mobilização desses estratos sociais para a superação da falta de incentivos de outra ordem, que não fosse a confiança de que sua capacidade de cooperação atribuiria um *plus* de vantagem em comparação ao seu opositor.

4.2.1 O Adjunto e o Empate: duas formas de cooperação herdadas e incrementadas no debate das Reservas Extrativistas

O coletivo de trabalhadores tradicionais no Acre, que teve na contemporaneidade o MSA como um de seus principais entes representativos,

---

[88] Entrevista do ex-seringueiro e atual Presidente do Partido dos Trabalhadores de Xapuri Francisco de Assis Monteiro, ao autor em 12.01.2003. Base de dados do autor sobre movimentos sociais e partidos políticos no Acre.

[89] A parábola de David Hume, filósofo escocês britânico do século XVIII, dizia: "Teu milho está maduro hoje; o meu estará amanhã. Nos beneficia a ambos que eu trabalhe contigo hoje e que tu me ajudes amanhã. Eu sei que não te aprecio muito e sei que tu tão pouco me aprecias muito. Por isso, não me esmerarei por ti, e deveria trabalhar contigo por mim mesmo, na espera de um proveito. Sei que devo sentir-me decepcionado e que devo depender em vão de tua gratidão. Assim, pois, te deixo que trabalhes só; tu me tratas da mesma maneira. As estações passam e os dois perdemos nossas colheitas por falta de confiança mútua e segurança (Hume, 1740 *apud* Putnam, 1994, p. 206).

se formou com base numa cooperação voluntária, desde o início do século XIX, quando brasileiros nordestinos emigravam para o Acre e não tinham uma instituição reguladora de suas normas de reciprocidade e compromisso cívico — para usar as palavras de Putnam — sem, no entanto, caírem em um dilema de não cooperação. Como já descrevemos no capítulo terceiro, houve dois momentos importantes na formação social, econômica e cultural do trabalhador tradicional acreano, com seus efeitos em termos de formação de capital social dessa população. O primeiro diz respeito à exploração da borracha no século XIX e a consequente "Revolução Acreana" para a anexação destas terras ao Brasil. O segundo tem a ver com o esgotamento do modelo monocultor da borracha e a posterior expulsão destes trabalhadores de suas terras, levando a que estes se organizassem para se manterem no seu habitat.

No princípio dessa formação no Seringal, onde as formas de comunicação e a relação interpessoal eram difíceis, devido principalmente às distâncias a que cada trabalhador era submetido de uma colocação a outra, exatamente para evitar uma relação social que permitisse uma cooperação, não se conseguiu evitar a formação de um capital social. Exemplo maior foi a constituição do Adjunto no Seringal, forma tradicional de juntar pessoas, para em comum acordo, trabalharem em benefício de um, desprendendo tempo que seria recuperado quando este mesmo adjunto fosse feito para beneficiá-lo na lavoura de culturas invernosas. Dessa forma, o seringueiro podia se livrar do subjugo do contrato entre eles e o patrão seringalista, que rezava, como condição primeira, que este trabalhador dedicasse integralmente seu tempo à coleta da seringa, tendo que submeter-se ao contrato de aviamento para suas necessidades básicas de alimentação.

> A palavra Adjunto eu conheci lá no Seringal. Aquelas pessoas que não tinham recurso pra botar um roçado[90] grande, aí elas armavam um adjunto. Juntavam ali umas vinte a trinta pessoas. Matavam um porco, davam um jantar, faziam uma festinha. Mas o pessoal passava o dia todinho trabalhando. Começava cedo e ia até duas horas da tarde. Aí se botava um roçado num dia [...] (Silva, 2001).

---

[90] Roçado refere-se a um terreno onde se derrubou ou queimou o mato, e que está preparado para a cultura; lavoura de milho, arroz, feijão, mandioca, algodão e outras culturas invernosas (Dicionário Aurélio da Língua Portuguesa, 2003).

O adjunto no seringal pode ser considerado como o conceito que empresta nome à tradição de ocupação das terras acreanas para o cultivo da seringa de forma anômala, tendo em vista às peculiaridades desta ocupação laboral. Em primeiro lugar, o seringueiro estava economicamente preso ao patrão, devido à passagem do Nordeste ao Acre e aos víveres necessários à exploração do seringal. Em segundo, a falta de tempo para cultivar outras culturas, levavam esse mesmo seringueiro a sofrer de endemias regionais[91] que, sem a alimentação adequada, se proliferavam. Esses dois fatores incidem na formação do capital social acreano porque passam de elementos desagregadores para tornarem-se um incentivo à associação, na trajetória social deste trabalhador. Vejamos como Araújo Lima descreve o processo de tentativa de desagregação social do trabalhador extrativista:

> Por todos os meios, buscava esclarecer o sentido do regulamento que para fins práticos, podia ser resumido apenas em dois dispositivos/...o brabo precisava se iterar antes de mais nada, de que ficava expressamente proibido de plantar. Nem de caçar ou pescar. Tinha de consagrar o tempo de trabalho, numa faixa média diária de 12 horas, somente à extração de borracha conforma as instruções que recebia oportunamente. Ficava obrigado a se aviar, exclusivamente, no armazém do seringal (Lima, 1970).

Essa forma de apropriação da força de trabalho e os seus mecanismos de desagregação social perdurou no Acre até o início da década de 1970. A partir dessa década, o trabalhador extrativista passa a formar as chamadas sociedades de socorros mútuos, recreativas e beneficentes para fugir das condições adversas, o que Sobrinho (1992) chamou de *impulso de agrupamento*, em torno da solidariedade para superar seus problemas por meio da cooperação de todos que se identificavam com a condição social de excluído (Sobrinho, 1992). Este momento, década de 1970, a que já nos referimos no capítulo anterior, foi marcado pela transformação econômica do estado do Acre, a desativação dos seringais nativos.

Pela trajetória de exclusão deste trabalhador que viemos traçando até aqui, tudo levaria a crer que este, em termos de cooperação, a partir de uma visão *racional*, se portaria como um indivíduo não cooperante. No entanto, a história mostra que, à medida que foi colocado em uma condição

---

[91] De acordo com Tocantins (1979), o impaludismo, o beribéri, polinevrites, as infecções intestinais, causavam uma mortalidade de vinte por cento, e às vezes mais, das populações destes seringueiros.

de exclusão da terra como meio de produção, este mesmo trabalhador se articulava em torno de uma solidariedade que perpassava toda sua história de luta, em sintonia com a sua identidade junto à terra. À medida que perdiam seu espaço, se agrupavam para disputar esse mesmo espaço; quando parecia que a força do capital financeiro e político lhes abandonavam, buscaram um sentido de cooperação comunitária, que permitia uma acumulação de capital social vinculante, ou como chamaria Putnam, redes de compromisso cívico, já que, quanto mais densas essas redes na comunidade, mais provável será que exista cooperação em benefício mútuo (Putnam, 1994). Vejamos como Chico Mendes se referia a esse momento de disputa e à superação das dificuldades para se contrapor ao poder e até mesmo da disputa deste poder:

> Foi um trabalho difícil, tivemos que enfrentar jagunços e a polícia. Começamos a recuperar essas áreas criando comunidades. Na medida em que criávamos uma comunidade organizada, ela ia trazendo famílias e colocando nas áreas desocupadas. Quando havia uma ação policial de despejo, a comunidade se organizava muito bem e reocupava. E conseguimos, com todas as limitações do Estatuto da Terra, defender as áreas, baseados no decreto 4504 – que diz que o posseiro não pode ser despejado de sua terra.[92]

Com efeito, essas duas formas de solidariedade, o *Adjunto* e o *Empate*, são dois conceitos elaborados pelos próprios trabalhadores extrativistas do Acre. Ambos possuem a qualidade de serem resultado de um processo de exclusão, e ao mesmo tempo de autonomia desses trabalhadores historicamente excluídos dos benefícios gerados na economia regional pelo extrativismo.

De acordo com Michelotti (2001), o fortalecimento da resistência dos seringueiros teve seu marco no ano 1976, quando um grupo de trabalhadores extrativistas se opuseram a uma derrubada da mata por peões contratados por fazendeiros no Seringal Carmem, no município de Brasiléia-Acre, criando assim o primeiro "empate", nos termos que outros membros do MSA colocam a questão:

> O empate surgiu a partir do momento em que o fazendeiro estava derrubando, e derrubava a colocação do seringueiro, hoje aqui e no próximo ano derrubava a do outro. Um só não

---

[92] Entrevista de Chico Mendes aos Membros da Secretaria de Meio Ambiente da CUT, no seu 3º Congresso, em 9 de setembro de 1988.

> podia empatar, impedir sozinho, aí teria que juntar os seringueiros de um seringal para juntos fazerem esse "empate". O objetivo era chegar lá e pedir para o trabalhador da fazenda parar de desmatar, porque estavam desmatando a colocação dele e dali era que ele tirava o sustento da borracha, da castanha, então, foi uma maneira de impedir, até porque o "empate" é consequência também da falta de Estado, da falta de governo que pudesse controlar a sociedade; as leis que não eram cumpridas; então você parte para a justiça, a justiça lenta e compromissada com outros interesses e não tinha jeito na justiça, então tinha que partir para o "empate", vamos juntar várias pessoas e fazê-lo.[93]

Todavia, essa estratégia não ficou somente em atividades "subversivas". A primeira das ações deste movimento para criar um marco institucional formal que unisse sua luta em torno de sua identidade foi o *I Encontro Nacional dos Seringueiros* em Brasília no ano de 1985. Nele ficou pactuado que três resultados seriam colocados como prioridade: 1) criação do Conselho Nacional dos Seringueiros; 2) um documento que agrupasse: política e desenvolvimento, reforma Agrária, Política Econômica, saúde, educação e soldado da borracha; 3) uma política de alianças incluindo, de um lado as entidades sindicais, e, de outro, as entidades ambientalistas (CNS, 1989).

O segundo passo que demarca a posição do MSA é a *Declaração dos Povos da Floresta*, no ano de 1989, tornada público pelo Conselho Nacional Seringueiros e a União das Nações Indígenas. Nela, essas entidades, além de darem o primeiro passo na publicização de suas ideias para um público mais amplo, reafirmam muitos dos pressupostos que unificaram as lutas dos trabalhadores tradicionais da Amazônia, diz a declaração:

> As populações que hoje marcam no céu da Amazônia o Arco da Aliança dos Povos da Floresta proclamaram sua vontade de permanecer com suas regiões preservadas. Entendem que o desenvolvimento das potencialidades destas populações e das regiões em que habitam se constituem na economia futura de suas comunidades e deve ser assegurada por toda a Nação Brasileira como parte da sua afirmação e orgulho. Esta aliança dos Povos da Floresta reunindo índios, seringueiros e ribeirinhos iniciada aqui nesta região do Acre estende os braços para acolher todo esforço de proteção e preservação deste imenso, porém frágil sistema de vida que envolve

---

[93] Entrevista do Presidente do Diretório Municipal do PT de Xapuri Francisco de Assis Monteiro, um dos envolvidos nos "Empates" da década de 1970 e 1980, ao autor.

> nossas florestas, lagos, rios e mananciais fonte de nossas riquezas e base de nossas culturas e tradições (CNS, 1989).

Os laços fortes desse movimento permitiram que seus membros percebessem a fragilidade das suas posições e buscassem alianças mais fortes com seus potenciais aliados. Como bem afirmou Hernandez (2003), a criação de coalizões com aliados preferidos e com outros atores políticos permite o aproveitamento de seus recursos e, dessa forma, essas coalizões podem servir de proteção e fazer com que os movimentos se tornem menos vulneráveis às mudanças inesperadas e às vicissitudes de um meio ambiente desfavorável.

> La sociedad civil puede también ser tipificada por los bienes mixtos que genera, los cuales pueden ser privados como los servicios exclusivos para los miembros, solidarios como los servicios de una organización de ayuda mutual, o públicos. Las actividades típicas de la sociedad civil generan como externalidades positivas, el capital social y el discurso público, también considerados como beneficios colectivos de la asociación voluntaria. La participación en redes sociales genera una externalidad positiva mientras que el status genera una negativa. El discurso público se refiere a la habilidad de una sociedad para articular valores colectivos, para reflejarse en los problemas sociales, y para desarrollar metas políticas (Hernandez, 2003).

Esses laços fortes entre os indivíduos pertencentes ao MSA foram, sem dúvida, o pilar de uma rede densa que se formou durante toda a trajetória desse movimento. A chegada do nordestino e sua cultura no Acre, a fortaleza de seu apego à terra, a disputa com o outro apoiado em sua identidade, a capacidade de horizontalizar suas relações internas são exemplos de ativação de um capital social do tipo *bonding*, em que o que realmente importa são as vantagens comparativas desses estratos sociais com seus oponentes em termos de confiança.

Ao argumentarmos que o MSA criou dois conceitos que são mutuamente fortalecidos, o *Adjunto* e o *Empate*, pode parecer que este estudo está sendo muito normativo, o que não deveria surpreender, já que esta é uma faceta presente na explicação dos resultados do MSA. Entretanto, seu principal oponente, o *fazendeiro, sulista* ou *paulista*, para usar a terminologia regional, não conseguira criar essa densa rede associativa. Pelo contrário, na disputa com o MSA, se articulou de forma a verticalizar as relações, criando uma desconfiança institucional, tanto em termos informais como formais, constituindo um *capital social negativo*. Durston (2000) descreve dois tipos de institucionalidades, com e sem capital social. O primeiro seria o capital social baseado em normas e relações de confiança e cooperação; instituições e autoridade legitimada pelo conjunto resolvendo os conflitos; condutas de confiança gerando mais confiança; universalismo e institucionalidade. O outro seria a máfia e o autoritarismo baseado na violência; uso da vingança para resolver conflitos; traição reiterada; particularismo e familismo amoral (Durston, 2000).

Basta citar o depoimento do Ex-Bispo da Prelazia do Acre e Purus, Dom Moacir Grechi, para sentir a diferença entre os dois tipos de capital social presentes na comunidade acreana naquele momento:

> Sendo que a terra geralmente é ocupada por famílias de seringueiros ou agricultores, um dos primeiros objetivos dos fazendeiros é o de "limpar a área", isto é, tirar das terras os moradores que nela trabalham há 5, 10, 20 ou 40 anos, sem o menor respeito pelos direitos dessa gente. Aproveitando-se do fato de os seringueiros e colonos não conhecerem as leis agrárias e os direitos que elas lhes garantem, ou por não ter como fazê-los respeitar, é comum a prática de expulsar posseiros através de métodos como:
> não fornecimento de mercadorias para os seringueiros, obstrução de varadouros, proibição de desmatar e fazer roçados; destruição de plantação, invasão de posses, derrubada até perto das casas dos posseiros, deixando-os sem-terra para trabalhar; compra da posse e benfeitorias por preços irrisórios ou, quando muito, em troca de uma área muito inferior ao módulo, que não permitirá ao posseiro trabalhar e progredir;
> a) atuação de pistoleiros que amedrontam os posseiros numa guerra psicológica através de ameaças ou mesmo espancamentos e outras violências;
> b) ameaças feitas por policiais a serviço de proprietários, prisões de posseiros por questões de terra sem ordem judicial ou por ordem judicial sem que se tenha movido a ação competente.[94]

O principal organismo de representação dos *sulistas,* a UDR, nunca gozou de legitimidade em termos de confiança, pois se utilizava de seus ativos financeiro e político para fazer valer uma relação verticalizada com

---

[94] CPI da Terra. Diário do Congresso Nacional (Sobrinho, 1992).

elementos clientelistas que não conseguiram manter-se no tempo e no espaço daquela sociedade. Quando esses fazendeiros se utilizavam de trabalhadores regionais para, de forma violenta, expulsar os posseiros e seringueiros, acontecia, muitas vezes, que o convencimento destes trabalhadores se dava de forma pacífica com argumento do tipo: "por que vão desmatar essas terras, elas são nosso sustento?", "vocês também são trabalhadores como nós, de que lado vão ficar?".

> Uma coisa interessante, com relação aos "empates", é que por mais que os seringueiros tenham sido violentados, mortos, mas os seringueiros sempre fizeram os empates de forma pacífica, nunca aconteceu sequer um tumulto, algum ferido, até porque o fazendeiro não estava lá, quem estava lá eram os trabalhadores e aí trabalhador com trabalhador se entendia.[95]
>
> O conflito foi sempre com o peão, porque o dono da fazenda, o gerente da fazenda, eles nunca vinham, quem vinha era o "gato"[96] e os peões", era esse pessoal que vinha. Depois a polícia começou a se envolver também, mas nunca houve um conflito de disparo de arma, de pancadaria, essas coisas, porque nós tínhamos muito cuidado, o Chico Mendes era uma pessoa muito consciente, era uma pessoa que não queria conflito dos trabalhadores uns com os outros e quem estava lá desmatando era trabalhador também, que não tinha emprego, nem coisa nenhuma, que eram seduzidos pelos "gatos" da fazenda para virem fazer o desmatamento. Teve momentos que houveram discussões acirradas, a gente teve medo deles faltarem o equilíbrio e partirem com a foice, estas coisas..., mas graças a Deus isso nunca aconteceu, eles foram sempre pacíficos.[97]

Esse componente relacional entre os agentes sociais, no sentido de pertencimento, é um dos principais eixos em que se sustentou a confiabilidade dos atores sociopolíticos do MSA. A relação do *sulista* com a comunidade se apoiava em uma relação vertical clientelista para recrutar apoiadores; e, como disse Putnam (1994), em uma relação desta natureza,

---

[95] Entrevista do Presidente do Diretório Municipal do PT de Xapuri Francisco de Assis Monteiro e um dos envolvidos nos "Empates" da década de 1970 e 1980, ao autor.

[96] Aquele que recruta trabalhadores, servindo de intermediário entre o empreiteiro e o peão (Dicionário Aurélio da Língua Portuguesa, 2003).

[97] Entrevista do Vereador do PT de Xapuri Raimundo Mendes de Barros ao autor em 09.01.2003. Raimundão, como é conhecido, é primo do falecido líder sindical Chico Mendes e um dos principais ativistas do final da década de 1970 e 1980, tendo participado na maioria dos "Empates" ocorridos na região do Vale do Alto Acre.

caracterizada pela dependência e não pela mutualidade, é mais provável que exista oportunismo por parte do patrão (exploração) e do cliente (encolher o ombro), isto é assim porque as redes horizontais são as que ajudam a resolver os dilemas da ação coletiva e não as verticais.

4.2.2 As Reservas Extrativistas: argumentos com resultados

A identidade interna deste movimento, portanto, seus laços fortes ou sentimento de pertencimento, se fortalece ainda mais quando a posição reativa contra os desmatamentos e a expulsão desses trabalhadores se converte em um mecanismo proativo ao Estado em relação a seus problemas. O movimento consolidará esse elemento de identidade interna, quando propõe a criação das Reservas Extrativistas, passando a ser o elemento institucional formal que os unifica em torno daqueles objetivos a que já nos referimos: a preservação da terra e do modo de vida desse trabalhador.

> Reserva Extrativista é uma área ocupada por populações que utilizam, tradicionalmente, recursos de base extrativa para exploração de subsistência e comercial, transformada em área do poder público e administrada, através de concessão de direito real de uso, por comunidades locais. Pode ser definida simultaneamente como área de conservação e de produção, uma vez que a exploração de recursos naturais depende de plano adequado de manejo (Alegretti, 1994, p. 20).

A Reserva Extrativista se constituirá no principal argumento dos seringueiros para elevar a um nível de alianças suas propostas, tanto a nível governamental como de suas próprias populações. Como salienta Alegretti (1994, p. 20):

> As Reservas Extrativistas podem ser, portanto, consideradas como reservas de desenvolvimento sustentado, nas quais atividades econômicas baseadas na extração de produtos da floresta, na agricultura, na criação de animais domésticos, assim como na industrialização destes produtos, podem ser desenvolvidas desde que atendam a critérios de sustentabilidade e de retorno social. Do ponto de vista econômico, portanto, busca-se a transformação de uma economia dependente do extrativismo para outra baseada em sistemas agroflorestais.

Fugindo daquele dilema, em que muitos autores colocavam os movimentos sociais da década de 1980, ou seja, da perda de autonomia ao receberem tratamento em termos de políticas públicas às suas demandas, ultimamente, as propostas do MSA vêm recebendo tratamento diferenciado pelo Governo Federal em parceria com os moradores tradicionais da Amazônia. Vejamos as afirmações de um relatório do "Projeto RESEX: Um Futuro sustentável para a Amazônia":

> Criadas no início dos anos 90, as Reservas Extrativistas apresentam-se como alternativa à Reforma Agrária na Amazônia. Trata-se de áreas extensas, de propriedade da União e geridas coletivamente pelas populações residentes. Destinam-se a atender a necessidades sociais e ambientais: manter a floresta em pé e assegurar vida digna a seus moradores (Moreira, 1999, p. 7).

Como podemos notar, o próprio Governo Federal incorporou o argumento da indissociável relação entre o homem amazônico e a preservação da natureza presentes nos argumentos dos primeiros articuladores dessa ideia: os extrativistas.

No momento da elaboração desse estudo, no Brasil existem 30 Reservas Extrativistas, sendo 23 na Amazônia Legal. As demais estão distribuídas nas regiões Sul, Sudeste e Nordeste, são reservas extrativistas de recursos florestais e recursos pesqueiros, são ao todo 5 milhões de hectares de áreas protegidas (Jornal Página 20, 2000).

Atualmente (2003), existem no Acre duas Reservas Extrativistas. A do Alto Juruá, que foi a primeira a ser criada no Brasil (Decreto n. 98.863 de 23/01/90), com uma área de aproximadamente 5.061 KM². Localizada no extremo-oeste do estado do Acre, no município de Marechal Thaumaturgo de Azevedo e tem como gestora a Associação dos Seringueiros e Agricultores da Reserva Extrativista do Alto-Juruá (ASAREAJ). A outra Reserva Extrativista é a Chico Mendes, a maior e mais populosa entre as Reservas Extrativistas, foi criada logo após a morte desse líder ambientalista (Decreto 99.144, de 12/03/90), com uma área de 9.705 KM². Localiza-se no Estado do Acre, abrangendo os municípios de Assis Brasil, Brasiléia, Xapuri e Sena Madureira. A gestão desta Reserva está a cargo de três Associações: Associação dos Moradores da Reserva Chico Mendes – Brasiléia (Amoreb), Associação dos Moradores da Reserva Chico Mendes – Xapuri (Amorex) e Associação dos Moradores da Reserva Chico Mendes – Assis Brasil (Amoreab), (Projeto RESEX, 1999).

A capacidade que teve o MSA de manter a unidade de argumentação para a criação das Reservas foi tanta que estas se multiplicaram na Amazônia e no Brasil. O que era um modelo para preservar o espaço destes extrativistas deixou de ser uma alternativa *reativa* para se tornar um modelo de Reforma Agrária diferenciada para trabalhadores extrativistas. Sobre o resultado dessa iniciativa, é importante o modo como se refere a ele o primeiro Presidente do Conselho Nacional dos Seringueiros e Prefeito do município de Xapuri:

> Para mim significa, o resultado de um sonho, que era de um dia se ter no Brasil uma política de Reforma Agrária diferenciada. Graças a Deus deu certa essa experiência da Reserva Extrativista, que é uma questão da terra. Só que ela avançou tanto dentro da sua concepção, que a questão da Reserva Extrativista não ficou só questão da terra, hoje nós temos Reserva Extrativista marinha. Por exemplo, lá em Santa Catarina nós temos uma imensa ilha que é uma reserva extrativista[...]. Foi espelhada na daqui. Porque que lá em Santa Catarina tem uma Reserva Extrativista? Porque quando nós defendíamos a ideia da Reserva Extrativista, era exatamente para garantir o direito da posse ao seringueiro e garantir a proibição dos invasores dentro das colocações dos seringueiros. A reserva extrativista marítima é a mesma coisa, são os pescadores de lá, que moram naquela região e que muitas vezes viam a área de pesca deles, principalmente da lagosta, serem invadidas por grandes empresas pesqueiras que vinham até de outros países, até do Japão. Então, como nós lutávamos aqui para criar as Reservas Extrativistas, para de fato tirar de dentro dos seringais os latifundiários, os fazendeiros, os madeireiros, lá em Santa Catarina eles também começaram uma luta para criar Reserva Extrativista para tirar as grandes empresas pesqueiras do meio das ilhas deles. Essa experiência foi muito importante, porque foi exatamente com esse conceito que nós criamos essa reserva da qual eu me referi, como já criamos outras reservas, por exemplo, no Serrado de Goiás, de Valparaíso, nos temos uma reserva de flores, que é uma área de grande fazenda que os coletores de flores do Serrado se mobilizaram, porque não tinham direito nem de entrar dentro da área, porque o Fazendeiro não deixava e com muita luta eles conseguiram conquistar essa área de terra para eles. Então, a Reserva Extrativista foi uma experiência tão importante aqui em Xapuri que

ela conseguiu se espalhar no Brasil inteiro, hoje temos Reservas Extrativista na Bahia, lá na área do Dendê, nós temos Reservas Extrativistas de flores em Goiás, Reserva Extrativista da pesca, temos Reserva Extrativista lá no Rio de Janeiro, em todos os cantos do Brasil, temos reservas extrativista do babaçu lá no Maranhão, agora está sendo criada uma nova Reserva Extrativista no Pará em uma região da ilha do Marajó, também vinculada diretamente à pesca, então, tudo isso para mim, a Reserva Extrativista representou a abertura de um debate, a implantação de um novo conceito de reforma agrária no Brasil.[98]

4.3 O CAPITAL SOCIAL DO TIPO *BRIDGING* (CAPITAL SOCIAL INSTITUCIONAL FORMAL) DO MSA E O APROVEITAMENTO DE OPORTUNIDADES POLÍTICAS

O MSA passou por etapas que muitos dos cientistas sociais no Brasil caracterizam como peculiar à grande maioria dos movimentos sociais que nasceram no bojo da redemocratização do país, final dos anos de 1970, e que recebe o epíteto de a Era da Participação. Esses movimentos foram elevados à condição de portadores de uma nova identidade discursiva: democracia de base, livre organização, autogestão, direito à diversidade, respeito à individualidade, identidade local e regional, liberdade coletiva.[99] Nesta fase, o MSA esteve muito influenciado pela Teologia da Libertação, que foi um dos principais aliados desse movimento. Entretanto, esse movimento não ficou preso a um preceito básico da Igreja Católica, que ensinava que os pobres marginalizados deveriam criar mecanismos de participação direta pelos setores da população desprovidos do ler, do poder e do saber (Alves, 1985). De acordo com Rudá Riccci (2003), o ideário dos movimentos dos anos de 1980 tinham cinco elementos constitutivos: a) autonomia; b) adoção de democracia direta; c) sentimento anticapitalista; d) relações de poder e processo decisório horizontalizados; e) sentimento anti-institucionalista. Este autor salienta que muitos estudos ressaltaram esses elementos como sendo favoráveis a práticas corporativas, porque tinham como referência o local, o imediato, o particular e que, portanto, dificilmente conseguiriam transformar as demandas específicas, das quais eram portadores, em direitos universais (Ricci, 2003).

---

[98] Entrevista do Prefeito de Xapuri Júlio Barbosa de Aquino, ao autor.

[99] Sobre esta nova fase do movimento sociais no Brasil, ver especialmente: Krische e Scherer-Warren (1987).

No Acre, apesar da presença desses elementos que, de certa forma, serviram para criar uma identidade interna dos movimentos, ela foi superposta por uma estratégia de alianças que extrapolava o ideário citado da Teoria da Libertação, elaborando uma metalinguagem própria para se aproveitar das oportunidades políticas, que o cenário transicional colocava para esses estratos sociais e, dessa maneira, articular novos aliados.

4.3.1 Igreja, sindicato, universidade, imprensa, comunidade internacional. Das alianças à disputa política nas instituições formais do Estado de direito

Um dos aspectos mais interessantes do MSA foi sua entrada na disputa política, antes que o fizesse a maioria dos demais movimentos similares no Brasil. Se, por um lado, é certo que a maioria das suas lideranças são formados pelas Comunidades Eclesiais de Base, por outro, essa formação recebeu também um conteúdo político heterogêneo, que vai do marxismo ortodoxo a um movimento de "revisão" de premissas que sustentavam, inicialmente, a sua mobilização, principalmente a de suas lideranças. Contudo, é importante analisar por que esse movimento conseguiu colocar na agenda política suas demandas, de forma a receberem um tratamento em termos de políticas públicas. Acreditamos que, para explicar um processo heterogêneo como o que estamos analisando, é importante ratificar o que estamos apontando como sendo um traço distintivo do MSA: sua capacidade de criar membresia entre seus membros e outros aliados potenciais. Vejamos o que dizem as principais lideranças desse movimento, as quais estão nas instituições representativas do Estado de Direito, sobre o período que consideramos como sendo anterior ao ciclo de protesto, ou melhor, a gênese heterogênea do MSA e sua relação com seus aliados:

> O início da minha relação com o movimento se deu quando eu ainda estava estudando e militava no movimento estudantil. A expressão pública da minha militância surgiu em 1983, 1984, quando o Brasil entrou numa luta por eleições diretas e tanto eu quanto o hoje Senador Tião Viana militávamos; eu em Brasília e ele em Belém, no movimento estudantil e também naquele período, no começo dos anos 80, eu tive um primeiro contato mais direto com o movimento dos seringueiros, quando da criação do Conselho

Nacional dos Seringueiros, cujo o primeiro Encontro foi na Universidade de Brasília e ali eu estabeleci um contato mais direto com o Chico Mendes.[100]

A minha participação no movimento de Xapuri e no movimento sindical aconteceu através do contato que eu tive com o próprio Chico Mendes, em um encontro da Comissão da Pastoral da Terra em que ele foi dar uma palestra. A partir daí, eu ainda era bastante jovem e ele me convidou para conhecer Xapuri. Quando eu comecei a entrar em contato com a realidade de Xapuri, logo achei aquele movimento muito interessante, tinha tudo a ver com o que a gente estava começando a aprender com a Teologia da Libertação nas Comunidades Eclesiais de Base, e que o próprio Chico fazia parte. [...] Depois, quando eu entrei na Universidade e comecei a participar do movimento estudantil, esta relação se aprofundou cada vez mais e aí talvez já tenha uma elaboração política e teórica do que acontecia, e quando em 1984 fundamos a CUT aqui no Acre, o Chico foi eleito o coordenador e eu a vice, aí a gente já estava uma relação de trabalho muito mais intensa; eu representava a CUT no Estado, por que ele sempre estava em Xapuri e sempre que tinha qualquer que fosse o tipo de movimento eu me deslocava até Xapuri e ficava lá dando algum tipo de suporte político de articulação junto com o sindicato em nome da CUT [...] Eu acho que a morte do Chico Mendes só evidenciou um processo denso que existia e que não era conhecido sobretudo no Brasil, mas que já tinha uma espécie de coalizão muito interessante que passava pelo Rio de Janeiro, Paraná, São Paulo - um pouquinho com a presença do Fábio Feldman[101] na Constituinte,- e nos Estados Unidos, na pessoa Stephan Schwartzman,[102] no Paraná a Maria Alegretti,[103] no Rio de Janeiro o Fernando Gabeira.[104] Agora, a

---

[100] Entrevista do Governador do Estado do Acre, Jorge Viana, ao autor.

[101] Deputado Federal, 1987-1991, SP, PMDB; Deputado Federal, 1991-1995, SP, PSDB; Deputado Federal, 1995-1999, SP, PSDB; Licenciou-se do mandato de Deputado Federal na legislatura 1991-1995, para exercer o cargo de Secretário do Meio Ambiente do Estado de São Paulo, de 1º a 31 de janeiro de 1995. Licenciou-se do mandato de Deputado Federal na legislatura 1995-1999, para exercer o cargo de Secretário do Meio Ambiente do Estado de São Paulo, de 2 de fevereiro de 1995 a 2 de abril de 1998 (Câmara dos Deputados, 2003).

[102] Desenhador de estratégias para proteger as florestas tropicais e os povos indígenas, particularmente da floresta brasileira. Representante internacional do Instituto Sócio- Econômico (1986-1987); Coordenador da US Brazil Tropical Forest Action Network (1986); consultor do Anthropology Resource Center (1984-1985). Ph.D., Anthropology, University of Chicago (Environmental Defense, 2003).

[103] Atual Secretária da Amazônia no Ministério do Meio Ambiente do Brasil.

[104] Deputado Federal, 1995-1999, RJ, PV; Deputado Federal, 1999-2003, RJ, PV; Deputado Federal, 2003-2007, RJ, PT; Presidente do PV, Rio de Janeiro, RJ, 1984- 1989; Representante do PV, 1995-2001 (Câmara dos

> morte do Chico Mendes tornou isto evidente, ela de certa forma deu relevo a esta luta. Com certeza se não tivesse essa densidade anterior, a morte dele estaria circunscrita à muitas que tivemos no movimento, sobretudo no movimento dos trabalhadores que faziam resistência contra a violência na terra, então, eu acho assim: este processo adquiriu uma nova dimensão com o assassinato do Chico Mendes, mas seria completamente equivocado pensar que o assassinato em si gerou o conteúdo político desta nova dimensão, este conteúdo já estava posto e é exatamente por isto que a morte do Chico Mendes teve tanta repercussão.[105]

Como podemos constatar, na fase inaugural, potencializadora de aliados, o movimento se articula em um campo amplo, que permite à aproximação de lideranças de vários segmentos. Em um período em que o discurso desse movimento ainda era difuso, o "óleo lubrificante", que nos falam os sociólogos, teve um papel importante não só em termos de tratamento dos *marcos de significados* pelos aliados potenciais. Permitiu um aproveitamento de oportunidades políticas, já que ambos, o movimento e os aliados potenciais, perceberam o *timing* certo de se articularem em redes. No discurso das duas lideranças citadas se podem relacionar alguns aliados que, naquele momento, só tinham em comum essa lógica da ação solidária: o movimento estudantil, a universidade, a igreja, as associações sindicais, elite intelectual, entre outros. Esta é a dimensão do capital social que percorre a trajetória do MSA, seja na sua gênese, seja no desenvolvimento e em seu atual estágio, ou como frisamos no início deste capítulo, o *antes*, o *durante* e o *depois* do ciclo de protesto desse movimento.

Quando no ano de 1989, o MSA realiza o *I Encontro dos Povos da Floresta e II Encontro Nacional dos Seringueiros* — que ratificou a união entre indígenas e seringueiros — as alianças entre o movimento e seus aliados ficaram mais evidente. Apesar de ter sido o ano posterior à morte de Chico Mendes e o clima de tensão ainda demarcar a pauta das discussões, é interessante como a imprensa, artistas, Igreja e Sindicatos se apresentam no cenário com um discurso bem mais articulado, em torno dos temas que inicialmente os mobilizou: a preservação do modo de vida dos povos da floresta e da natureza.

Deputados, 2003).

[105] Entrevista da Ministra de Meio Ambiente do Brasil, Marina Silva, ao autor.

Fazendo uma incursão no período em que se realizou o *I Encontro dos Povos da Floresta e o II Encontro Nacional dos Seringueiros*, é possível verificar como esse movimento toma dimensões nacionais e globais, graças a essa capacidade de articular suas demandas internas com seus potenciais aliados, se aproveitando da expansão das *oportunidades políticas* daquele momento. Algumas matérias nos principais jornais de circulação local, nacional e internacional dão uma ideia de como foi importante o aproveitamento do *capital social do tipo ponte,* entre o movimento e seus aliados:

> **Povos da Floresta querem União**. Índios e seringueiros debaterão durante uma semana a criação de reservas extrativistas [...] O encontro terá a participação de entidades conservacionistas do Brasil e do exterior, jornalistas estrangeiros, Alexandre Cockeurm do **The Wall Street Jornal** (O ESTADO DE SÃO PAULO, 26.03.1989).
>
> **UDR cria disputa por direito autoral para dificultar filme sobre Chico Mendes**. O filme sobre a vida de Chico Mendes está ameaçado de não sair porque sua primeira mulher, Maria Eunice Feitosa, orientada por advogados da UDR, está exigindo pagamentos pelos direitos autorais. Como a última companheira de Chico Mendes – Ilzamar – e os seringueiros organizadores reivindicam o pagamento para a Fundação Chico Mendes, é muito possível que as grandes produtoras norte-americanas pensem duas vezes antes de jogarem US$ 20 milhões numa história que pode produzir discussões jurídicas.
>
> Apesar de não ser um tema prioritário nos debates do 2º Encontro Nacional do Seringueiros, o filme sobre a vida de Chico Mendes é uma das questões mais faladas nos bastidores do evento que começou ontem com um longo programa cultural e a leitura de um manifesto dos artistas,[106] feita por Paulo Betti (Folha de São Paulo, 26.03.1989).

[106] O manifesto em tela foi assinado na sua maioria por artistas, cineastas, humoristas, cantores, intelectuais, políticos, escritores. Dizia o Manifesto: "Na antevéspera do Natal de 1988, o Brasil se deparou com a consumação do assassinato do sindicalista Chico Mendes. Teria sido apenas mais um crime cometido pelos senhores da terra, mais um capítulo da encenação de seus podres poderes. Não foi. Ao contrário de tantos outros crimes, com os quais certa canalhice brasileira aprendeu a conviver, este crime já tinha sido proclamado de véspera aos quatro ventos. Muito tempo antes de sua morte, por força de uma sentença decretada em segredo, Chico Mendes já era um homem morto.

A opinião pública, mais uma vez, foi atravessada por um sentimento de profunda revolta. Por mais que as elites patrocinassem nos últimos tempo uma pedagogia do cinismo, era inevitável a constatação de que vivemos sob o signo de uma cidadania bastarda, que nos nega os direitos mais elementares, como direito à vida, à opinião e à segurança. E, mais uma vez, instalou-se em nós o sentimento de que, embora sendo um país, o Brasil ainda não é uma nação capaz de responder por sua dignidade. Na melhor das hipóteses, é uma indignação.

Encontro marcará nova postura ecológica, prevê João Alves. O Ministro João Alves, que presidirá a VI Reunião de Ministros de Meio Ambiente da América Latina e do Caribe, prevê que o encontro – com representantes de 32 países e observadores da ONU e dos países industrializados – abordará a questão ecológica sob uma nova ótica: a conservação da natureza conciliada com a necessidade de desenvolvimento. As técnicas começam amanhã e o encontro de ministros ocorrerá nos dias 30 e 31 (O Globo, 26.03.1989).

Índios e seringueiros selam união da floresta. Uma autêntica pajelança para iluminar os caminhos na luta dos índios, seringueiros, ribeirinhos e colonos pela preservação da Amazônia abriu o I Encontro dos Povos da Floresta, sábado à noite no Ginásio coberto [...] O ator da TV Globo Paulo Betti leu um manifesto dos artistas do Rio de Janeiro em apoio ao movimento [...] Compareceram ainda o vice-presidente da CUT, Avelino Ganzer, o Deputado Federal do PT, José Genoino, a presidente do Instituto de Estudos da Amazônia, Mary Alegretti, e o Bispo da Diocese de Rio Branco, Dom Moacir Grechi, e o indigenista Terry Aquino (A Gazeta, 28.03.1989).

Seringueiros devem parar rodovia contra desmate. Os seringueiros que moram na rodovia Transacreana, a cem quilômetros de Rio Branco, vão realizar, em data ainda a ser marcada, um "empate" – protesto em que os seringueiros

---

Agora, quando se prepara o 1º Encontro dos Povos da Floresta, Osmarino Amâncio, outro líder e companheiro de Chico Mendes, está jurado de morte. Tocaiado há alguns dias por pistoleiros, Osmarino escapou por acaso. Decidiu recorrer às autoridades. Numa inaceitável exibição de descaso, ou sarcasmo, ou convivência, as autoridades lhes forneceram uma segurança...desarmada.

Diz a filosofia que todas as coisas na História acontecem duas vezes: a primeira, sob a forma de drama; a segunda, sob a forma de farsa. Num país que aspira a ser nação, é inaceitável que as forças mais retrógradas continuem encenando impunemente a sua farsa. A não ser que os poderes públicos tenham o plano secreto de destruir de vez a cidadania e incitar as formas mais desvairadas de rebeldia.

Osmarino está jurado de morte.

Chega de mortes anunciadas.

A gente não quer mais ser jurado de morte. A gente quer ser jurado de vida.

Assinam o documento: Aderbal Júnior; Ana Aruda; Antonio Callado; Artur Moreira Lima; Aldilene Miller; Afonso Pomarro Sant'anna; Ana Borges; Alcides Borges; Ana Carolina; Adriano de Aquino; Alessandro Porro; Betty Faria; Bráulio Pedroso; Cidinha Campos; Cacá Diegues; Carlos Eduardo Novaes; Cecil Thiré; Cláudio Marzo; Chiquinho Brandão; Carlos Augusto Strazer; Cristina Pereira; Chico Buarque; Chico Caruso; Domingos Oliveira; Darcy Ribeiro; Denise Bandeira; Elba Ramalho; Eduardo Escorel; Eduardo Mascarenhas; Edilson Santos; Eliane Giardini; Egberto Gismonti; Fagner; Francisco Cuoco; Flávio São Tiago; Guta Matos; Geraldo Carneiro; Hugo Carvana; José Wilker; Joana Fomm; Juca de Oliveira; José Rodrigues; José Loureiro; Lucinha Lins; Lima Duarte; Lutero Luiz; Luiz Alberto Py; José Joffily; Marieta Severo; Marina Colassanti; Marta Alencar; Murilo Moreira; Mariza Leão; Marcelo Rubem Paiva; Maitê Proença; Maurício Mattar; Marília Kranz; Mário Lago; Mayara Magri; Marcio Souza; Nilson Barbosa; Nelsson Xavier; Oscar Niemeyer; Osmar Prado; Paulo Betti; Palmério Dória; Renato Martins; Stella Freitas; Sérgio Mamberti; Sérgio Resende; Sílvia Sangirardi; Tarso de Castro; Walter Lima Junior; Yam Michalski; Zélia Viana; Francis Hime; Olívia Hime.

bloqueiam a estrada deitados no chão – para impedir o desmatamento de uma área de cerca de dois mil hectares. A denúncia do desmatamento foi feita ontem, durante o II Encontro Nacional de Seringueiros e Povos da Floresta, realizado desde sábado em Rio Branco [...] (O Globo, 28.03.1989). **Índios e seringueiros denunciam madeireiras.** Os organizadores do 1º Encontro Nacional dos Povos da Floresta encaminharam ontem ao representante da Procuradoria-Geral da República, presente à reunião, Carlos Eduardo Vasconcelos, um documento denunciando desmatamentos, caça e pesca predatória nas reservas extrativistas e indígenas praticadas por empresas madeireiras. Foi o primeiro resultado prático do Encontro e uma constatação dos problemas que mais afetam índios e seringueiros [...] (Jornal do Brasil, 28.03.1989).

Is wave of Future. (...) The rubber tappers who once helped advance the Industrial revolution of more than a century ago are still collecting latex deep inside the Amazon rain forest. There is no longer much demand for their natural rubber, but environmentalist see these forest people as bearers of a message ever more pressing in a world where nature is widely abused (...) (THE NEW YORK TIMES, 1989, sem mais dados).

Amazzonia e indios alla festa della fgci. A Etnopolis, allla festa nazionale della Fgci si è parlato della lotta dei seringueiros (i lavoratori che estraggono il cauciù dagli del Brasil), dell'omicidio del loro leader, l'ecologista Chico Mendes, della difesa deglo indios e dell'Amazzonia. A un incontro stampa tenuto ieri hanno partecipato Carlos Federico Mares, direttore del nucleo diritti indigeni e difensore della causa degli indios di fronte alla Banca mondiale e Raimundo Mendes de Barros, cucino di Chico Mendes, del consiglio nazionale dei seringueiros [...] (Il Giorno, 22.07.1989).

I Seringueiros di Chico Mendes a Etnopolis. Raimundo Mendes de Barros, membro della direzione nazionale dei Seringueiros brasiliani, e Carlos Frederico Marés, direttore del nucleo diritti indigeni e difensore degli indios di fronte alla banca mondiale, hanno dovuto superare non poche difficoltà per arrivare a Etnopolis, la città festa della Fgci. L'Amazzonia, la difesa dei popoli della foreta (dagli indios ai seringueiros i "raccoglitori di gomma") irrompono cosi nella festa multirazziale dei giovani comunisti (Il Manifesto, 22.07.1989).

As citações das pautas de jornais locais, nacionais e internacionais nos servem, no mínimo, como um indicador de como o MSA se aproveitou do momento para articular uma rede de colaboradores e de apoio. Muito dos resultados que alcançou esse movimento se devem a essa capacidade de articulação em rede entre entidades conservacionistas nacionais e internacionais, jornalistas, artistas, centrais sindicais, PT e Igreja Católica.

4.3.2 Os círculos virtuosos e viciosos do MSA e da UDR

Contudo, pelo fato de o movimento estar em condições mais favoráveis tanto do aproveitamento das oportunidades políticas, como de aumentar seu capital social do tipo *ligamento* com seus aliados, existiam os adversários que aproveitaram esse momento para colocar na agenda novas abordagens para o problema da preservação da natureza e do modo de vida dessas populações. Na mesma época em que estamos analisando esses novos fatos que geravam janelas de oportunidades para o movimento e que poderiam ser maximizadas, também, por seus opositores, houve diferentes usos por ambos grupos litigantes.

Enquanto o MSA buscava novos aliados para sua luta, a UDR, que representava os fazendeiros da região do Acre, se posicionava contrária aos encaminhamentos que pudessem acontecer no "Encontro dos Povos da Floresta". Se consideramos que essa entidade se posicionava de forma conservadora para o momento, neste sentido, seria difícil imaginar que pudessem se aproveitar das oportunidades que se colocavam naquele estágio do processo político.

> Os fazendeiros do Acre estão muito apreensivos com as deliberações que seringueiros e índios possam definir até o final do Encontro dos Povos da Floresta. Ao mesmo tempo, acusam as lideranças do movimento de dramatizarem a respeito de conflitos pela posse das terras na Amazônia, especialmente as do Acre. A proposta de um zoneamento agroecológico e da criação de reservas extrativistas não agrada a nenhum dos produtores rurais da região.
> O fazendeiro Dirceu Zamora, proprietário de 16 mil hectares e novo dirigente da UDR acreana, acusa a esquerda brasileira de tentar conter o desenvolvimento da região. "Seremos o celeiro da produção de alimentos do mundo", promete ele. O ex-presidente da UDR local, o também fazendeiro João Branco, diz que, se dependesse dele, apenas 5% dos 15 milhões de hectares do Acre seriam preservados. "Os eco-

> logistas deveriam se preocupar mais com as 10 mil vítimas fatais da malária na Amazônia todo ano", acusa Branco. João Branco chega a dizer que, se o governo brasileiro tivesse bom senso, desenvolveria no Acre todos os seus projetos de pesquisa nuclear. Segundo ele, a região é pouco povoada e a instalação de usinas nucleares representaria pouco risco no caso de um acidente. "O perigo é uma usina ficar no Sul", explica ele (Jornal do Brasil, 28.03.1989).

Os descobrimentos de Putnam (1994), sobre as redes verticais e horizontais, nos parecem apropriados para apontar esse traço distintivo dos oponentes dos MSA, já que as redes verticais, por muito densas que possam ser para seus participantes, não podem manter a confiança e a cooperação, possivelmente, pelo fato de que a informação vertical é assimétrica e não pode se utilizar de uma história de cooperação (Putnam, 1994). Se capital social, para a maioria dos estudiosos do tema, é visto como um recurso que possui uma determinada comunidade, podemos dizer que à UDR faltou esta rede densa de cooperação que caracterizou o MSA.

Entre as críticas que atualmente se faz ao conceito de capital social está a de que existe também um lado escuro, ou *downside*, do capital social, significando que, se o capital social pode incluir, pode, ao mesmo tempo, ser excludente de partes da sociedade. Apesar de não ser nossa intenção estudar o capital social negativo do processo político analisado aqui, é interessante apontar junto de Agosto (2002) que, considerando os traços negativos do capital social, é importante assinalar o associacionismo vertical e horizontal, já que os laços horizontais outorgam às comunidades sentimentos de identidade e de propósitos comuns. Já os verticais atuam como ponte para outros setores, como pode ser o acesso à informação. O poder de cada grupo vai depender da capacidade de pressão que possam exercer no meio, ou melhor, o associacionismo vertical ou horizontal não é determinado somente por vínculos no interior das organizações, porém, também entre estes e seus interlocutores (Agosto, 2002).

Voltando a 1988, ano da morte de Chico Mendes, verificamos uma série de atos não cooperativos entre os próprios membros da UDR. Com a morte do sindicalista Chico Mendes, a imprensa e a comunidade local passaram a insinuar a participação desta entidade na trama da morte de trabalhadores rurais, o que foi rebatido pelo seu presidente:

> Quando se vai tocar um boi brabo do curral, nunca se devem fechar todas as saídas. Sempre é recomendável deixar alguma aberta, pois do contrário o boi investe contra você. Segundo o dirigente da UDR, assim são os irmãos Darli e Alvarino Alves, "bois brabos e encurralados", que já tinham fugido de Minas Gerais para o Paraná e do Paraná para o Acre. Em Xapuri, investiram dinheiro na compra do Seringal Cachoeira, onde Chico Mendes e seus seringueiros realizaram, ano passado, um *empate* (concentração pacífica de pessoas para impedir o desmatamento). Por causa desse *empate*, o seringal foi desapropriado pelo Ministério da Reforma Agrária, por uma ninharia de dinheiro até hoje não pago. Se não bastasse isso, sempre segundo João Branco, Chico Mendes, ao descobrir os crimes que eles haviam cometidos no Paraná, botou-os novamente para fugir (Jornal do Brasil, 26.12.1988).

O capital social (negativo) gerado pela organização dos fazendeiros, realmente, não coaduna com ideia da cooperação, no sentido de criar mecanismo visando a melhora das instituições do Estado de Direito, tampouco com a ideia de cooperar para manter um discurso identitário. Em uma entrevista ao *Jornal do Brasil* de 30 de abril de 1989, uma das principais testemunhas no caso Chico Mendes, o garoto Genésio, que morava na fazenda de Darli Alves, desmente tudo que foi afirmado por João Branco, citado anteriormente:

> – Quem visita a fazenda?
> – Visitava o João Branco (advogado da UDR, um dos donos do Jornal Rio Branco), o Benedito Rosa, O Gastão Mota, o Delegado Enock, o Jonas Da Guabi e o Aragão.
> – O João Branco ia lá muitas vezes?
> – Ia.
> – Você ouviu alguma conversa sobre o Chico Mendes?
> – Ouvi do João Branco com o véio Darli. O véio Darli perguntou o que o João Branco achava dele matar o Chico Mendes. Ai o João Branco falou que se for igual às outras mortes que o senhor faz e num dá em nada, pode matar que se der rolo e eu poder ajudar, eu ajudo.
> – Isso foi quando?
> – Foi no mês de novembro.
> – E esse João Branco foi lá muitas vezes?
> – Foi umas cinco vezes antes da morte do Chico Mendes.
> – Ele ficava lá?
> – Num tempo ele foi e ficou uma semana.

> – Dormindo lá?
> – Dormindo, bebendo uísque.
> – Ele levava uísque ou tinha uísque lá?
> – Ele levava (Jornal do Brasil, 30.04.1989).

Não se trata de questionar se o capital social positivo é benéfico para a comunidade ou que o capital social negativo é maléfico. A intenção é demonstrar que, no caso estudado, a confiança não é um atributo de qualquer grupo social. O fato de uma entidade como a UDR se articular em torno de objetivos comuns não significa que as estratégias adotadas para chegar aos fins sejam as mais idôneas com relação à cooperação. Isso é assim porque, para gerar capital social, é necessário existir redes de compromisso cívico. Conforme Putnam (1994), quanto mais densas sejam essas redes, mais fácil a cooperação se tornará. Em suas palavras:

> As redes de compromisso cívico aumentam os custos potenciais de um desertor em qualquer transação individual. O oportunismo põe em risco os benefícios que ele espera receber de todas as demais transações nas quais está participando, assim como também os benefícios das transações futuras. As redes de compromisso cívico, na linguagem da teoria do jogo, incrementam a interação e interconexão dos jogos (Putnam, 1994, p. 220-221).

O mais importante no argumento aqui desenvolvido é apontar a relação positiva que existe entre redes de compromisso cívico e a capacidade de cooperação da comunidade. Se, por um lado, os laços fortes permitem que os membros de uma mesma posição se mantenham fiéis a um ideal inicialmente elaborado para a mobilização desses estratos, por outro, os laços fracos permitem dois tipos de comportamento coletivo: 1) pode acontecer que um determinado grupo, presente em uma comunidade, se aproveite das oportunidades políticas abertas pela disputa política, se utilizando das normas de compromisso cívico horizontalizadas, como observa Putnam, e estabeleçam uma relação de mútua ajuda entre agentes de posição diferentes; 2) A relação verticalizada estabelecida entre determinados estratos sociais diferenciados, por não ser erigida em normas de compromisso cívico herdadas ou incrementadas, pode estar fadada a fracassar, por falta de continuidade na informação necessária ao diálogo entre agentes de posições diferentes.

Para o caso aqui estudado, podemos constatar que a rede de relações sociais é muito mais fluída do que o argumento do jogo de soma zero presentes em abordagens da teoria da Mobilização de Recursos. Como já argumentamos, se uma relação de laços fortes capacita para a cooperação, uma relação de laços fracos pode ter dois resultados: um cooperante e outro não.

No caso do MSA, a contribuição de Granovetter, por meio da Sociologia Econômica, nos parece apropriada para o estudo dessa relação de confiança estabelecida entre agentes de posições iguais e diferenciadas presentes na trajetória aqui estudada.[107] Granovetter ensina que são equivocadas as duas formas de ver o comportamento econômico, ou seja, a visão de indivíduos atomizados, sem relações sociais (subsocializada) e a visão, principalmente do pensamento sociológico, de indivíduos como agentes que seguem o roteiro esperado para o seu grupo social. Esse autor propõe, para a superação dessas duas visões, a *rede de relações sociais*, ou melhor, os indivíduos escolhendo dentro de uma conexão entre eles e outros grupos (Granovetter, 1985). Como aponta Putnam (1994), é mais provável que as redes de compromisso cívico abarquem segmentos mais amplos da sociedade para reforçar a colaboração em um nível comunitário.

No caso da disputa litigiosa que estamos analisando, não é difícil perceber as formas em que os laços fortes e os laços fracos de uma comunidade estão influenciados, seja pelo capital social positivo que se desprende das relações sociais ou pelo capital social negativo que pode surgir dessa relação. O MSA estabeleceu uma relação de laços fortes com seus membros que lhe permitiu se utilizar das normas e compromissos internos, como também se aproveitar das oportunidades para forjar uma relação de laços fracos com aliados que lhe trouxera benefícios. Já a UDR, ou no melhor dos casos, os *sulistas* estabeleceram uma relação que não estava formada em torno da confiança, neste caso, os laços fracos entre comunidade e este segmento não pôde se manter no tempo, em vista da falta de confiança e informação simétrica.

A pergunta que surge da constatação acima é a seguinte: como é possível que, no caso do MSA, os laços fracos tenham permitido que os atores sociopolíticos se aproveitassem das oportunidades abertas pelo processo político e que os *sulistas* ou a UDR não tenham tido essa mesma

---

[107] Sobre a Nova Sociologia Econômica, ver Smelser e Swedberg (1994).

capacidade, já que, em ambos os casos, existiam laços fracos entre a comunidade e os dois movimentos?

Para responder à pergunta, recorreremos a Lazzarini *et al.* (2000), baseados em Granovetter (1973) e Burt (1992), quando estabelecem que, contrário ao senso comum, os laços fracos são os que são mais prováveis de gerar informação nova, tendo em vista que capacitam as relações sociais para criar uma ponte no buraco estrutural (*structural hole*). Todavia, neste caso, estamos estendendo essas afirmações para o campo do político, é possível que esse laço fraco gere tanto capital social positivo, como negativo. Vejamos como pode ser representado, no gráfico IV.1, esta rede de aproveitamento de oportunidades de capital social positivo e negativo.

Gráfico IV.1 – Rede de aproveitamento de capital social

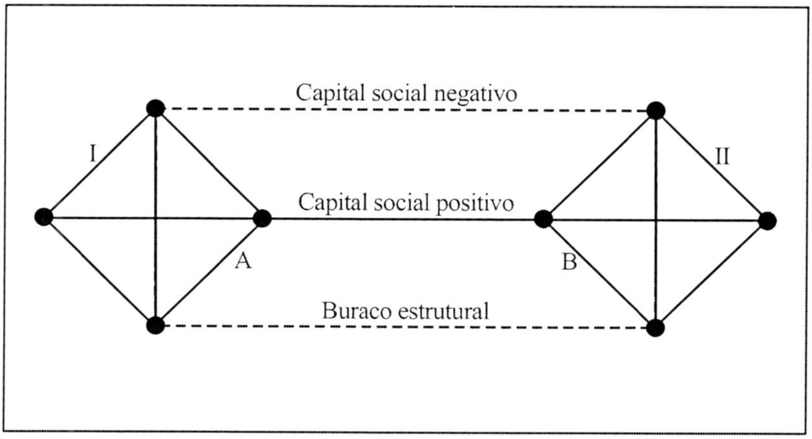

Fonte: elaboração própria a partir de Lazzarini *et al.* (2000), baseados em Granovetter (1973) e Burt (1992)

As linhas contínuas, que unem A e B, são os laços fortes, que geram capital social positivo e negativo; assim como a linha tracejada da parte de cima da figura, denotam laços fracos que geram também capital social negativo e positivo. Na última linha tracejada, está o buraco estrutural (*structural hole*) que permitirá um ou outro ator se articular em rede social, isso vai depender de quem vai se aproveitar das informações novas que surgirão na interação social da rede I e II.

O que temos no caso da figura anterior é um desenho do que acontece nos dois polos da relação entre agentes de diferentes posições e que permitem duas possibilidades: a geração de capital social positivo ou *círculo virtuoso* e geração de capital social negativo ou *círculo vicioso*. As experiências do MSA, durante a trajetória política que estamos descrevendo, foi muito influenciada por essa informação advinda de seus aliados, como também pela capacidade de criar uma fluidez do argumento relacionado ao desenvolvimento do Estado, que, em muito superou as visões paradigmáticas a respeito do desenvolvimento para a região. E que, como veremos no próximo capítulo, passam a receber um tratamento diferenciado em termos de políticas públicas na atualidade. Para verificar a força do argumento do aproveitamento das novas informações para o movimento, citemos a atual Ministra de Meio Ambiente do Brasil sobre como foi esse processo, quando se refere à herança das lutas do movimento.

> [...] Assim conseguimos andar para a frente e mudar algumas coisas nesses dez anos. Levamos adiante o sonho, multiplicamos as experiências, criando escolas, formando professores e agentes de saúde, organizando cooperativas, colocando o carro na estrada e o barco no rio. Apesar do Estado e do mercado, contra todas as expectativas, buscamos e conseguimos aliados dentro e fora do Brasil, mantendo sempre a certeza de que o único desenvolvimento real para a Amazônia é aquele em que ela pode continuar sendo Amazônia.
>
> Foi grande a mudança de mentalidade. Quem falava em desenvolvimento há dez anos? Quem tinha coragem de colocar-se contra a derrubada da floresta e suportar as acusações de ser "contra o progresso"? Poucos, bem poucos. Hoje, essas ideias são consensos firmados aos quais se converteram na prática ou ao menos na retórica, até os que a elas se opunham. Mesmo os governos mais conservadores e as empresas que demonstravam avidez de lucros sem preocupações ambientais agora reconhecem – ou, ao menos, suportam – a legitimidade das ideias de Chico Mendes (Silva, 1998).

Essa legitimidade de ideias de que nos fala Marina Silva teve um duplo efeito sobre a disputa litigiosa no Acre, tendo em vista que, se por um lado, o MSA se articulou com a sociedade e o Estado para legitimar suas ideias, é importante enfatizar que a UDR, como já mencionamos, na década de 1980, passava por um processo de deterioramento em termos de entrada na opinião pública. Essa realidade foi percebida pela entidade, que tentou a nível nacional estabelecer uma comunicação com um público mais amplo. A empresa contratada pela UDR no ano de 1987 para este fim, a Assessoria de Comunicação Ltda (ADS), dizia, naquela época, que considerava a UDR uma entidade que defendia uma causa justa, sem se preocupar com a comunicação externa. Dizia ainda que a opinião pública não estava habituada a ouvir falar alto e os membros da UDR gritavam; a empresa chegava à conclusão de que a *radicalização* contra a entidade tinha essa causa. É interessante como a entidade contratada pela UDR para levar a cabo uma reestruturação de sua imagem, faz um diagnóstico de como a entidade se portava diante da opinião pública, sendo característico os aspectos que o MSA se utilizava, de forma positiva, na sua relação com o ambiente externo ao movimento, para gerar mais capital social do tipo ponte. Vejamos o que dizia a ADS:

> [...] A primeira providência foi conscientizar os dirigentes da entidade a deixar a ideologia de lado; conseguindo isso, a agência passou a orientar a UDR no sentido de, ao criticar a execução da reforma agrária, apresentar, ao mesmo tempo, solução para o problema.
> Outro desafio foi adequar a imagem do presidente nacional da UDR. A agência percebeu que, além de berrar, Ronaldo Caiado apresentava-se rindo. Um riso que representava um deboche da opinião pública, sem querer [...] (ADS, 1997).

A orientação anterior, sobre a inadequação da crítica à Reforma Agrária sem propostas, era a tônica do momento. Se, por um lado, o MSA elaborava bem o discurso e a prática sobre as Reservas Extrativistas como mecanismo mais adequado de reforma agrária na Amazônia, por outro, a UDR regional se limitava à disputa violenta que, inclusive, culminou com a morte de dezenas de trabalhadores rurais do campo no Acre. Se, a nível Nacional, a UDR se preparava para adequar a imagem de seu presidente a desafios políticos maiores,[108] no Acre, como nos ensina Fernandez (1999), a indiferença e o desamor dos eternos forâneos em relação aos fatos, coisas e pessoas do Acre,

---

[108] O fundador e Presidente Nacional da UDR no final da década de 1980 era Ronaldo Caiado, atual Deputado Federal do PFL pelo Estado de Goiás; foi candidato à Presidência da República nas eleições de 1989 pelo PSD, tendo recebido 488.846 (0,68%) votos.

iriam amalgamar o sentimento de "acreanidade",[109] fenômeno sociocultural que permanece até os dias atuais e que, nos anos 1970 e 1980, era muito forte em relação aos empresários e especuladores do centro-sul do país, todos denominados de "paulistas" (Fernandes, 1999, p. 61):

> O acreanismo era uma ideia-força, gerada no inconformismo contra atitude impatriótica do governo brasileiro [...] e argumentava que "o acre nasceu de uma rebeldia ao conformismo. O Acre apareceu na história brasileira como um fenômeno de ordem moral". [...] O acreanismo não se tratava de nenhum regionalismo estreito; o movimento é uma ação a serviço de uma ideia, que vem de longe, que tem raízes profundas.

Voltando à pergunta sobre o porquê de o MSA ter tido mais capacidade que seus adversários políticos para colocar na pauta governamental suas demandas, nos parece apropriado manter o raciocínio a respeito das normas de compromisso cívico tão presentes nos debates atuais sobre capital social. Ou seja, acreditamos que o "óleo lubrificante" entre os membros do MSA e seus aliados externos foram importantes para incrementar capital social comunitário. No entanto, seus adversários, e o mais evidente era a UDR, além de não conseguirem estabelecer esse "óleo lubrificante" entre suas demandas e a comunidade, tiveram que se deparar durante essa disputa com a questão cultural extremamente presente no sentimento de "acreanidade".

Que uma cultura cívica possa gerar dois tipos de capital social, positivo e negativo, parece ser consenso; o que, em termos analíticos, não está claro na afirmação é quem é o portador do capital do tipo positivo e do tipo negativo. Relativizar, com relação a esse tema, parece não ser a melhor forma de encontrar a solução para o problema. Entretanto, se pode afirmar que, na medida em que um ator sociopolítico consegue se firmar na sociedade e na política, é, no mínimo, o detentor de características que lhe diferencia de outros grupos sociais sem os *stocks* de capital social e capacidade de articulação política. Esta parece ser a diferença particular entre o MSA e seus adversários, ao se criarem laços fracos com mensagens fortes. Esses atores sociopolíticos são uma esfera que, como

---

[109] O movimento denominado acreanismo nasceu no ano de 1924 como forma de luta contra a indiferença do poder central, já que depois da Resolução Acreana, não havia dado a autonomia ao Acre para definir os mecanismos institucionais de escolha de representantes. Pelo contrário, o governo central enviava representantes para o Acre, que na maioria das vezes não respeitavam a cultura e costumes dos habitantes do estado.

bem captou Garcia-Guadilla (2002), nos finais dos anos 1970, surgem na América Latina e que:

> [...] se diferencian de las organizaciones sociales previamente existentes no sólo en sus identidades y estratégias sino también en sus objetivos. No se trata de organizaciones cooporativistas como el movimiento sindical ni de organizaciones sociales formales que no reivindican la esfera política tales como las fundaciones y las asociaciones civiles sin fines de lucro. Se trata, por el contrário, de organizaciones sociales a veces estruturadas pero a veces poco estruturales e incluso informales como en el caso de los movimientos sociales que, con base en los pricípios de participación, equidad y solidariedad social, pretenden la inclusión de estos princípios dentro del ambito de lo político; también reivindican la participación en los procesos de toma de decisiones sobre los asunos que les conciernen, sea en escala local, regional o nacional. Se trata de atores sociales autónomos y diferenciados del Estado y de los partidos políticos que si bien no pretenden substituir a estos, son portadores de propuestas y proyectos de sociedad que se fundamentan en nuevos valores, racionalidades y temáticas tales como ambiente, los asuntos de género o los derechos humanos, entre otros. Los mecanismos de presión que utilizan estos atores, fundamentalmente estratégias movilizadoras, pretenden influir en la orientación de las decisiones políticas vinculadas no sólo con estos temas, sino también con la definición de los mecanismos y apertura de espacios de participación en las desiciones políticas. Es decir, demandan el "derecho a participar" en la definición de los derechos de ciudadania (García-Guadilla, 2002, p. 249).

O debate se inscreve no que Franco (2001) afirmou sobre a constituição e transformação da sociedade a partir do capital social. Ou seja, se quero constituir sociedade, tenho que partir de um certo patamar de "acumulação" de capital social, ou melhor, de cooperação ampliada socialmente. Se quero transformar a sociedade, tenho que alterar a composição, ou a quantidade e a qualidade deste capital social. Ambos dependem da forma pela qual o poder é distribuído na sociedade e como essa sociedade regula seus conflitos (Franco, 2001). O acúmulo de experiências do MSA parece tê-lo credenciado para superar os dilemas da ação coletiva que seus adversários, diferentemente, tiveram para manter um discurso com um conteúdo político. Se a transformação da sociedade passa por um processo de acumulação, é certo dizer que o MSA soube estabelecer um contínuo de retroalimentação nas várias esferas do social e do político para fugir, inclusive, do dilema da ação coletiva, tão presente em abordagens dos movimentos sociais. Pois, como bem disse Tarrow (1997), se cada movimento social tivesse que criar do zero as formas de ação coletiva, seus marcos de significado e suas estruturas de mobilização, o problema da ação coletiva seria insuperável. Um movimento de características tão heterogêneas como o MSA influi e é influenciado por uma variedade de aspectos sistêmicos, que não podem ser analisados apenas em termos do que, no início, se propunha, ou seja, dos marcos interpretativos internos ao movimento. O acúmulo de capital social, além de permitir uma maior capacidade de mobilização, permite um diálogo tão ampliado, que pode ser estudado em termos do que já dizíamos ser essa obra: uma análise sistêmica do processo político do MSA.

É sugestivo, sobre essa capacidade de acumular experiências de forma sistêmica do MSA, o discurso da sustentabilidade em termos econômicos, ambientais, culturais, políticos e éticos. No ano de 2001, sobre esses cinco eixos a então Senadora Marina Silva disse que são condições para o desenvolvimento sustentável na região amazônica, pois assegurariam um projeto de desenvolvimento que não comprometesse o crescimento econômico, a preservação ambiental e a melhoria da qualidade de vida. Os cinco eixos são assim apresentados por Marina Silva:

> O primeiro deles é que qualquer atividade a ser desenvolvida na Amazônia tem que responder à **sustentabilidade econômica**. Devemos ter projetos que tenham condições de desenvolver com garantia de compra para seus produtos, com geração de emprego e renda na região em que está sendo implementado, com qualidade de produção, para ser aceita no mercado, com gestão competente e inovadora do ponto de vista dos procedimentos que levarão à realização desse produto. Precisamos, sim, de sustentabilidade econômica para que nossos projetos, a cada ano, não precisem de apoio do Governo, seja pela renúncia fiscal, seja por outros mecanismos. Porque quando esses meios de estímulos são cortados, os projetos não tem mais como se sustentar e, muitas vezes, a maioria deles vai à falência.
>
> O segundo eixo seria o da **sustentabilidade ambiental**. Não podemos ter atividades incompatíveis com a continuidade da nossa região, a Amazônia, detentora da maior megadiver-

sidade do planeta, 22% das espécies vivas do mundo, mais de 20% da água doce do planeta e responsável pela maior parte dos remédios que estão sendo produzidos, oriundos de floresta tropical – só para se ter uma ideia. Precisamos de sustentabilidade ambiental, porque se não estaremos matando nossa galinha dos ovos de ouro.

Um terceiro eixo seria o da **sustentabilidade cultural**. Não adianta ter um projeto de desenvolvimento viável econômica e ambientalmente, que não leve em conta a diversidade cultural existente na região, pois isso poderá até inviabilizar determinados procedimentos importantíssimos para as duas sustentabilidades referidas anteriormente. Afinal de contas, muito do que já foi formulado (em termos de sustentabilidade) pode estar dando certo na Amazônia graças à síntese que vem sendo feita da atividade cultural diversificada, que envolve o índio, o caboclo, o ribeirinho, as comunidades tradicionais e até mesmo aqueles investidores que, no contato com a realidade amazônica, mudaram seus paradigmas de desenvolvimento. É fundamental que a sustentabilidade cultural esteja pautada como elemento indispensável para que a Amazônia possa contar com aporte mais significativo na defesa da sua diversidade biológica, cultural e, diria mesmo, da sua diversidade política, porque temos uma forma específica de agir, pensar e nos comportar diante de determinados aspectos da realidade social.

O outro eixo seria o da **sustentabilidade política**. Não podemos imaginar a quebra dos paradigmas atrasados de desenvolvimento, sob uma perspectiva dos grandes projetos, de que os recursos naturais são infinitos e podemos utilizá-los da forma como bem entendermos sem o risco da escassez. Essa visão é inteiramente equivocada. Para mudarmos esse paradigma, é preciso que haja formuladores no plano científico e nos espaços de poder, principalmente aqueles que operam politicamente, a fim de que esse novo projeto de desenvolvimento seja gestado por novas cabeças que formulam uma sustentabilidade política para essa nova visão econômica que deve e precisa ocorrer na Amazônia.

O outro eixo de **sustentabilidade** para o desenvolvimento da Amazônia [...] seria o que envolvesse princípios de **ética** [...] Se nos referenciarmos por um princípio ético que contemple os valores da igualdade social, do respeito ao meio ambiente e de valores de equidade para as populações hoje desprovidas, isso pautará as nossas ações no que se refere aos demais eixos de sustentabilidade. E as nossas respostas

> técnicas para os problemas sociais, econômicos, culturais e
> ambientais, com certeza, estarão imbuídas desse referen-
> cial ético, que não permitirá que a nossa técnica passe por
> cima da nossa ética e não permitirá que nossas atividades
> sejam contrárias aos objetivos que nos propomos a atingir
> (Silva, 2001, p. 21-22).

Os cinco eixos de que nos fala a autora têm, na trajetória do MSA, a característica de ser um fator que não está imune à intervenção dos agentes sociais. Porém, essa relação de retroalimentação das várias facetas do desenvolvimento, que estiveram presentes na Amazônia e no Acre em particular, são a ponta do debate que perpassa toda a discussão sobre o desenvolvimento sustentável no Acre. O ambiental, o cultural, o político e o ético são elementos de ruptura de estilo de políticas e de florescimento de novas informações que estão dentro do sistema, que, no entanto, necessitam adaptar-se às necessidades das instituições humanas citadas pela autora.

Ademais, uma dinâmica sistêmica baseada em agentes sociais, como são todas as comunidades humanas, não evoluem naturalmente ao equilíbrio, são estratégias de múltiplos atores sociais que evoluem constantemente, lentamente e outras vezes rapidamente, e as relações e instituições sociais emergem desta coevolução (Arrow, 1994).

Dizíamos, no início deste capítulo, que a intenção era demonstrar que as informações sobre o comportamento de agentes sociais fluem por meio do capital social do tipo ponte. Ainda mantemos a premissa como indispensável na explicação da evolução da cooperação dos MSA e acrescentamos que essa capacidade é muito mais complexa do que supõem aproximações que veem equilíbrios estáveis em ações solitárias e não comunitárias. A capacidade dos atores sociopolíticos de criarem redes de compromisso com suas comunidades estão no sistema complexo da interação mantida de forma lenta e, às vezes, rápida, como nos disse Arrow acima. Os programas de desenvolvimento sustentável no Acre recebem um tratamento por instituições financiadoras de programas internacionais como o Banco Interamericano de Desenvolvimento (BID), que tem essa capilaridade na interação mantida, às vezes históricas e às vezes rápidas. Peculiar foi o tratamento nestes termos que deu recentemente essa agência aos programas de desenvolvimento sustentável no Acre:

> BID apoia programa no Acre. Em junho de 98, em Washin-
> gton/EUA, Jorge Viana (Governador do Estado do Acre), a
> senadora Marina Silva e o presidente do Banco Interameri-

> cano de Desenvolvimento, Henrique Iglesias, conversaram sobre duas possibilidades futuras: a vitória de Jorge Viana para o governo do Acre e o apoio do BID a um projeto de desenvolvimento sustentável no Estado, a ser implementado pelo novo governo. Confirmada a vitória da Frente Popular, no início de 2001 foi aprovado pelo banco empréstimo de 244 milhões de dólares, **em tempo recorde** [...].
>
> O sucesso dessa operação está estreitamente vinculado à **confiança** do BID no governo de Jorge Viana. **Essa relação iniciou-se em março de 87**, quando Chico Mendes conseguiu participar da reunião do BID e disse que era a favor da BR-364 no Acre, com medidas de controle dos impactos sociais e ambientais, sem desmatamento ou expulsão de índios e seringueiros da floresta.
>
> O governador Jorge Viana e a senadora Marina Silva deverão voltar a Washington, para conversar com a direção do BID e **explicar a ONGs locais o conteúdo daquele que se transformou no Programa de Desenvolvimento Sustentável do Acre** [...] (SILVA, 2001a, grifos nossos).

Verifica-se que a confiança institucional é fomentada a partir de uma relação que, no início, parte da comunidade em outro período. E que esse capital comunitário deve ser reafirmado, em termos de apoio nos laços fracos que mantém essa comunidade, ou no melhor dos casos, no discurso dessa comunidade, em termos de conteúdo, em um sistema de retroalimentação complexo com o exterior. Em Durston (2000), verificamos que na atualidade as instituições comunitárias são sistemas complexos adaptativos. Nos diz o autor que:

> La teoría de sistemas complejos adaptativos ayuda a entender cómo las instituciones humanas pueden operar en niveles de organización que exceden la suma de las actividades individuales de las personas que las componen. De hecho, el intento por explicar el funcionamiento de una comunidad humana o de un mercado en términos de las estrategias de decisiones racionales individuales es un ejemplo de los límites del enfoque "subsociologizado". Y, por el contrario, cuando se dice que las redes densas son una condición necesaria para la *emergencia* del capital social (Coleman,1990 citado e Portes, 1998), se está tocando una cualidad clave de los sistemas complejos que ayuda a explicar porqué el capital social es una característica de las comunidades (Durston, 2000, p. 23).

Na versão preliminar do programa de governo da Frente Popular do Acre, ano de 1998, já estava escrito que o desenvolvimento passava pela incorporação de novas tecnologias, respeitando o ambiente natural e cultural do Acre, verificando-se uma disposição de quebra de equilíbrios que seja pautado apenas em supostos da herança do *antes* do ciclo que apontamos aqui:

> [...] supõe o equilíbrio entre o moderno e o tradicional. Isto implica gerar conhecimento e tecnologia, levando em conta os saberes e as práticas tradicionais das populações locais. Significa também incorporar progresso técnico sem impacto destrutivo natural e fragmentação cultural (Frente Popular do Acre, 1998).

Havíamos dito no capítulo teórico que a *subordinação à trajetória* de Putnam não nos convencia da impossibilidade de se criar capital social em sociedades com pouco história de cooperação, já que Putnam coloca a América Latina neste rol. A afirmação de que uma relação entre o antes, o durante e o depois das interações de mobilização por um determinado problema por parte de atores sociopolíticos nos leva a afirmar que a geração de capital social também é possível se partimos da ideia de que a *subordinação à trajetória* não é estática e recebe fluxos de informação que podem quebrar e reerguer equilíbrios. Como bem disse Durston (2000, p. 23):

> O conceito de equilíbrio dos sistemas econômicos e sociais foi questionado pelas versões mais recentes desta teoria dos sistemas adaptativos e complexos baseados em agentes, aplicável a uma ampla gama de áreas[...]. Esta linha teórica de recente desenvolvimento propõe dois questionamentos ao conceito de equilíbrio dual de Putnam e North, provenientes da teoria da complexidade. Em primeiro lugar, como afirma Durlauf (1997), a dependência à trajetória só se mantém até que o sistema receba um novo impacto. Em um começo, este pode ser limitado, porém se modifica a estrutura de oportunidades de distintos atores, as mudanças resultantes de sua conduta podem terminar eliminando as antigas trajetórias e criando outras novas.

O argumento aqui desenvolvido foi direcionado no sentido de explicar por que os atores sociopolíticos dos MSA conseguem pautar agendas de políticas públicas que, até pouco tempo, eram definidas por outros atores, principalmente, seus adversários políticos, como é o caso da UDR. Parece ter ficado claro que, na sociedade democrática atual, por mais que sejam locais e setoriais, a proliferação de elementos constitutivos de capital social permitem a contaminação da sociedade complexa. Os movimentos sociopolíticos como MSA se aproveitam do que Franco (2001) chamou de "*brecha democrática*" e que, no capítulo teórico, chamamos de "*desobstrução de canais institucionais*" e que coaduna com a ideia do *aproveitamento de oportunidades políticas* tão presente nesta investigação. Entendemos a cooperação ampliada de sujeitos múltiplos como uma rede que se amplia e que não é regulada por mecanismos que estão fora da realidade institucional formal e informal. Essa é, talvez, a maior das virtudes dos movimentos sociopolíticos atuais, que buscam influenciar os mecanismos de controle, regulação e ampliação das esferas públicas, públicas-não-estatal e do mercado. O modo como o capital social vai se consolidar depende tanto dos laços fracos, fortes e das relações verticais quanto do capital do tipo *linking* entre esses atores sociopolíticos e os gerentes de políticas públicas. Nesse caso, as oportunidades políticas são aproveitadas pelos movimentos e incrementadas nas instituições formais do estado de Direito. Então, estamos afirmando que o Estado também é fomentador de capital social. O potencial transformador dessa relação vertical será o tema que trataremos a seguir.

4.4 A RELAÇÃO VERTICALIZADA DO MSA COM O INSTITUCIONAL FORMAL

Quando afirmamos que os movimentos sociopolíticos na América Latina, a partir principalmente dos anos de 1980, deixam de ser apenas reativos às políticas públicas, para se tornarem sujeitos que reivindicam o político como esfera de participação, na tomada de decisão em políticas públicas que lhes afetam, tínhamos clara uma variedade destes movimentos, os quais se formatam, a partir da luta política entre os elementos internos de seus marcos interpretativos das injustiças cometidas contra suas reivindicações, e os elementos exteriores, relacionados à capacidade de seus aliados potencializarem informações que servirão para esses movimentos se aproveitarem das oportunidades políticas abertas no sistema complexo da sociedade atual. Para completar o círculo virtuoso desse aproveitamento de oportunidades abertas pelo capital social, é necessário que esse movimento se articule à esfera pública institucional formal para criar uma outra, que na atualidade, vem recebendo o nome *esfera pública-não-estatal*.

O chamado "capital social comunitário", abundante na maioria das sociedades campesinas de América latina, em sintonia com o "capital social extracomunitário" — presente em menor medida e que vem sendo aproveitado pelos movimentos sociopolíticos, quando agregados com o que Durston (1999) chamou de "capital social institucional" e que utilizamos como "capital social institucional-formal" —, são os elementos difusores de uma nova concepção de participação social nos programas públicos dos governos locais, regionais e nacionais. Navarro (1998) diz que, para identificar esse período de mudanças nas orientações dos governos da região e das iniciativas das agências bilaterais, tem se utilizado a "participação social", por meio da descentralização e participação. E que o aspecto mais relevante desta nova forma de estabelecer essa relação é a ideia de "espaços públicos-não-estatais", permitindo um maior enraizamento social, sem que as políticas deixem de ser públicas (Navarro, 1998).

No caso dos MSA, a chegada ao poder, por meio de seus aliados históricos nos governos municipais e estaduais, elevou os temas das injustiças cometidas contra seus membros a um nível de participação na tomada de decisão pública. A nível municipal, característico deste novo período foi o programa municipal de desenvolvimento de Xapuri, envolvendo a Prefeitura, a sociedade civil (fortemente influenciada pelo MSA) e o mercado.

No caso do governo do estado do Acre, a partir do ano de 1999, colocaram-se em prática o "orçamento participativo" e o "Zoneamento Ecológico-Econômico do Acre", que permitiu a seguimentos sociais historicamente excluídos dos orçamentos públicos opinarem sobre a destinação desses recursos, demostrando, mais uma vez que, no caso estudado aqui, a subordinação à trajetória pode ser quebrada, se governos responsáveis se propõem a incrementar capital social. Sobre como foi realizado o trabalho do Zoneamento do Acre, o governador Jorge Viana assim se refere:

> [...] o mais importante, a meu ver, e que constitui a novidade do trabalho que fizemos, é o que chamamos de "reconhecer o Zoneamento que a História realizou". Simplesmente constatamos que, ao longo de um século, nas lutas, nos ciclos e fases da economia, nas migrações, nas enchentes e vazantes dos rios, na abertura de estradas, nas aldeias, vilas e cidades, o Acre se foi fazendo o que hoje é. A população foi se distribuindo e se concentrando, as regiões foram descobrindo potencialidades e vocações, cada um foi lutando e conquistando seu espaço. Esse é o Zoneamento real, feito pela vida.
> Foi em busca dessa realidade que percorremos o Acre inteiro. **Juntamos as reuniões do zoneamento com as assembleias do Orçamento Participativo e o resultado foi uma maneira nova de pesquisar deixando que a população, as lideranças, os grupos, as minorias, todo mundo fale e mostre sua potencialidade e suas reivindicações** (Acre, 2001b, p. 7, grifos nossos).

As condições que fizeram possível essa ligação entre o capital social do tipo forte (comunitário), do tipo fraco (extracomunitário) e institucional (público-não-estatal), foram certamente novas, porém vêm ocorrendo de forma cada vez mais acentuada na sociedade latino-americana. Durston (2002), por exemplo, descobriu em um estudo na comunidade indígena do Peru que, para uma melhor aproximação a esse fenômeno sistêmico, a melhor estratégia talvez seja a de estudar a *interface* social entre o Estado, o sistema eleitoral e a comunidade. Diz o autor que a *interface social* é uma área de intercâmbio que ocorre em pontos em que interatuam diferentes mundos da vida ou campo sociais e pode ocorrer, como no caso aqui estudado, entre três mundos diferentes: a administração pública, o sistema de partidos políticos e o sistema cultural de uma comunidade (Durston, 2000). No próximo capítulo, demonstraremos como se dá essa interface do MSA, o Estado e o sistema de partidos. No caso, estaremos descrevendo e explicando as conexões entre movimento sociopolítico, partido político e Estado. Demonstraremos que o MSA influenciou e foi influenciado na elaboração de políticas públicas para o desenvolvimento do Estado pelo partido político ou, para melhor se adequar ao caso estudado, à coalizão Frente Popular do Acre, eleita no ano de 1998.

4.5 RESUMO

Começamos este capítulo afirmando que o MSA se utilizou de um capital social/cultural para colocar na agenda pública do processo político contemporâneo do Acre suas demandas historicamente excluídas das políticas públicas. Se isto foi possível foi porque os acontecimentos envolvendo o MSA, nas três últimas décadas, foram acontecimentos políticos. A capacidade de se utilizar de três dimensões do capital social: comunitário, extracomunitário e institucional formal, foi o que fez a diferença do MSA com relação a seus adversários, uma vez que esse movimento superou os dilemas da ação coletiva se aproveitando das oportunidades políticas, que lhes permitiam o poder propositivo de duas de suas formas de ação coletiva, o "adjunto" e o "empate" e a proposta de criação de Reservas Extrativistas com o propósito de preservar o modo de vida das populações tradicionais do Estado do Acre e a natureza.

Os resultados da disputa política do MSA contra seus adversários é um aspecto sistêmico levantado aqui; perpassando o antes, o durante e o depois do ciclo de protesto. As três formas citadas de ação coletiva, desse movimento, foram influenciadas pelos capitais sociais do tipo comunitário, extracomunitário e institucional-formal. O primeiro é histórico, está incrustado nos marcos interpretativos internos das injustiças cometidas contra seus membros. O segundo refere-se à capacidade de *linkage* desses marcos interpretativos internos, com a percepção que têm seus aliados dessas injustiças. O terceiro é considerado como sendo a institucionalidade formal das demandas desse movimento dentro do Estado de Direito, no que Durston (2002) chamou *interface* entre o Estado, o sistema eleitoral e a comunidade.

Em suma, o que propusemos aqui foi responder perguntas frequentes sobre o poder de um movimento se tornar artífice de políticas públicas se utilizando de forma sistêmica de acontecimentos políticos contemporâneos, que se diferenciam de movimentos reativos presentes nas abordagens tradicionais de atores sociais e que, na atualidade, recebem o tratamento de sociopolíticos, exatamente por se tratar de novos movimentos sociais que são proativos na hora da disputa política, portanto, como disse Scheren-Warren (1997), trata-se de unificar as abordagens para fugir de uma falsa dicotomia entre as teorias que se pretendiam abarcadoras.

> Pois na prática os movimentos sociais lutam tanto por inovações no mundo da cultura, quanto por reivindicação, participação e integração no mundo da política institucional. O diálogo entre as duas abordagens vem se intensificando e tentativas de novas sínteses têm sido apresentadas (Klandermans, Kriesi and Tarrow 1988, Eyerman and Jamison 1991, Dalton and Kuechler 1992, Diani 1992, McAdam, Tarrow and Tilly 1996, Ayres 1997). Para fazer esta mediação metodológica, buscam-se recursos nas teorias de médio alcance e nas análises de redes para o estudo das ações coletivas (Scherer-Warren, 1997).

O MSA passou de ser um movimento de características reativas, para se tornar um movimento proativo, na acepção de Charles Tilly (1978), quando este autor argumenta que os repertórios de ação coletiva se relacionam com as formas de associação e com novas formas que emergem dentro da relação entre um grupo organizado, suas elites e seus resultados políticos. Ademais, como argumentamos no capítulo teórico, buscamos fazer essa aproximação do movimento com o institucional a partir de uma teoria de alcance médio, que se utilize de vários conceitos das teorias mais complexas, para dar conta deste novo cenário de disputa política, em que estão envolvidos os movimentos sociopolíticos no Brasil e, particularmente, no Acre.

CAPÍTULO V

O MSA, O PARTIDO DOS TRABALHADORES E O ESTADO: ESTRATÉGIAS POLÍTICAS, CONTROLE CIDADÃO E RENDIMENTO ELEITORAL NO ACRE

5.1 INTRODUÇÃO

Dando prosseguimento ao método de perguntas e respostas que adotamos neste livro, é apropriado nos remetermos ao esquema traçado para elaborar a hipótese principal deste trabalho e, a partir dele, formular novas perguntas a respeito do processo político contemporâneo no Acre. O esquema apontava basicamente para o fato de que as variáveis independentes *oportunidades políticas, capital social e accontabilility societal* se relacionam dinamicamente com a variável interveniente *partido político* incidindo na variável dependente *desempenho democrático*. Se conseguimos demonstrar que, em uma sociedade local, seus *conflitos políticos* se resolvem com base em elementos do sistema político poliárquico,[110] é necessário apontar as consequências destes processos no desempenho da democracia local, visto como resultado.

Devemos esclarecer que não adentraremos no debate frutífero e complexo que compreende o conceito de democracia. No entanto, nos será útil concordar com David Held, quando diz que:

> [...] como en todos los relatos, mi relato de la míriada de cuestiones se ha visto facilitado por mi posición concreta en esta história ativa: la creencia en que las ideas y práticas democráticas sólo pueden ser protegidas a largo plazo se si *profundiza* su arraigo en nuestra vida política, social e económica (Held, 1991, p. 18).

---

[110] Recordemos que o modelo poliárquico se sustenta na premissa de que existe uma multiplicidade de centros de poder, distribuídos funcional e espacialmente em associações voluntárias de indivíduos que compartilham interesses políticos, econômicos ou culturais e que participam na formulação e implementação de políticas públicas. O acesso a recursos políticos e a atividade governamental é o que permite que indivíduos e grupos se sobressaiam em relação a outros, sendo o governo o árbitro da interação desses grupos e indivíduos (Ribeiro, 2003).

Estamos de acordo com Held, porque no caso que estamos estudando, boa parte da análise é descritivo-explicativa, já que propomos mostrar como se comporta uma sociedade local, em um regime democrático, tendo por base seu processo político contemporâneo e o porquê de se comportar de tal maneira. Por outra parte, estaremos adentrando em um campo normativo das ideias de como deve se comportar uma determinada sociedade, para fazer valer os princípios da democracia como regime de governo do povo ou, no melhor dos casos, fazer valer os princípios da poliarquia de Dahl (1989a, 1989b, 2000).[111]

Como já dissemos, não vamos nos deter no debate sobre o conceito de democracia que abarque desde os modelos clássicos até os contemporâneos. No entanto, acreditamos ser importante explicar por que práticas democráticas coadunam com a ideia da profundidade da democracia, de que nos falava Held anteriormente. Nos interessa explicar as nuances presentes na relação entre "entes representativos" que permitem um melhor desempenho das instituições democráticas. Para tanto, acreditamos ser necessário buscar tanto nas relações sociais dos atores sociopolíticos, como no partido e no Estado as novas possibilidades que nos oferecem as abordagens da democracia enquanto conceito irrestrito, porém, com um conteúdo eminentemente autorregulado pela esfera *pública não estatal*, a qual abarque a sociedade, o mercado e o Estado, contribuindo assim para uma melhor aproximação da ideia de democracia como *controle* dos políticos, por parte dos cidadãos, com a atuação dos representantes e como *responsabilidade* por parte dos políticos, com a implementação das políticas públicas. De certa forma, o argumento está influenciado pelo modelo básico da existência de uma *simetria*, presente na teoria da democracia liberal, que sustenta a tese de que a relação entre o eleitor e os que tomam as

---

[111] Robert Dahl definiu a poliarquia como sendo um sistema político democrático em oposição aos oligárquicos. Em seu trabalho mais conhecido, "La Poliarquia. Participación y oposición (1989)", este autor ressalta duas dimensões que considera importante para um sistema poliárquico: o debate público e o direito de participação. Nos seus últimos trabalhos, entre eles "La democracia y sus críticos (2000)", Dahl define quais instituições devem existir em uma poliarquia para que esta funcione de forma satisfatória, as quais são: a) cargos eletivos para controlar as decisões públicas; b) as eleições, ademais de existirem de forma periódica, devem ser livres e imparciais; c) o sufrágio deve ser inclusivo; d) os cidadãos devem gozar do direito de ocupar cargos públicos; d) deve existir liberdade de expressão; e) as informações devem ser disponibilizadas aos cidadãos e, ao mesmo tempo, garantidas por lei; f) os cidadãos devem gozar do direito de associação em partidos, grupos de interesse e associações. O processo político contemporâneo no Acre deve ser analisado tendo como base alguns desses princípios que, se não são suficientes para garantir uma ordem democrática, acreditamos serem necessários. E, se queremos saber como se disputa o poder nesta sociedade, devemos levar em conta estes princípios poliárquicos presentes, pelo menos em termos formais.

decisões é positiva. Ou melhor, que os responsáveis por tais decisões respondem aos cidadãos com políticas que são congruentes com o que esperam os eleitores. Held representa a partir do esquema a seguir, como se dá essa relação nos supostos da teoria da democracia liberal, ao longo dos séculos XIX e XX:

Esquema V.1 – Funcionamento da Democracia Representativa

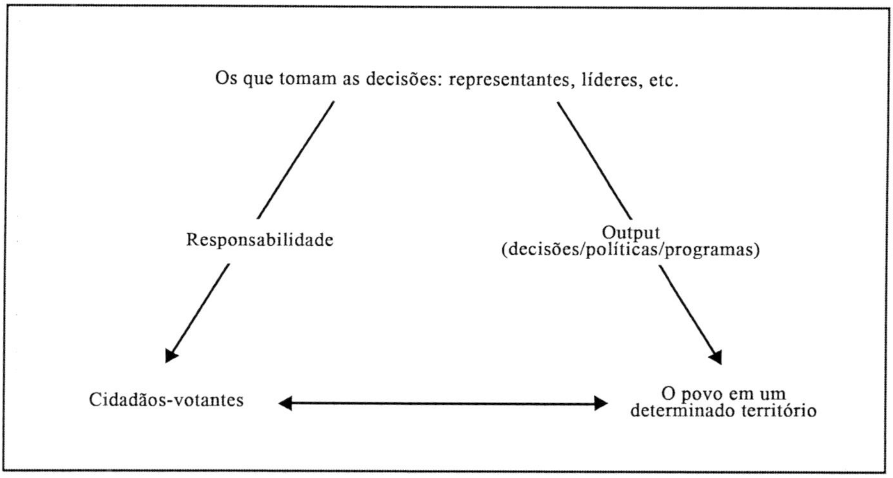

Fonte: Held (1991, p. 362)

O esquema de Held é básico para entender como funciona a democracia. De certa forma, ele é parte intrínseca do sistema democrático representativo em termos normativos. Entretanto, nos interessa saber como um sistema representativo pode adjudicar seus princípios a mecanismos de participação como forma de dar *poder ao cidadão-votante*. Consideraremos que um governo representativo que se propõe a ser permeável a demandas, em termos de agenda pública, incrementa poder que volta em forma de rendimento eleitoral ao partido representado no governo. Neste caso, estamos novamente afirmando que a condição de "subordinação à trajetória" não se aplica ao caso aqui estudado, já que, como demonstraremos, o capital social do tipo institucional formal é possível de ser criado a partir do governo, se este aplica os princípios da *democracia representativa* com elementos da *democracia direta* — no nosso caso, o *orçamento participativo*.

Este capítulo está dividido em três partes que se complementam entre si. Na primeira, fazemos uma análise descritivo-explicativa do processo de elaboração e implementação de políticas públicas com a participação do MAS.[112] Descrevemos essas experiências, a partir de uma visão centrada na capacidade tanto do MSA de elevar o tema do desenvolvimento sustentável para a esfera pública, quanto do partido e do Estado de absorver estes temas com o mercado, constituindo uma esfera *pública não estatal*. Na segunda parte, repassamos as estratégias políticas do PT para se vincular às demandas do MSA. Nesta parte, procuramos ressaltar o *porquê* de o partido político se articular com o tema do desenvolvimento sustentável, para obter um melhor *rendimento eleitoral* nas últimas eleições estaduais do Acre. Por último, direcionamos nossa análise empírica a dois aspectos que consideramos como sendo resultados dos dois primeiros temas, a relação positiva entre boa *governança* e *rendimento eleitoral*.

A divisão deste capítulo em partes tem o propósito de responder a algumas perguntas que surgem, ao abordar o tema do processo político contemporâneo no Acre e, que ao nosso ver, estão vinculadas com a ideia de democracia como controle das ações públicas pelo cidadão. Entre as principais perguntas que surgem desta relação, entre os movimentos sociopolíticos e ambientais, o Estado e o partido estão as seguintes: a) Existe controle social de políticas públicas para o desenvolvimento sustentável no Acre? Em caso afirmativo; b) Quais são os instrumentos com que contam os cidadãos para efetivar uma maior responsabilização dos entes públicos que lhes representam?; c) Esses instrumentos são criados para incluir grupos a que se dirigem as políticas públicas com princípios de *discriminação positiva* e a criação de uma estrutura de oportunidades à participação cidadã? Se é verdadeira sobre a assertiva da *discriminação positiva*; d) Por que o exercício do poder age dessa forma para que o controle cidadão seja efetivo?; e) Políticas públicas responsáveis dirigidas ao desenvolvimento sustentável no Acre, são elementos indispensáveis para um controle "ex-post" ou "ex-ante" dos representantes?; f) O rendimento eleitoral pode ser considerado como elemento sancionador dos entes representativos no Acre?; g) O mercado deve fazer parte desta nova forma de controle e responsabilização das políticas públicas? Como se dá essa nova atitude entre mercado, Estado e sociedade?

---

[112] Como são os casos das experiências da Prefeitura de Xapuri gestão 1996-2000 (Polo de Indústrias Florestais) e as do Governo do Estado do Acre, gestão 1998-2002 (Zoneamento Ecológico-econômico, Programa de Desenvolvimento Sustentável do Acre e o Orçamento Participativo).

As perguntas anteriores são partes de um debate sobre o conceito de *accountability* (controle) e *responsiveness* (sensibilidade, cumprimento, responsabilidade). Ou seja, sobre suas potencialidades e debilidades para definir a representação dos cidadãos em um regime democrático ou do que chamamos, no caso do Acre, a partir de Dahl, de *sociedade agrária competitiva*, já que estudamos uma sociedade que passou por um processo de transição, nas últimas três décadas, em que estiveram presentes elementos de uma sociedade agrária tradicional: *a má distribuição da terra e a disputa política daí resultante*; como nos dias atuais de uma sociedade, ainda que agrária, com elementos competitivos: *as eleições e a disputa política daí resultante*. Portanto, nos interessa responder às perguntas sobre o controle e responsabilidade dos políticos, levando em consideração que o MSA disputa poder em uma sociedade agrária competitiva, em que o movimento passou da disputa *por* falta de espaço, a participar ativamente *na*s políticas públicas voltadas para o desenvolvimento sustentável. Os êxitos eleitorais do PT serão então estudados como uma relação entre essas políticas para o desenvolvimento sustentável e a participação desses atores sociopolíticos e ambientais na tomada de decisão pública, a partir de uma conexão entre o movimento, o partido e o Estado.

Esta nova formulação vem abrindo espaços, em governos locais no Brasil, permitindo que um público cada vez maior participe na elaboração, implementação e controle das políticas públicas e, desta forma, reduzam o *déficit de accountability*[113] tão presente no sistema democrático brasileiro e que incide nos governos locais. Eli Diniz (2003), analisando como se deu este déficit na formação do Estado brasileiro, aponta para três tipos de deficiências que devem ser superadas para que alcancemos a estabilidade a longo prazo. Afirma a autora:

> Refiro-me aqui, em primeiro lugar, ao já aludido **déficit** de inclusão social, de forma a reverter os seculares padrões de injustiça e iniquidade. Em segundo lugar,

---

[113] Devemos a formulação de déficit de *accountability* ao debate com Eli Diniz no Instituto de Estudos de Iberoamérica y Portugal no verão de 2003. Para uma melhor aproximação de como no Brasil foi sedimentado este déficit e quais as perspectivas de solução, ver os seguintes trabalhos da autora: Diniz, Eli (1996): "Em busca de um novo paradigma: a reforma do Estado no Brasil nos anos 90". Em: São Paulo em perspectiva. São Paulo. Vol. 10, nº 4, pp. 13-26; Diniz, Eli (1997): "Crise, reforma do Estado e governabilidade". FGV. Rio de Janeiro; Diniz, Eli (2000): "A busca de um novo modelo econômico: padrões alternativos de articulação público-privado". Em: Revista de Sociologia e Política Paraná. Nº 14; Diniz, Eli (2003): "Planejando o desenvolvimento: a centralidade da dimensão político-democrática". Versão Preliminar. Ciclo de Seminários Brasil em Desenvolvimento dia 29/09/2003. Instituto de Economia da UFRJ. Rio de Janeiro.

trata-se de equacionar o **déficit** de capacidade de implementação do Estado para, através de suas políticas públicas, produzir os resultados socialmente desejados. Este redirecionamento, por sua vez, implica questionar uma lógica social e estatal de exclusão em benefício de uma alternativa de teor mais abrangente. Para tanto, é necessário romper com a inércia das políticas estabelecidas e priorizar uma nova rota comprometida com um projeto nacional, norteado por uma estratégia de desenvolvimento sustentado.

Finalmente, é imperativo preencher a lacuna quanto aos mecanismos de *accountabililty*, que induzem os governantes, independentemente de suas motivações e convicções particulares, à busca de formas de ação comprometidas com o interesse público, permitindo, assim, recuperar a dimensão republicana da democracia. Significa, em última instância, retomar a importância do conteúdo social da democracia e ampliar os direitos de cidadania, reduzindo a distância entre as esferas formal e substantiva da democracia. As experiências de reforma do Estado realizadas nos anos 90 foram incapazes de alcançar estes objetivos (Diniz, 2003, p. 8-9).

A esse mapeamento e proposta de superação do *deficit de accountability* feito pela professora Eli Diniz, acrescentamos os mecanismos de controle societário com a participação dos movimentos que propõem um desenvolvimento sustentável no Acre, que servem para demonstrar que as políticas públicas responsáveis, a nível local, no Brasil, estão contribuindo para formar uma nova cultura política do controle de políticas que não é excludente de outras formas de *accountability*. Portanto, trataremos de analisar a democracia da sociedade acreana, não só em termos da relação entre Estado e sociedade política, mas também, buscaremos a partir da afirmação de Vieira (1998), demonstrar que, com a entrada de um grande número de associações da sociedade civil em termos tanto quantitativo como qualitativo, o processo de democratização passa a ser visto como uma mudança na cultura política (Garretón, 1991), nas práticas sociais (Melucci, 1994) e nas formas de ação coletiva (Cohen; Arato, 1992), (Vieira, 1998, p. 235). Aqui radica nossa ideia de utilizar os apontamentos sobre a esfera *pública não estatal*, como forma de dar conta da representação do interesse coletivo, tanto por parte do estado, do partido político, quanto dos movimentos sociopolíticos e ambientais.

5.2 POLO DE INDÚSTRIAS FLORESTAIS DE XAPURI: UMA EXPERIÊNCIA LOCAL PÚBLICA NÃO ESTATAL

Normativamente, deixamos claro que buscamos referenciar modelos de *accountability societal*[114] que não estejam em oposição ao modelo de controle vertical das eleições da democracia representativa. Peruzzotti e Smulovits (2002) os perceberam como sendo os mecanismos que não são eleitorais, são verticais, quando colocados em prática por uma variedade de associações de cidadãos, movimentos e meios com a intenção de despertar as ações da agência de controle horizontais (Peruzzotti; Smulovitz, 2002). Entretanto, nos parece importante aprofundar melhor estas relações. Queremos saber como é possível que um controle social seja expressão de um pacto entre o Estado e a sociedade que não exclua o mercado. Estamos diante de um dilema que começa a ser superado com experiências no mundo contemporâneo que primam pela *interdependência* entre as instituições que buscam a democratização dos espaços públicos, como bem observa Bresser Pereira e Cunill Grau (1998, p. 30):

> [...] La construcción de viabilidad al desarrollo de circulos virtuosos entre Estado, mercado y sociedad obliga en la atualidad revisar los modos de definir y realizar los intereses públicos[...] De lo que se trata, en suma, es de abrir la problematización sobre la institucionalidad que puede favorecer la satisfación de necesidades públicas desde la sociedad, asi como precionar desde ella para que la esfera pública se haga real y efectivamente pública [...] constituir circulos virtuosos entre el estado, el mercado y la sociedad civil, en vez de atribuirles virtudes (o defectos) inmanentes a alguno de ellos, supone entre otras cuestiones repensar la propia noción de lo público y distinguirlo de lo estatal como de lo coorporativo.

Quando traçamos um esquema simplificado para explicar a utilização da hipótese geral deste trabalho, já dizíamos que o nosso grupo de variáveis independentes *capital social*, *estrutura de oportunidades políticas* e *accountability*, sofria a interferência da variável interveniente, partido político, para incidir na variável dependente, desempenho institucional. Agora, pois, se o MSA é um ente representativo de segmentos que propõe

---

[114] De acordo com O'Donnell (2002b), especialmente em países como América Latina que a *accountability* vertical eleitoral funciona de forma insuficiente, a versão da accountability societal vertical ganha contorno de importância para o funcionamento e, eventualmente para a sobrevivência destes regimes democráticos.

formas alternativas de desenvolvimento no estado do Acre, que experiência poderia ser utilizada como modelo de uma nova forma de gerir recursos naturais, públicos, humanos e privados na acepção de *público-não-estatal* ou do *rendimento institucional?* Buscaremos responder a essa pergunta analisando uma política pública concreta: a implantação do *Polo de Indústrias Florestais de Xapuri-Acre.*

Já afirmamos anteriormente que o MSA surgiu como uma forma *reativa* às políticas públicas e a utilização da terra de forma que não beneficiava o morador tradicional do Acre nem a preservação ambiental. Depois de ter alcançado os resultados políticos atuais[115], este movimento passou, de forma *proativa*, a colocar em prática políticas que beneficiassem os dois temas: *manutenção do morador tradicional na terra e preservação ambiental.* No entanto, contemporaneamente, percebemos que a maioria de suas lideranças advogam por um modelo de desenvolvimento *inclusivo*, no sentido de criar mecanismos de incremento das funções das *instituições*, para lograr um melhor rendimento econômico nos setores outrora excluídos do mercado e do Estado.

Vejamos como se referem a este novo momento algumas das lideranças deste movimento:

> O primeiro "empate" foi para ir lá e não deixar os peões desmatar, porque estavam acabando com tudo. Este novo "empate" é para criar novas alternativas de sobrevivência para os seringueiros, para que os seringueiros não continuem fazendo os "roçados"[...] E hoje o segundo "empate" é trazer novas formas de sobrevivência, que seja o melhoramento da borracha através da usina, que seja através de artesanato, a exploração do óleo da copaíba, a exploração das ervas medicinais, e agora por último, estamos trabalhando o manejo da madeira, então, uma vez se trabalhando essas coisas, se buscando a sobrevivência através dessas coisas, você diminui até o tamanho do roçado, porque você não vai precisar mais colocar um roçado maior para sobrar milho, sobrar arroz, sobrar mandioca para fazer farinha para você vender na cidade, porque você já tem outras formas alternativas, então, esse é o segundo "empate" para nós.[116] O primeiro empate, acho que é o empate que o movimento fez para impedir que a floresta e os seringueiros saíssem

---

[115] Um dos entes representativos do MSA, o PT, e sua coalizão "Frente Popular do Acre" administram atualmente (2003) o estado do Acre e 10 das suas 22 Prefeituras.

[116] Entrevista do Vereador de Xapuri Raimundo de Barros ao autor.

das suas colocações, agora, aquele foi o empate organizado para derrubar aquele modelo, para acabar com o modelo que queria acabar com a floresta e acabar com a mata amazônica, com a mata tropical amazônica. O novo empate é um empate econômico, é você aumentar os preços dos produtos, de tal forma que a garimpagem, o modelo garimpeiro que vem, tira a riqueza e vai embora, não tenha condições de competir e nesse novo modelo é que está se chamando de novo empate. O primeiro foi para impedir que seringueiro saísse, que tem o maior saber mais sofisticado que existe na Amazônia que é hoje o saber do seringueiro, do índio, que conhece tudo lá dentro, que conhece a floresta, conhece os bichos que se alimentam da floresta, conhecem as abelhas que polinizam, que fazem a regeneração natural das nossas matas, então, o modelo alternativo que está sendo chamado do segundo empate, ele vai criar todas as condições para a gente ter cidades com empregos, governo com capacidade de investir no social, com capacidade de investir em outras áreas, na cultura. Mas para a gente ter clareza na Amazônia, quais foram os modelos que foram implantados, o primeiro modelo é: a visão do sul é tirar a floresta e colocar outras culturas como bois, soja, café e outros produtos que não são daqui da região. O segundo modelo é implantar produtos de fabricação indústria-eletrônica, como televisão, aparelho de som, celulares, com cargas de subsídios, renúncia tributárias altíssimas e o terceiro modelo é o que hoje temos clareza que é o caminho da Amazônia, que é modelo florestal, então, esse é o segundo empate, você mostrar que, em cada região, em cada lugar do mundo, em cada país, deve existir um respeito às peculiaridades locais, então, daí que o local é importante, você ter um respeito pelos modelos alternativos locais, porque eles podem criar novas saídas, hoje nós temos clareza de que o que a gente tem, outras regiões do mundo e do país não tem e que é possível com o que a gente tem entrar no mercado, na lógica do mercado com produtos de primeira linha, produtos bem feitos, tope de linha na parte de produção florestal, tanto de remédio como de madeira, tanto de frutas tropicais: castanha, pupunha, abacaba, açaí, cupuaçu, enfim, todos os produtos que nós temos aqui, dá para a gente entrar com esses produtos no mercado, que outras regiões do mundo não tem, e que em outras regiões do país não tem e que dá para a gente criar essa indústria regional, eu vejo que esse é o segundo empate, a gente impedir que modelos desenhados lá fora cheguem aqui, deem resultados, dá um *boom* no início e depois tem a queda e a vem a miséria, no início dá certo, depois vem a queda, então nós temos que ter modelos que sejam sustentáveis e eles só são sustentáveis se a gente explorar os recursos que a gente tem aqui e que em outros lugares do mundo não tem.[117]

[...]o Pólo de Indústrias Florestais de Xapuri, que inclui tudo, ali está colocado a questão da usina de castanha, a usina de borracha e agora a movelaria, que é a possibilidade de você começar a agregar valores à nossa produção, porque antes a produção saía daqui, você só jogava matéria-prima para ser beneficiada lá muito longe, assim não gerava emprego, você diminuía o valor, não agregava valores e essa é uma proposta interessante do Pólo, de ser um Pólo está aglutinado ali várias iniciativas de usina de castanha, de usina de borracha, de escola de marcenaria, com o objetivo de você poder começar a beneficiar os nossos produtos aqui, agregar valor, gerar emprego, aumentar a renda do seringueiro, do madeireiro, do castanheiro.[118]

Então, eu acho que aí ficam identificados e criadas as grandes condições para o Acre e para o povo acreano que fazem a diferença, daí o Acre hoje está vivendo um processo político de extrema importância. O Acre hoje é um ponto de referência no país, onde as pessoas vêm aqui em busca de ver algo novo e é exatamente esta opção pela floresta, pela relação de profundo respeito com a tradição, com a cultura tradicional, o conhecimento local, associado com o que há de mais moderno na tecnologia que traz uma vantagem comparativa ao Acre e nós estamos conceituando isto no Governo como florestania, que é uma espécie de cidadania dos povos da floresta. Com a criação do "Governo da Floresta", a gente apontou um rumo de que a floresta é a base de todo o processo produtivo no Acre, na região e esse processo produtivo tem necessariamente que atender aos conceitos da sustentabilidade, não apenas ambiental, mas econômica, social, cultural e obviamente ética. Então, esse é um conceito, uma novidade que está acontecendo no país, de modo especial na Amazônia, que no fundo, no fundo, é a expressão de toda uma história que aconteceu nos últimos 20, 30 anos no Acre.[119]

---

[117] Entrevista do Deputado Estadual Ronald Polanco do PT do Acre ao autor.

[118] Entrevista com o Presidente do PT de Xapuri Francisco de Assis Monteiro ao autor.

[119] Entrevista do Governador do Estado do Acre Jorge Viana ao autor.

Uma experiência de *arranjo produtivo local*[120] (Polo de Indústrias Florestais do município de Xapuri) tem demonstrado que houve um avanço no aspecto da proposição de políticas para os membros do MSA e outros seguimentos da sociedade. A ideia da criação de um polo de indústrias que articule interesses coletivos com o da iniciativa privada, com apoio do governo municipal e estadual, no nosso, entender é algo que deve ser explicado, com base no que já apontamos com respeito à complexidade de uma sociedade na qual se introduz relações entre estado, mercado e sociedade na contemporaneidade. De acordo com Levy (1998), citando Kòoimam *et al.* (1993), existem três características estruturais nas sociedades contemporâneas: a dinâmica, a complexidade e a diversidade que se denominam gestão de governo (*governança*) ou "governo sociopolítico" (Levy, 1998, p. 387). No nosso exemplo estudado, este "governo sociopolítico" deve ser entendido como a capacidade do Estado e da sociedade de se relacionar com o mercado, superando o que, recentemente, um relatório do *International institute for environment and Developmemnt* (Instituto Internacional para o Ambiente e Desenvolvimento) classificou como sendo uma falha das políticas públicas e do mercado, que resultaram na limitação da participação do setor privado no manejo florestal sustentável. Diz o relatório que a nova abordagem deve basear-se no mercado e em instrumentos de políticas públicas para o estímulo do manejo contrariando à abordagem tradicional de comando e de controle. Menciona, ainda, que existem exemplos de arranjos que envolvem parcerias com *empoderamento* das comunidades por meio de sua organização social e alianças com movimentos sociais; cita, como exemplo de criação de incentivos para o manejo sustentável de florestas[121] onde as comunidades são beneficiadas, o *Pólo de Indústrias Florestais de Xapuri-Acre*, em que foram estabelecidas parcerias de sucesso entre comunidades rurais e empresas privadas para a fabricação de produtos usando a castanha-do-pará, borracha e madeira (IIED, 2003).

---

[120] Um arranjo produtivo local se caracteriza por um aglomerado de empresas em uma mesma localidade. Para que se considere uma atividade como um arranjo produtivo, é necessário existir alguma especialização produtiva e o principal para nosso caso de estudo: vínculos de articulação, interação, cooperação e aprendizagem entre si com outros atores locais, tais como: governo, associações empresariais, instituições de crédito, ensino e pesquisa.

[121] Uma das primeiras leis no Brasil sobre manejo florestal foi definida pelo código florestal brasileiro de 1965, que sancionava no seu artigo 15º: "Fica proibida a exploração sob forma empírica das florestas primitivas da bacia amazônica, que só poderão ser utilizadas em observância a planos técnicos de condução e manejo a serem estabelecidos por ato do Poder Público, a ser baixado dentro do prazo de um ano" (CFB, 1965). Só a partir de 1989 é que o governo, por meio de uma Ordem de Serviço do IBAMA (Instituto Brasileiro do Meio Ambiente) nº 002/89/DIREN, de 07 de agosto de 1989, cria o "Roteiro Básico para Análise de Planos de Manejo Florestal". A partir desta lei, os planos de manejos iriam sofrer inúmeras alterações legais. O importante aqui é afirmar que, além das sanções normais, a idéia de manejo comunitário passou a ser aceita como um dos mecanismos de exploração de madeira de forma sustentável.

O conceito de *controle societal*[122] é sugestivo para entender como a sociedade acreana tem se deparado com elementos da sociedade, do Estado e do mercado para buscar controles que não estejam pautados somente nas eleições periódicas; se observa que a característica deste *controle* é a inexistência da estratégia polar que caracterizou a relação entre estado e mercado. Esta consiste, como nos diz Bresser Pereira e Cunill Grau (1998), em demonstrar que o desenvolvimento entre Estado e mercado não pode existir e se desdobrar sem a unidade entre ambos, já que o objetivo é o bem público, ademais, para estes autores, a sociedade nesta linha de argumentação deve ser encarada como mais uma esfera de poder:

> [...] Es, en este sentido, cada vez mais evidente qué el propio desarrollo del mercado no puede asegurarse sin un Estado democrático, que entre outras cuestiones preserve a propia competencia en tanto bien público y ejerza las funciones proctetoras, mediadoras y redistributivas necesarias al desarrollo socioeconómico [...] es importante ver la sociedad civil como la sociedad organizada y ponderada de acuerdo con el poder que tienen los diversos grupos e individuos. La sociedad civil es, de hecho, un concepto político, ya que implica poder (Bressen Pereira; Cunill Grau, 1998, p. 29).

Na sua administração, o PT, no governo do estado do Acre (1998-2002), assumiu que o manejo florestal é uma das atividades prioritárias para o desenvolvimento do Estado. Neste aspecto, a confluência de ideias para que existisse uma participação das três esferas — Estado, mercado e sociedade — tomou fôlego. Mais uma vez, estamos diante de uma necessidade do Estado legitimar suas políticas com o aval da sociedade e do mercado. Vejamos como uma *agência de controle horizontal*, a SEF — Secretaria de Floresta do Governo do Estado do Acre —, criada no governo do PT no Acre, se refere a esta relação:

> Se o Acre é um estado pobre do ponto de vista monetário, então é função do governo buscar parcerias com instituições e empresas privadas. O manejo só mostra eficiência quando respeita a lógica mercadológica com respeito às necessidades das Populações Tradicionais. Por isso, o secretário fez

---

[122] Sobre o controle societal e de como ele se relaciona com a capacidade que tem a sociedade de exigir prestação de contas dos políticos, ver: Peruzzoti e Smuluvitz (2002).

questão de afirmar que "parte do manejo tem que estar sob a responsabilidade da esfera privada; outra no setor comunitário e outra parte sob o comando do poder público". Estima-se atualmente que os 6 milhões de hectares que podem ser utilizados sob o processo de manejo florestal madeireiro tenham um potencial econômico equivalente a US$ 1 bilhão. Com uma rotatividade calculada em 25 anos, isso remete a uma soma de 2,4 milhões de metros cúbicos de madeira. [...] De acordo com os cálculos da SEF, o manejo, nessas condições, teria um aproveitamento de 720 mil metros cúbicos de produtos processados somente para exportação, sem contar os produtos comercializados internamente que ultrapassam a cifra de US$ 500 milhões. É evidente que esses números são difíceis de assimilar e difíceis também de se concretizar. Não há nenhum componente simples quando se mistura política, economia e sociedade. Mas o fato é que o atual governo, por meio de um conjunto de secretarias, percebeu aquilo que a comunidade acreana exigiu nas urnas e não tinha o instrumento adequado para realizar: a floresta é a maior riqueza do Estado e o manejo florestal é a ferramenta apropriada para o desenvolvimento. E com um diferencial importante, tanto para o mercado interno quanto para o mercado exportador: é o único estado que possui o manejo com certificação (Arruda, 2003).

No Pólo de Indústrias Florestais de Xapuri, verificamos como as afirmações do Secretário de Estado da Secretaria de Florestas do Acre são colocadas em prática para satisfazer dois componentes do *controle* de políticas públicas. O primeiro diz respeito à necessidade de incluir a "política" (Estado), a economia "mercado" e a sociedade a fim de aumentar a legitimidade das políticas, a isso Dahl (1989b) chamou de políticas *intencionadas* nas instituições do Estado para aumentar o controle dos resultados destas políticas (Dahl, 1989b). O outro componente do *controle* das políticas se refere a *responsabilização* do governo junto ao eleitorado para responder com políticas para a quais foram eleitos. Se O'Donell (2001) tem razão quando afirma que, no atual estado do nosso conhecimento sobre as fronteiras de investigação da *accountability*, a melhor estratégia é buscar as *interações* que existem entre suas várias formas para lograr uma melhor qualidade da democracia, então, cremos que estamos no caminho certo para descobrir formas de *controle* que se combinam. No caso estudado, é interessante observar como se relacionam várias formas de controle *vertical, societal e horizontal*.

No caso do Piflor, destaca-se o Manejo Florestal Comunitário do PAE/CM — Projeto de Assentamento Extrativista Chico Mendes,[123] em uma área de aproximadamente 24 mil hectares. Este empreendimento nasceu de uma parceria entre Prefeitura do PT, no município de Xapuri, a partir do ano de 1996, o Gabinete do Deputado Estadual do PT do Acre Ronald Polanco, a Igreja Católica de Xapuri, o Governo do Estado do Acre, a Cooperativa Agroextrativista de Xapuri-CAEX, o Instituto Nacional de Reforma Agrária, o CTA — Centro dos Trabalhadores da Amazônia —, o Sebrae — Serviço Brasileiro de Apoio às Micro e Pequenas Empresas e o Pesacre — Grupo de Pesquisa e Extensão em Sistemas Agroflorestais do Acre. O apoio científico foi dado pela Escola Superior de Agricultura Luiz de Queiroz — USP (WWF, 2003). Este é o primeiro caso de um empreendimento de *manejo florestal comunitário* no Brasil a obter uma "Certificação Florestal"[124] pelo FSC — *Forest Stewardship Council,* no Brasil FSC/Brasil — Conselho Brasileiro de Manejo Florestal.

De acordo com o "Resumo Público de Certificação", da Associação dos Moradores e Produtores do Projeto Agroextrativista Chico Mendes — AMPPAAEC,[125] feita pelo *SmartWood Program*[126] em colaboração com o Imaflora — Instituto de Manejo e Certificação Florestal e Agrícola[127]:

> [...] o manejo para a extração de madeira do PAE Chico Mendes surgiu como uma reação (ou "auto-empate") para deter o avanço de abertura de áreas agrícolas. Ao final dos anos 90, um deputado estadual do Acre conseguiu apoio do governo italiano para formar um pólo moveleiro em Xapuri, cuja prefeitura obteve recursos da SUFRAMA para iniciar o processo legal de exploração madeireira. Desde

---

[123] O PAE/CM é uma área de terra onde viveu o sindicalista rural Chico Mendes e que, com as disputas litigiosas da década de 1980, recebeu o reconhecimento de propriedade pelo Governo Federal.

[124] A certificação florestal é um mecanismo independente de auditoria para verificação da qualidade de um determinado manejo florestal. De acordo com Lentini (2003), o sistema de maior credibilidade atualmente é o FSC. Este conselho desenvolve seus trabalhos de acordo com critérios e princípios que consideram o manejo dentro das perspectivas sociais (respeito às leis sociais e promoção do bem-estar dos trabalhadores e das comunidades vizinhas), econômicas (rentabilidade do empreendimento) e ambientais (redução de danos ambientais, conservação da fauna, proteção da biodiversidade, etc.).

[125] O Certificado de Manejo Florestal de número SW-FM/COC-181 foi concedido a AMPPAAECM em janeiro de 2002.

[126] O Programa SmartWood, além de ser o maior e mais antigo programa de certificação florestal do mundo, é credenciado pelo FSC.

[127] O Imaflora é uma entidade não governamental, sem fins lucrativos. Possui um programa de certificação florestal chamado Programa de Certificação Socioambiental Florestal, que consiste em avaliar, monitorar e certificar manejos florestais que sigam os critérios estabelecidos pelo FSC, utilizando a metodologia do Programa de Certificação SmartWood.

o início das discussões sobre manejo, havia interesse pela certificação, a fim de agregar valor à madeira explorada, principalmente devido ao processo histórico e cultural da região em defesa da floresta (Imaflora, 2002).

Se a *accountability* tem mais probabilidades de se cumprir em situações na quais os cidadãos desenvolvem *virtudes cívicas* próximas das que apontou Tocqueville (1987), politicamente se percebe que o projeto de manejo florestal é um processo de incremento de poder (*emponderamento*) por parte dos afetados pelas políticas *inclusivas* dos representantes do MSA, embora exista um conteúdo de rutinização dos mecanismos e instrumentos para alcançar a sustentabilidade em termos institucionais formais, bem como, informais. Como percebemos no relatório acima do IMAFLORA, a posta em marcha da política de valorização dos produtos extrativistas no *PAE Chico Mendes* é uma estratégia que implica a sociedade: o "empate" do avanço da frente agrícola; o legislativo estadual: por meio da proposição de um aliado do MSA (Deputado do PT do Acre Ronald Polanco); da Prefeitura: busca de recursos econômicos na Suframa (agência do Governo Federal) e por último a valorização cultural dos receptores destas políticas, ou, como chamamos nos capítulos anteriores, os "madrugadores" pelo desenvolvimento sustentável no Acre.

5.2.1 As orientações políticas do modelo de desenvolvimento do acre: o PT e o MSA como indutores de informações simétricas

Uma primeira indagação que surge a partir da análise de duas políticas públicas, o ZEE e o Orçamento Participativo, referenciadas no modelo de desenvolvimento adotado pelo governo do PT no Acre, é: Por que existe uma sinergia na elaboração dessas políticas entre o partido, o movimento e o Estado? Essa pergunta, de certa forma, já foi respondida nos capítulos anteriores, se levarmos em conta a incidência causal que buscamos demonstrar entre o MSA, o partido e a busca, por parte de ambos, de se aproveitarem das *oportunidades políticas* por meio de seu *capital social*. Todavia, nos será de grande utilidade para uma aproximação desse fenômeno sinérgico, buscar suas causas no que Maravall (2003) chamou de "marca de fábrica" dos partidos políticos, para facilitar a informação entre a organização partidária, o governo do qual é signatário e os votantes.

Portanto, analisaremos essas políticas públicas (ZEE) e o Orçamento Participativo salientando o aspecto da representação em termos de agência, em que o MSA e os votantes são o *principal* e o governo seu *agente*. Para continuar com Maravall, para um agente ser controlado pelo seu principal dependerá de três requisitos: que as ações do agente e as condições de operacionalização possam ser conhecidas publicamente; que ambas as partes, principal e agente, sejam capazes de prever contingências; por último, que o agente não veja como um custo levar a cabo as políticas preferidas pelo principal (Maravall, 2003). A respeito dessas condições para o controle do principal, Ferejohn (1999) soube captar bem essa mensagem, quando observa que pode acontecer dos políticos facilitarem informações, caso queiram colocar em prática políticas de grande alcance com o respaldo do eleitorado, e a melhor forma de consegui-lo seria fazer com que o sistema seja mais transparente. Tendo chegado a esse estágio, nos resta perguntar: a elaboração de um programa de Zoneamento das potencialidades do estado do Acre junto do Orçamento Participativo, por parte do governo do PT, é uma forma de tornar mais transparente suas decisões ou é uma estratégia para legitimar políticas para o desenvolvimento sustentável proposta tanto do partido como do MSA? Esta pergunta remete a outra sobre a responsabilidade *ex-antes* e *ex-depois* do representante, no caso, o governo do Estado do Acre, qual seja: por que o governo do PT, antes de colocar em prática políticas direcionadas ao desenvolvimento sustentável, "marca do partido", procura legitimar essas políticas em uma atitude de controle *ex-antes*, quando poderia, se assim desejasse, tentar legitimá-las a partir dos resultados obtidos da implantação de tais políticas, controle *ex-depois*?. Nosso argumento é que tanto o partido como o governo buscaram com essa estratégia alcançar: a) a legitimidade interna e externa de suas políticas, ou melhor, a aceitação tanto do MSA, como de segmentos mais amplos da sociedade, do paradigma do desenvolvimento sustentável no Acre; b) envolver amplos seguimentos da sociedade na discussão, tanto do ZEE como do Orçamento Participativo, para a *posteriori* se beneficiar da corresponsabilidade das políticas de desenvolvimento para o Estado; e c) criar um capital político capaz de elevar o rendimento eleitoral nas sucessivas eleições.

Corroborando essas afirmações, analisaremos os discursos tanto das autoridades eleitas no ano de 1998 a respeito do desenvolvimento sustentável para o Estado, como dos elementos que estão presentes no ZEE e no Orçamento Participativo de 1999 do Governo do estado do Acre. Ademais, procuraremos demonstrar, a partir dos resultados do orçamento participativo e das eleições de 2002, que a estratégia de buscar, tanto o *controle*, como a *responsabilização*, rendeu dividendos políticos ao Governo e ao Partido dos Trabalhadores.

5.2.2 O conceito de desenvolvimento sustentável nas propostas políticas do Partido dos Trabalhadores para governar o Acre

Um sistema democrático, que tem as eleições periódicas como elemento sancionador de políticas públicas, requer que os políticos, ao se apresentarem ao eleitorado, digam, uma vez tendo chegado ao poder, o que pretendem fazer. No dizer de Manin (1998, p. 215):

> La característica más importante de los sistemas representativos, que permite a los votantes influir en las decisiones de sus representantes, es el carácter periódico de las elecciones. En efecto, las elecciones periódicas proporcionan uno de los incentivos claves a los que gobiernan para que tengan en cuenta la opinión pública. Los representantes sin duda tienen muchas razones para hacerlo así, pero la más poderosa es que los cambios de la opinión pública pueden prefigurar los resultados de las elecciones siguientes.

No caso do PT do Acre, o conceito de desenvolvimento sustentável é um elemento que acompanha suas propostas políticas como um item das políticas públicas desde sua formação, ainda que, no início dessa formação, o próprio conceito não estivesse bem definido. Assim se refere a Ministra Marina Silva sobre o caráter difuso do conceito no início das propostas do MSA:

> No Acre, a gente teve que fazer na prática o que as pessoas estavam teorizando na década de 80 com o Relatório do Nosso Futuro Comum e tantas outras formulações que foram surgindo, mesmo que fosse uma experiência local e de comunidade que era esta questão de compatibilizar desenvolvimento muito voltado para experiências localizadas de comunidades com o uso dos recursos naturais com a sua preservação, que foi o caso da luta dos seringueiros. A formulação teórica disto realmente não fazia parte do universo simbólico e da oralidade do movimento. Mas o mais importante de tudo isto é que lendo este movimento se poderia claramente encontrar a realização do desenvolvimento sustentável, a realização do que seria uma consciência ecológica e uma série de conceitos que se poderia ler do movimento, mas que a gente mesmo não tinha essa leitura.[128]

---

[128] Entrevista da Ministra do Meio Ambiente do Brasil, Marina Silva ao autor.

Este caráter difuso, a que se refere a Ministra Marina Silva, no início da trajetória do MSA, é resultado do próprio objetivo do movimento que já apontamos, a saber: preservar o modo de vida dos povos da floresta e a natureza. Este foi o principal mote que o partido tomou emprestado do movimento para elaborar propostas de políticas públicas que, além de levar em conta os objetivos do movimento, coadunassem com a ideia de eleger seus membros para administrar o Estado. A passagem de um discurso de tipo *ad hoc*, em termos de contestação, a um de caráter propositivo é assim explicado por um dos líderes do PT no Acre, quando se refere ao novo cenário que a organização teve que enfrentar:

> Existem duas constatações que eu acho que merecem uma reflexão. A primeira delas é que o que marcava o PT naquele período, era exatamente o fato de emprestar um grito e uma inquietude para colocar para fora o que acontecia de errado e principalmente de maus tratos em relação à população daqui, portanto o PT denunciava muito, o PT buscava o clamor da população, em relação ao desejo de justiça e cidadania, então o PT é uma espécie de instrumento, de ferramenta que permitia às pessoas verem no PT exatamente aquele ambiente em que pudessem colocar para fora o que corajosamente ninguém tinha como fazer e o PT fazia isso de maneira forte e por isso era chamado de radical. Então, nesse período o PT era marcado exatamente pela denúncia e por ser contra, digamos, o *establishment, status quo*, que permeava a política local. O outro momento e esse momento que marca o crescimento do PT, principalmente nas esferas e na presença nas instituições, no parlamento e no executivo, por assim dizer, é o fato do PT, não só agora, firmar-se como sendo o Partido, já que era denominado como o partido do contra, mas o partido que tem um projeto que se opõe ao que no momento preexistente era colocado pela direita. Então o PT hoje é um partido que é marcado principalmente pela proposição, na medida em que ele, o PT, por estar exercendo o governo no Estado, já pelo segundo mandato e no caso do Brasil, agora já começar exercer o cargo de presidência da República, o PT é obrigado a dialogar com a população, já mostrando o trabalho que deve ser feito e também o trabalho que lhe permitiu chegar ao poder. Então, para mim essa marca é diferencial entre o PT do primeiro momento, o PT que preexistia e o agora o PT que propõe.[129]

---

[129] Entrevista do Assessor do Governo do Estado do Acre, Francisco Afonso Nepomuceno ao autor.

Já no ano de 1998, quando o partido elege o governador do estado, seu programa aponta para um desenvolvimento sustentável agregando outros elementos que antes não estavam presentes nas abordagens sobre o desenvolvimento do Estado pelo MSA e pelo PT:

> O caminho do Acre para superar a situação de atraso e elevar-se ao patamar do desenvolvimento é promover a exploração racional e sustentável dos seus recursos naturais. Por esse meio será possível fazer crescer a produção, criar emprego e renda. No mesmo passo, tratará de realizar um grande esforço da implantação da infraestrutura econômica e social para assegurar as condições do desenvolvimento e o atendimento das demandas sociais (Acre, 1998).

Em uma democracia representativa, supõe-se que os representantes se apresentem às eleições com programas definidos, isto, está claro, não significa que, uma vez eleitos, mantenham a linha programática que os elegeu. No dizer de Manin *et al.* (1999), sob certas condições, os governantes podem desviar-se de suas propostas, tanto porque acreditam que não é a melhor para o cidadão, como podem manter-se vinculado às promessas mesmo que, no momento da implementação não sejam as melhores para os cidadãos (Manin *et al.,* 1999). No entanto, pode acontecer, na prática, que após serem eleitos, além de manterem suas linhas programáticas, os políticos busquem incrementar suas propostas com elementos que se aproximam da sua plataforma política. No caso do Acre, é emblemático como na atualidade o conceito de desenvolvimento sustentável serve de *ponte* na comunicação dos entes representativos, em termos de políticas públicas, e segmentos que advogam por um desenvolvimento econômico, passando a existir um incremento no programa do Partido com elementos que estavam fora da linha programática inicial. Vejamos como se refere o atual Governador do Estado do Acre, Jorge Viana:

> Desde o início, existia o movimento político e que precisava de mudanças para que se transformasse em um movimento político vinculado também à atividade produtiva. Porque era exatamente por conta das injustiças na atividade produtiva, na sociedade é que surgia o movimento, e tinha ao mesmo tempo, também, uma carência muito grande na luta partidá-ria, porque tinha sido pouco eficiente esta luta partidária. O Chico Mendes, inclusive, quando ele foi assassinado, em 88, ele estava num processo objetivo de buscar intensificar as ações do movimento na atividade econômica, por exemplo,

para começar a encontrar alternativas às crises econômicas que vivíamos aqui, já que nós não tínhamos uma política pública que atentasse para o que acontecia aqui, onde o processo de exploração se intensificava, as desigualdades aumentavam entre uma base social enorme, que sofria o descaso da ausência de políticas públicas e a perversidade da ação do capital que se impunha aqui, da acumulação de terra, da concentração de terra, e o Chico Mendes criou junto com vários companheiros um movimento político baseado na organização dos trabalhadores e introduziu um componente, que é absolutamente novo para o Brasil daquela época, que era a preocupação com o meio ambiente, que eu acho que este faz diferencial da ação do Chico Mendes e dos seus companheiros aqui no Acre, diferentemente de outros movimentos que surgiam na mesma época Brasil afora e com essa visão, com o passar do tempo o Chico Mendes entendeu, pelo menos é o que eu imagino, que o grande aliado da causa que ele defendia aqui no Acre, junto com outro companheiros, ou a força que o movimento tinha, que era uma novidade, para ganhar aliados dentro e fora do Brasil, era a preocupação com o meio ambiente. Mas naquele final dos anos 80, ele estava imbuído também de um propósito de consolidar experiências que eram feitas via CTA, até mesmo com organismos do governo como FUNTAC, experiências de desenvolvimento econômico comunitário e o Chico Mendes entendia que aquilo ali também poderia fortalecer muito o movimento, ou seja, a preocupação com o meio ambiente e uma visão de tentar fazer uma transposição, não ficar preso exclusivamente à política pura, mas uma transposição para a atividade econômica comunitária, eu acho que era as grandes novidades que o Chico Mendes apresentava, não sei se isto em decorrência dos fracassos eleitorais que se sucedia na luta da organização do PT, e acho que isto também deve ter pesado, mas também por uma visão, o Chico para mim era um visionário, uma visão que conseguia ver além do normal. Mas o certo é que a essa visão nova que tem se intensificado ao longo destes anos todos de atenção mais para o conjunto, mais para o todo, de preocupação com o meio ambiente e também com uma resposta econômica [...].[130]

Com essa nova fase da política acreana, inaugura-se também um novo momento do processo de legitimação de políticas públicas na sociedade mais ampla que ao MSA. Neste caso, estamos diante de uma nova

---

[130] Entrevista do Governador Jorge Viana ao autor.

esfera de institucionalização da política, ou como afirmam Bresser Pereira e Cunill Grau (1998, p. 33): *"la accountability, como demanda expresa sobre las instituciones públicas; la ciudadanía como sujeto político directo, más allá de su expresión através de voto"*. Se uma coisa unificava o MSA e PT antes da chegada ao poder de seus membros, era a ideia de que se deveria aumentar seu capital político para setores mais amplos da sociedade, para não cair no vazio de descumprir as promessas de campanha, pois, como afirmou Barrero, esse descumprimento está sujeito a dois fatores: 1) os custos derivados do mero fator de não cumprir; e 2) à presença de fatores exógenos. O primeiro fator está justificado, porque políticas públicas são sempre custosas, tendo em vista que o governo, além de administrar a máquina pública, terá que fazer frente à falta de unanimidade característica de qualquer sociedade e, portanto, enfrentará resistência de outros atores. O segundo fator é mais condicionado pela falta de controle que o governo tem de questões como a criação de emprego e bom estado da economia (Barreiro, 1999). Em ambos os casos, os governos se veem diante de uma situação em que qualquer movimentação nas políticas públicas estruturais vai incidir nesses fatores e portanto, terá que assumir os custos referentes a tais políticas. A forma que o governo do PT encontrou para legitimar suas políticas em setores mais amplos da sociedade acreana, para não cair no descumprimento de promessas, foi criando um programa onde todas as ações, tanto do Estado como do mercado, tivessem que se referenciar neste programa institucional denominado ZEE, o qual analisaremos a seguir, respondendo à pergunta sobre o porquê de esse planejamento poder ser considerado como justificador das políticas públicas levadas a cabo pelo governo do PT no Acre, como um elemento da *accountability*. Ou melhor, por que o governo do PT no Acre presta conta de seus atos?

5.2.3 O Zoneamento Ecológico-Econômico e Orçamento Participativo do Acre como controle de políticas públicas *ex-antes*

Perguntávamos se era possível a afirmação de que no Acre, a partir do governo do PT (1998), existiria um controle de políticas públicas para o desenvolvimento sustentável e quais eram os instrumentos com que contavam o cidadão para esse controle. Seria o caso aqui de afirmar que um governo aplica políticas que estão de acordo ou não com as preferências cidadãs. Porém, de acordo com Ferejohn (1999), é possível que um agente seja induzido a permitir que suas políticas sejam mais transparentes para atrair mais recursos. A pergunta que surge é: por que esses agentes tornam tais políticas mais controláveis? O argumento do autor é de que o agente, ao tornar suas ações mais controláveis pelo principal, estará criando mecanismos de aumento de seu poder nesta sociedade (Ferejohn, 1999). Neste caso, como afirma Cunill Grau (1999), a *accountability* pode se dar a partir do controle das ações e/ou decisões passadas, como também de futuras. Portanto, pode ser um controle *ex-antes* e *ex-depois* (Cunill Grau, 1999). Segundo Manin *et al.* (1999), as questões em torno da representação do mandato são: 1) se o governo colocou em prática políticas do seu programa; e 2) se, ao proceder de acordo com seu programa, faz o melhor para os eleitores. Afirmam, ainda, estes autores que três são as condições para que se produza a representação do mandato: a) quando coincidem os interesses dos eleitores e dos políticos; b) quando os políticos desejam se reeleger e acreditam que, colocando em prática as políticas de campanha, serão reeleitos; c) quando os políticos se preocupam com sua credibilidade no futuro (Manin *et al.*, 1999). Buscaremos explicar essas três condições analisando as promessas, as políticas e as eleições em que o governo do PT no Acre obteve sucesso nos anos de 1998 e 2002.

Com uma mudança de governo e da orientação partidária, supõe-se que as políticas adotadas também mudarão, pelo menos no tocante à importância setorial. Esta parece ser uma das premissas básicas que imputam aos sistemas representativos aspectos permissivos que, em outros sistemas, tornam-se mais difíceis pela falta de regularidade nas eleições. Quando o governo do PT chegou ao poder no Acre, se deparou com a urgência de alterar o modelo de desenvolvimento adotado nos últimos anos para o estado e, ao mesmo tempo, legitimar essas políticas no agente principal, o cidadão. No entanto, como disse Maravall (2003), os agentes operam em cenários complexos, nos quais estão inseridos uma multiplicidade de interesses que acabam por persuadir ao cidadão. Essa competição, no caso aqui estudado, foi por um modelo de desenvolvimento para o estado do Acre que, como já expressamos, acompanhou toda a trajetória do MSA. Se o movimento foi um aliado incondicional do partido, não significa que todos os segmentos da sociedade estivessem de acordo com o modelo proposto por ambos. O governo do PT percebeu muito cedo essa deficiência no tocante à legitimidade de políticas para o desenvolvimento sustentável no Acre em segmentos mais amplos. Ao assumir no ano de 1999, o governo do estado colocou em prática um mecanismo para legitimar políticas públicas, a saber: elaborar um *zoneamento* que desse conta destas políticas e que fosse expressão desses interesses no interior da sociedade mais geral; inclusive, levando em conta que a disputa por um modelo de desenvolvimento não era e não é consensual. A elaboração do ZEE do Acre, como se pode ver a seguir, tem esse componente presente na hora de pensar sua implementação:

> [...] a implementação prática do Desenvolvimento Sustentável implica na viabilização de práticas democráticas de tomada de decisão sobre políticas públicas, como base para o alcance de interesses coletivos da sociedade e a resolução de eventuais conflitos de interesse.
>
> Com base nessa discussão preliminar, foi possível criar um consenso sobre uma questão fundamental: que o *Programa Estadual de Zoneamento Ecológico- Econômico do Acre deve ter como objetivo central subsidiar processos de planejamento participativo, visando a implementação de políticas públicas voltadas para um estilo de planejamento regional e ordenamento territorial, norteado por princípios de Desenvolvimento Sustentável.*
>
> Nesse sentido, foi definido que uma das funções básicas do ZEE – é contribuir para a viabilização de políticas públicas que sejam adaptadas a características específicas das diferentes regiões e locais do Estado, do ponto de vista social, econômico, cultural e ambiental. Esse processo de **espacialização das políticas públicas** é fundamental para a implementação prática do Desenvolvimento sustentável. A partir de uma sólida base de conhecimento sobre as características sociais, culturais, econômicas e ambientais de nosso Estado, fica bem mais fácil formular e executar políticas públicas mais coerentes, ou seja, **"usar nossa terra com sabedoria"** (ZEE, 2000, p. 119).

O elemento da agregação de preferências na elaboração deste planejamento de políticas públicas pode ser considerado como um instrumento de *informação simétrica* do governo com o eleitor, considerando que o governo quer aumentar a informação do eleitor para incrementar seu poder com vistas a novas eleições. Podemos também supor com Manin *et al.* (1999), que os modelos de *controle* eleitoral partem do pressuposto de que os eleitores não tem informações suficientes para avaliar os governantes o que não acontece com o governo que, além de possuir essa informação, sabe o que deve fazer para obter a reeleição, neste caso, o eleitor parte de qualquer critério que deseje para avaliar os governos (Manin *et al.*, 1999). No caso do governo do Partido dos Trabalhadores no Acre, esta informação é a que disponibilizou para ganhar a simpatia da diversidade de preferência ao projeto de desenvolvimento sustentável do Acre.

Esta diversidade, apontada anteriormente, presente no eleitorado foi vista como problemática por Ferejohn (2002), já que, no caso de que um eleitorado esteja de acordo com o tipo de atuação do governante, sua decisão disciplinadora pode ser igual a de um eleitorado homogêneo. Contudo, como indagamos anteriormente, o que acontece quando um governo quer tornar mais transparente suas políticas? Este governo se verá obrigado a estar preso às diversidades de preferências ou consegue incrementar poder? Pensamos que uma coisa não inviabiliza a outra, ou seja, é possível democratizar a informação e, ao mesmo tempo, aumentar a efetividade de políticas públicas pois, como bem afirmou Przeworski (1998), o desafio consiste em buscar um espaço entre o incremento dos poderes do Estado e ao mesmo tempo, um controle sobre o Estado, isto permite que o governo efetivamente governe e os governados controlem ao governo (Przeworski, 1998).

A seguir, buscamos demonstrar que o governo do PT no Acre (1998-2002) buscou, nos últimos anos, controles *ex-ante* e *ex-post* por meio da consignação de recursos às políticas do cidadão, que lhe permitiu um incremento eleitoral com esta disponibilidade de informação simétrica e que, ao voltar à comunidade com os resultados, se legitimou nas eleições estaduais de 2002.

5.3 AGENDAS DE POLÍTICAS E DE RESULTADOS DO GOVERNO DO ACRE (1999-2002): POLÍTICAS PÚBLICAS E RENDIMENTO ELEITORAL

Afirmamos que o governo do PT no Acre, a partir das eleições de 1998, percebeu que teria de legitimar as novas políticas direcionadas para outro modelo de desenvolvimento e que o mecanismo adotado foi a posta em marcha de um plano de zoneamento do Estado para definir estas políticas e legitimá-las na sociedade. Contudo, o partido também colocou em prática um dos elementos que norteiam o *modo petista de governar*[131] nas cidades e estados em que administra: o *Orçamento Participativo*. Este instrumento de políticas públicas foi discutido e elaborado em parceria com o *Comunidade Ativa*,[132] em que se definiu uma agenda com: a) as vocações dos municípios; b) uma ordem de prioridades, no máximo 20, sendo dez principais e dez suplentes; c) ação prioritária; d) os indicativos destas políticas. Este instrumento se consolidou no ano de 1999 e passou com o Zoneamento a nortear as políticas públicas do Governo do Estado do Acre.

A maneira com que descrevemos o esquema do controle destas políticas se aproxima do afirmado por Held (1991), quando este autor nos mostra, de forma gráfica, como deveria funcionar um sistema de representação de interesses: primeiros os *cidadãos-votantes* pedem responsabilidades aos que tomam as decisões e estes representantes respondem com políticas para o povo em um determinado território. Entretanto, nos interessa saber por que o *agente* coloca em prática estas políticas que satisfazem o cidadão *principal* nesta relação de agência. Seria ingênuo classificar os êxitos desta relação apenas nos pressupostos de que é porque o *principal* é honesto, eficiente e presta conta dos seus atos, independente das contingências. No nosso caso de estudo, queremos saber qual as motivações para a efetiva tomada de decisão em que o controle possa ser exercido desde uma perspectiva da *accountability* vertical e social.

Nosso argumento está influenciado pela atitude cada vez mais inerente aos sistemas representativos de um controle que possa, no decorrer do mandato representativo, ser continuamente colocado em prática pelas agências de controle e pela sociedade, numa atitude de controle *"ex-ante"* no tocante a definição das políticas públicas e num controle *"ex-post"* para avaliar os resultados destas políticas, e isto não apenas pelas eleições periódicas, evidentemente fundamentais para o funcionamento de uma poliarquia. Neste aspecto, um recente informe do CLAD já assinalava:

---

[131] O "modo petista de governar" é uma referência do que no PT se coloca como princípio programático de controle cidadão, além de outros aspectos, dos recursos públicos por meio do Orçamento Participativo. Sobre este conceito ver: Bittar (1992).

[132] O Comunidade Ativa é um Programa de desenvolvimento local da Secretaria — Executiva do Programa Comunidade Solidária do Governo Federal. De acordo com seus documentos, o programa busca a mobilização popular para que nos municípios definam prioridades e num esforço coletivo governo federal, estaduais, prefeituras, iniciativa privada e entidades governamentais sejam executadas as ações desta agenda (Comunidade Solidária, 2002).

> [...] Si la idea de *accountability* se refere a la rendición de cuentas continua de los gobernantes, entonces es necesario que existan formas de fiscalizarlos en el transcurso de sus mandatos mediante la aplicación de sanciones antes de la próxima contienda.
>
> Los mecanismos de *accountability* deben evitar la configuración de la célebre frase de Rousseau: el pueblo es soberano en le momento de la votación y deja de serlo al día seguinte. La fiscalización de los gobiernos debe ser ininterrumpida, con controles burocráticos, políticos, sociales y, más recentemente, mediante la transparencia y la evaluacion de los resultados de las políticas gubernamentales (CLAD, 2000, p. 11).

Nos 22 municípios do Acre, depois de consolidadas as agendas do Orçamento Participativo no ano de 1999, o governo estadual passou a implementar as políticas que estavam nesta agenda. Se este governo agiu desta forma, significa que estava buscando ser *responsável* diante dos cidadãos-eleitores; esta é uma conclusão básica a que se pode chegar, ao analisar os índices de cumprimento das políticas definidas pela comunidade para ser colocado em práticas tanto pelo governo estadual, municipal, federal, organizações da sociedade civil e iniciativa privada.

Entretanto, as perguntas que nos colocamos outra vez é: o que motiva esse governo a ser mais responsável? Por que no ano de 2002 este governo cria um programa de prestação de contas destas agendas do Orçamento Participativo? Já afirmamos que é possível que um partido político no governo queira aumentar o controle do cidadão/votante para incrementar seu poder junto ao eleitorado. Isto pode parecer uma relação *custo-benefício* inerente às teorias da eleição racional, porém, além de ser uma eleição racional, é uma forma de *inversão de prioridades*, que pode elevar o acúmulo de *capital político* a um governo responsável, em uma relação de agência que não tenha em um só tipo de controle e de *responsividade* os pressupostos de um melhor rendimento democrático. Primeiro, mostraremos os números do cumprimento destas políticas, para em seguida assinalar que, no caso estudado, a *accountability* vertical, horizontal e societária se relaciona numa *interface* de controles que se complementam.

MOVIMENTOS SOCIOPOLÍTICOS E AMBIENTAIS NO ACRE (1998-2002):
CAPITAL SOCIAL, CICLOS DE PROTESTOS E OPORTUNIDADES POLÍTICAS

Tabela V.1 – Políticas públicas desenvolvidas pelo governo da Frente Popular (FP) nos municípios e desempenho eleitoral da FP e da oposição nas eleições municipais de 1996 e 2000

Município onde se executou a política pública	Número de prioridades	Número de intervenções	1996	2000
Xapuri	17	12	PT	PT
Rio Branco	20	6	oposição	oposição
Cruzeiro do Sul	20	15	oposição	oposição
Assis Brasil	20	7	oposição	PT
Manoel Urbano	20	8	PT	PT
Capixaba	20	9	oposição	PT
Marechal Thaumaturgo	20	9	oposição	oposição
Bujari	20	10	oposição	oposição
Mâncio Lima	19	11	oposição	oposição
Sena Madureira	17	11	oposição	oposição
Rodrigues Alves	20	14	oposição	oposição
Brasiléia	19	7	oposição	PT
Santa Rosa	20	14	oposição	PT
Plácido de Castro	20	9	oposição	PT
Tarauacá	20	13	PT	PT
Feijó	20	9	oposição	PT
Epitaciolândia	20	11	oposição	oposição
Jordão	20	8	oposição	oposição
Acrelândia	20	11	oposição	PT
Porto Walter	20	7	oposição	oposição
Senador Guiomard	20	10	oposição	oposição
Porto Acre	14	100	oposição	oposição

Fonte: elaboração própria a partir da agenda principal e suplente do "Orçamento Participativo do Acre-1999" e da Agenda consolidada de políticas cumpridas pelo Governo do Estado do Acre, apresentadas nos "Encontros Populares. Governo e Comunidade por um Acre Melhor-2002", (Gabinete Civil do Governo do Acre); TRE-Acre (Eleições Municipais de 1996 e estaduais de 2002)

Verifica-se que, na agenda (Tabela V.1), existe uma multiplicidade de políticas cumpridas que foram definidas no Orçamento Participativo entre 1999, ano em que o PT e sua coalizão *Frente Popular do Acre* administravam apenas três municípios do Acre (Xapuri, Tarauacá e Manuel Urbano), e o ano de 2002, ano em que essa coalizão administrou dez municípios (Acrelândia, Assis Brasil, Brasiléia, Capixaba, Manoel Urbano, Plácido de Castro, Tarauacá, Feijó, Santa Rosa e Xapuri). É interessante notar que, além de manter as três prefeituras que administrava, a coalizão incrementa mais sete prefeituras.

O gráfico V.1 demonstra quais políticas da agenda do Orçamento Participativo foram implementadas no período que vai de 1999 a 2002, nos municípios em que a Frente Popular do Acre ganhou as eleições municipais de 2000. Comparando com o gráfico V.2, que representa as políticas públicas do Orçamento Participativo implementadas nos municípios onde a oposição ganhou, percebe-se que a diferença não foi acentuada para fazer relação com o desempenho eleitoral do PT a nível municipal. Entretanto, a Tabela V.2, a seguir, revela um dado que pode ser relacionado com o desempenho eleitoral a nível estadual, ou seja: que a média de prioridades de políticas públicas definidas no Orçamento Participativo nos municípios onde o PT ganhou as eleições municipais em 2000 é de 19,60, coincidindo com a média de 19,16 de políticas definidas para as prefeituras em que a oposição ganhou. A média de intervenções nos municípios onde ganhou a oposição é de 10,16, e as intervenções nos municípios onde o PT ganhou são de 9,90. Nas eleições estaduais de 1998, a Coligação Frente Popular do Acre elegeu o Governador do Estado com um percentual de 57,70%[133] dos votos válidos dados aos candidatos a governador. Se levarmos em conta que, no ano de 2002, a coligação Frente Popular do Acre reelege para o governo do estado o atual Governador Jorge Viana com um percentual de 63,61% dos votos válidos[134], chegaremos a um rendimento eleitoral da ordem de 5,91%.

Gráfico V.1 – Resumo de intervenções do estado em que a Frente Popular ganhou as eleições municipais de 2000

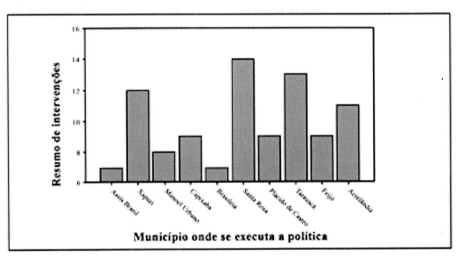

Fonte: elaboração própria a partir de: Orçamento Participativo (1999) e Agenda consolidada de políticas públicas para os "Encontros Populares". Governos e Comunidade por um Acre Melhor (2002), (Gabinete do Governo do Estado do Acre); para os dados eleitorais das eleições municipais de 1996 e 2000: TRE-AC e TSE

---

[133] Dados fornecidos pelo Tribunal Superior Eleitoral (TSE), em www.http://intranet.tse.gov.br/divulgação/gov_ac.html.
[134] Jornal *Página 20*, de 8 de outubro de 2002.

Gráfico V.2 – Resumo de intervenções onde a Oposição ganhou as eleições municipais de 2000

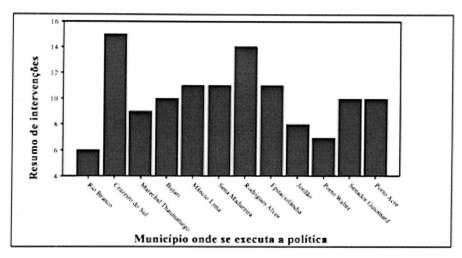

Fonte: elaboração própria a partir de: Orçamento Participativo (1999) e Agenda consolidada de políticas públicas para os "Encontros Populares. Governos e Comunidade por Acre Melhor (2002)", (Gabinete do Governo do Estado do Acre). Para os dados eleitorais das eleições municipais de 1996 e 2000: TRE-AC e TSE

Tabela V.2 – Comparação de Média de prioridades e intervenções nos municípios onde ganhou o PT e onde ganhou a Oposição nas eleições municipais de 2000

Eleição Municipal 2000		Resumo de prioridades	Resumo de prioridades
Oposição	Média	19,1667	10,1667
	N	12	12
	Desv. típ.	1,8505	2,5879
PT	Média	19,6000	9,9000
	N	10	10
	Desv. típ.	0,9661	2,4698
Total	Média	19,3636	10,0455
	N	22	22
	Desv. típ.	1,4975	2,4780

Fonte: elaboração própria a partir de: Orçamento Participativo (1999) e Agenda consolidada de políticas públicas para os "Encontros Populares". Governos e Comunidade por um Acre Melhor (2002), (Gabinete do Governo do Estado do Acre). Para os dados eleitorais das eleições municipais de 1996 e 2000: TRE-AC e TSE

Nas descrições feitas a partir dos dados de políticas públicas do Orçamento Participativo, cumpridas pelo governo do estado para os municípios e dos resultados eleitorais a nível municipal e estadual, chega-se à conclusão de que, nas últimas eleições, municipais e estadual, o PT obteve um rendimento eleitoral que tem a ver com a posta em marcha das políticas públicas nos quatro anos de mandato à frente do governo do estado. Isso significa que um governo responsável, do ponto de vista da implementação de políticas públicas definidas pelo cidadão/votante, é depositário de um controle vertical nas eleições? A resposta a essa pergunta é que o controle das políticas públicas "*ex-ante*" (orçamento participativo), e da *responsividade* dos políticos com as políticas públicas "*ex-post*" (avaliação dos resultados das políticas) é apenas uma das variáveis que incidem no rendimento democrático de uma sociedade.

5.4 AS INTERFACES DE CONTROLE E RESPONSABILIDADE DO PROGRAMA DE DESENVOLVIMENTO SUSTENTÁVEL DO ACRE

Além da posta em marcha da maioria das políticas públicas definidas pela comunidade (Orçamento Participativo), da avaliação levada a cabo por essa comunidade com o aval do governo e da criação de agências de *accountability* como os chamados "Encontros Populares" para avaliar as políticas públicas referendadas nas agendas de políticas, o governo necessitou legitimar, de forma mais ampla, estas políticas de desenvolvimento sustentável. Em março de 2002, uma nota técnica do governo do estado referente ao "Programa de Desenvolvimento Sustentável do Acre – BID BR-0313"[135] afirma em seus objetivos que:

> O objetivo geral do Programa é promover o crescimento econômico ambientalmente sustentável e a diversificação produtiva no Acre a fim de melhorar a qualidade de vida da população e preservar o patrimônio natural do Estado em longo prazo. O Programa, elaborado com a participação de mais de 60 técnicos do Estado, com o apoio do Programa das Nações Unidas para o Desenvolvimento – PNUD e auxiliado por aproximadamente 40 Instituições e organizações não governamentais da sociedade tem três objetivos específicos:

---

[135] O Programa de Desenvolvimento Sustentável do Acre é um dos projetos financiados pelo Banco Interamericano de Desenvolvimento (BID), autorizado pelo Governo Brasileiro por meio da Comissão de Financiamento Externo (Cofiex), o programa tem um montante de US$ 240 milhões que será disponibilizado em duas fases. O governo do estado do Acre decidiu que financiará na primeira fase US$ 108 milhões, com prazo de execução de até quatro anos, podendo ser reduzida, caso a primeira fase seja concluída antes do prazo (Acre, 2002).

> a) modernizar a capacidade reguladora, administrativa e supervisora da máquina pública para assegurar o uso eficiente dos recursos naturais em longo prazo;
> b) incrementar a rentabilidade econômica do setor silvoagropecuário e fomentar investimentos produtivos estratégicos como mecanismo para elevar as taxas de crescimento econômico do Estado do Acre, geração de emprego e renda, bem como melhorar os níveis de empregos existentes; e
> c) elevar a qualidade da infraestrutura pública a fim de incrementar o nível de competitividade econômica do Acre.

É interessante notar que a disposição do governo de modernizar a atuação da máquina administrativa, incrementar renda e elevar a qualidade da infraestrutura pública são componentes que já estavam em um *perfil adaptado* do Programa em agosto de 2001, que era uma modificação do primeiro *perfil* apresentado ao BID em 2000. Este perfil tinha como componentes, entre outros, o *manejo sustentável e conservação dos recursos naturais*: a) administração de terras para identificação, regularização e levantamento cadastral em todo o território acreano; b) emprego e estabelecimento de Manejo de Áreas Protegidas, no sentido da criação e gestão de um sistema estadual de unidades de conservação de uso indireto, implantar unidades de conservação de proteção integral e proteção do entorno natural do Parque Nacional da Serra do Divisor no Acre; c) Sistema de Gestão e Controle Ambiental, que financiará a assistência técnica e equipamentos para modernização do sistema integral de gestão ambiental e criação e fortalecimento de estruturas de apoio ao sistema de controle ambiental; d) apoio à preservação de culturas tradicionais, para valorizar a identidade cultural de 12 etnias indígenas reconhecidas no Acre e de populações tradicionais, por meio de assistência à fundação de Cultura do Estado do Acre, para apoiar o acesso destas comunidades aos demais componentes do programa, inventário de Culturas Tradicionais por meio da criação de banco de dados sistematizado e criação de centros de divulgação da cultura indígena nos municípios do Estado (Acre, 2001a).

Se o Programa de Desenvolvimento Sustentável do Estado do Acre, que não se resume ao projeto apresentado ao BID em 2000, possui algo em termos de controle e responsabilidade das políticas públicas, isto é, algo que temos que buscar nas origens do MSA, ou seja, na capacidade de esse movimento continuar orientando sua atuação em termos de poder compartilhado com a sociedade. Os resultados em termos eleitorais são bons indicadores de *accountability*, porém, as *interfaces* em que governo e sociedade mantêm suas interações têm demonstrado que, se o governo busca democratizar a participação, tem que fazê-lo também de forma responsável se quer obter rendimento eleitoral. Sobre os impactos ambientais e sociais, o Programa de Desenvolvimento Sustentável do Acre em 2001, definia esta participação da seguinte forma:

> A sociedade civil acreana está participando ativamente na preparação do Programa, aproveitando a estrutura estabelecida durante o exercício do ZEE (Zoneamento Econômico e Ecológico). Esta modalidade de participação de tipo global através da Comissão do ZEE será completada com a formação de três câmaras técnicas para tratar os temas manejo sustentável e conservação dos recursos naturais, apoio e promoção do desenvolvimento produtivo e emprego e infraestrutura pública de desenvolvimento. O Estado apresentou ao Banco o dispositivo legal que define estes mecanismos de participação, já coordenado com a sociedade civil. Os grupos representarão amplamente a sociedade e serão renovados periodicamente. Estes grupos atuarão também durante a execução (Acre, 2001a).

A maneira que se constitui o modelo de *accountability* do MSA no governo do estado do Acre não é extemporânea aos mecanismos da democracia representativa e da democracia direta. O que sobressai na relação de *controles* e *responsabilidades* dos entes representativos presentes na elaboração, implementação e avaliação das políticas públicas, presentes na sociedade política e civil no Acre, é uma disposição de afirmação de identidade, cultura e valores democráticos que não podem, a *priori*, ser julgados como bons *ou* maus e sim como bons *e* maus. Talvez o desafio aqui tenha origem na superação deste dilema, que é reflexo da polaridade em que o Estado autoritário e clientelista no Brasil colocou sociedade e Estado.

A *responsividade* dos políticos e o controle das políticas públicas por meio do *controle social* não podem ser pensados como um mecanismo que opera independentemente de outras variáveis. A primeira consiste na articulação do controle social com os mecanismos da democracia representativa. A segunda tem a ver com a capacidade institucional do estado, ou melhor, com o seu fortalecimento. A terceira variável deve ser representada pelo desenho organizacional do estado, para criar espaços alternativos de participação cidadã, ou melhor, aproximar-se ao cidadão. A quarta variável é condição fundamental para o êxito do controle social.

Afinal, trata-se da informação simétrica disponibilizada pelo governo, uma vez que cidadãos desinformados não podem eleger *bons tipos e boas políticas* (CLAD, 2000; Fearon, 1999).

Para que exista uma *accountability* de *interface*, é necessário mais do que disposição de um movimento que proponha colocar nas instituições essas variáveis, para fazer o Estado e os políticos mais controláveis. No Acre, o MSA parece ter bem claro isto e tem colocado a questão no nível dos desdobramentos das ações, como forma de solucionar a incerteza institucional que pode gerar novos modelos de desenvolvimento. Neste caso, o governador Jorge Viana assim se expressou:

> Dentro do nosso movimento político isto está bem consolidado, mas eu acredito que ainda não está consolidado na sociedade e não está consolidado no modelo econômico, ele tem boa base já na sociedade e boa base no modelo econômico, mas é necessário que se chegue em um processo de escala, de sustentabilidade mais palpável, então, a grande preocupação do segundo mandato é que a gente passe agora para a sociedade aquilo que, do ponto de vista institucional, nós já atingimos, que a gente passe para a economia aquilo que, do ponto de vista institucional, nós já atingimos, porque mesmo que tenhamos uma interrupção no projeto de governo, no coletivo que nós representamos, nós vamos ter um modelo consolidado na sociedade ou na economia, e isto seria condição, eu diria, suficiente para que o processo fosse adiante e até tivéssemos algum tempo, caso houvesse algum acidente de percurso político, a gente possa ter tempo de retomar um pouco mais adiante. Então, para diminuir, abre aspas, a "uma possível fragilidade da ação política nossa", nós vamos intensificar a ação agora no modelo econômico para que ele possa andar sozinho, se consolide até do ponto de vista do mercado e junto à sociedade com o que nós chamamos de florestania para que extrapole do movimento social localizado mais orgânico à ação política partidária e a ação de governo, quer dizer, nós queremos algo além disso, além desse movimento social orgânico, além da ação política partidária, além da ação do governo, nós queremos agora consolidar este linking social na sociedade, esse sentimento, essa quase ideologia do modelo de desenvolvimento sustentável que nós defendemos e obviamente passar também com a mesma ênfase para a atividade econômica.[136]

---

[136] Entrevista do Governador do Estado do Acre ao autor.

O modelo de desenvolvimento adotado pelo governo do estado do Acre conseguiu legitimar-se por duas vias. A primeira é *institucional informal*. Deu-se por meio do próprio movimento que levou o PT às esferas públicas administrativas do estado, adotando como princípio de legitimação a posta em marcha de políticas que beneficiassem de forma *inclusiva*, os segmentos outrora excluídos dos recursos públicos para este desenvolvimento sustentável. A segunda via de legitimação do modelo está centrada nos mecanismos *institucionais formais* do Estado de Direito, que rege a democracia representativa e que o MSA esteve sempre debatendo de forma *reativa*, quando não possuía o poder de decisão sobre os *policies makers* e suas consequências para o modelo de desenvolvimento para o Estado. E, atualmente, de forma *proativa*, ativando os *stokes* de capital social para fazer valer suas posições nas decisões públicas direcionadas para o desenvolvimento sustentável do Estado.

Ambos os mecanismos de legitimação do modelo de desenvolvimento sustentável adotado pelo governo do PT no Acre (1998-2002) se amalgamaram para incrementar o poder do MSA. O controle das políticas públicas se inscreve nesta história de *interface* entre o movimento, o partido e o estado. Tendo em vista que os mecanismos de controle que possui uma sociedade dependem do *plus* de capital social que possui esta mesma sociedade, o esquema ou a estratégia do MSA no governo tem dado resultados satisfatórios, em termos de políticas públicas para este setor. Entrementes, vale ressaltar que uma estratégia desta natureza é algo que pode durar como mecanismo democrático, sem, no entanto, estar *a priori* definido como sendo *per se* depositário da democracia em uma sociedade.

5.5 RESUMO

Neste capítulo, empreendemos um esforço no sentido de demonstrar que o MSA, o Partido dos Trabalhadores e o Estado atualmente são três *caras* de uma *interface* da *accountability*. A partir da análise de políticas públicas, nas que o MSA participou na elaboração, implementação e avaliação, demonstramos que este movimento teve capacidade de elevar os temas do desenvolvimento sustentável para a esfera pública e envolver o mercado com o apoio do PT, formando assim uma esfera *pública-não-estatal*.

No capítulo, perguntamos por que o partido, o MSA e o estado disponibilizam informação simétrica para o cidadão-eleitor. Salientamos que o Partido oferece esta informação porque, além da intenção de receber um controle do cidadão-votante "ex-ante" e "ex-post" das políticas públicas, ambiciona também incrementar poder político nas próximas contendas eleitorais. Também ficou demonstrado que o partido buscou, com a estratégia da *responsividade* de seus políticos, legitimar as políticas voltadas para o modelo de desenvolvimento sustentável em âmbitos mais amplos da sociedade.

Quando o PT chegou ao poder no Acre (1998), tinha bem claro que a melhor forma de legitimar essas políticas era utilizando o que Maravall (2003) chamou de "marca de fábrica" do partido. Dessa constatação, surgiu o ZEE do Acre e o Orçamento Participativo, duas políticas públicas características do PT nos municípios e estados que administra. Mesmo que, em alguns casos, recebam nomes diferentes, o fato é que o chamado *modo petista de governar* tem como uma das premissas a utilização de instrumentos de planejamento e de democratização da tomada de decisão pública, o que, no Acre, foi feito já no primeiro ano de administração da Coalizão Frente Popular, tendo como principal articulador o PT. Criou-se, a partir desses instrumentos, uma *rotinização* de procedimentos administrativos para o cumprimento de políticas públicas, começando pela posta em marcha de uma agenda de políticas discutida com a sociedade no ano de 1999 e, posteriormente, discutida por seus resultados no ano de 2002 nos "Encontros Populares" do governo do estado.

Procurou-se verificar de que forma as dimensões da *accountability societal, vertical e horizontal* foram utilizadas pelo MSA, pelo PT e o estado. Verificou-se que as três formas não são excludentes, uma vez que, ao cumprir as políticas públicas definidas pelos cidadãos-votantes, foi necessário incrementar o poder do estado por meio de suas agências de controle horizontal (Secretarias de Estado envolvidas), aumentar o poder de decisão do cidadão-votante, por meio de mecanismos de controle societário (orçamento Participativo e ZEE do Acre). E, finalmente, chegou-se ao rendimento eleitoral do PT (aumento de prefeituras administradas no ano de 2000 pelo PT e sua coligação Frente Popular e a reeleição do Governo do PT nas eleições estaduais de 2002).

Por último, analisamos o Programa de Desenvolvimento Sustentável do Governo do Estado do Acre iniciado no ano de 2000 e apontamos uma defesa de elementos, que acompanhou o MSA na sua trajetória antes de chegar ao poder, como é o caso da ampliação da participação cidadã na definição dos impactos sociais e ambientais das políticas públicas e também uma legitimação por meio de duas vias: uma *institucional formal*, com o partido fazendo valer suas posições no interior das instâncias decisórias do Estado e a outra *institucional informal*, com o movimento fazendo valer suas posições de propostas *inclusivas* dos segmentos e setores antes excluídos das políticas públicas de desenvolvimento para o Estado do Acre.

A conclusão a que chegamos é que o *modus operandi* das dimensões das *accountability* em uma dada poliarquia é importante para o exercício do controle e responsabilidade dos políticos e das políticas públicas, como também são necessárias as *interfaces* que caracterizam a viabilidade das três formas de *accountability: vertical, horizontal e societária*. A durabilidade desses mecanismos de controle depende tanto da *rotinização* dos procedimentos nas instituições formais (Estado) como dos hábitos saudáveis, do ponto de vista da democracia, nas instituições informais (as virtudes cívicas praticadas e aceitas amplamente pela sociedade), pois, como recentemente afirmou Diniz (2003, p. 8):

> A responsabilidade política pode ser testada no processo eleitoral, quando os cidadãos têm a oportunidade de aprovar ou não os atos dos governantes, reconduzindo-os ao cargo ou levando-os à derrota. Entretanto, as eleições (accountability vertical) não bastam. Para proporcionar níveis satisfatórios de responsabilidade e responsividade (capacidade de resposta dos governos às necessidades e preferências dos cidadãos) é necessário um desenho institucional complexo constituído por uma série de mecanismos e procedimentos de cobrança e prestação de contas de forma a garantir intervenções eficazes.

CONCLUSÃO

Na apresentação deste trabalho de investigação, salientamos que o nosso objeto de estudo eram os MSA. À primeira vista, poderia parecer que a análise seria apenas de um movimento social dado, entretanto, também fizemos questão de evidenciar que este movimento é uma combinação de vários movimentos sociopolíticos, onde estão incluídos o PT do Acre, parte da elite intelectual, igreja, Sindicatos de Trabalhadores Rurais, ONGs locais, nacionais e internacionais e agências de fomento ao desenvolvimento sustentável do próprio estado. Também evidenciamos que, historicamente, o principal ator sociopolítico que deu sustentação a esse movimento foi o trabalhador extrativista, que habita o estado do Acre desde sua formação econômica e cultural, do início do século XVIII até os dias atuais.

Apesar da diversidade de componentes desse movimento, fizemos um esforço para analisá-lo a partir de teorias dos movimentos sociais que, até o momento, não haviam sido utilizadas para explicar o processo político acreano, principalmente, a Teoria da Mobilização Política. Este labor foi, em grande parte, direcionado para entender como um conflito político que está latente em uma sociedade, pode gerar *ciclos de protesto* e levar os membros desses movimentos a disputarem poder a partir das *janelas de oportunidades políticas* abertas no sistema político. Nos foi possível demonstrar que, mesmo em uma sociedade em que o conflito político nem sempre foi resolvido dentro das regras democráticas do Estado de Direito, os movimentos sociopolíticos também fazem parte do jogo democrático e que a busca pela *institucionalização formal e informal* é um componente que deve ser levado em conta para resolver os conflitos políticos desta sociedade. A partir desta definição do conflito político, pudemos nos aproximar da análise da resolução deste conflito como forma de disputa de poder. Para uma melhor compreensão do argumento desenvolvido neste livro, dividimos nossa exposição em nove pontos: primeiro, à medida que o MSA, ao se mobilizar em torno dos temas *preservação de um modo de vida e preservação da natureza* — que geralmente eram resultados das injustiças cometidas contra seus membros — abriu uma *janela de oportunidades* para desnudar uma esfera da realidade social e política que, até então, passava despercebida pelos que eram afetados por estas injustiças. Estes, por sua vez, passam a exigir mais consideração com relação a direitos, recursos políticos e econômicos, que eram desprendidos para os demais membros desta sociedade pelo Estado. No geral, esta contestação ocorreu em função dos *marcos de significados* que elevaram o tema do desenvolvimento sustentável a esfera de conhecimento daqueles que estavam envolvidos nesta política contenciosa e dos seus aliados potenciais.

A política contenciosa, levada a cabo pelo conflito político, teve uma característica comum, a saber: possibilitou que o *auditório* fosse, em grande parte responsável, pelo sucesso desta contenda. Falando noutro contexto sobre o conflito político, Schattschnneider (1967) propôs que a contenda, além dos implicados, em grande medida é decidida pelo público latente. Segundo este autor, o equilíbrio de forças em qualquer conflito não constitui uma equação fixa até que *todos* estejam implicados. Se uma décima parte de um por cento do público se encontra implicado no conflito, a força latente do auditório é 999 vezes maior que a força ativa, e o resultado do conflito dependerá de forma esmagadora do que faça os 99.9 por cento. De maneira característica, os potencialmente implicados são mais do que aqueles, de fato, implicados. Essa análise se refere às relações entre os segmentos "interessados" e "não interessados" da comunidade e se reflete sobre teorias de interesse no político. Muitos conflitos se confinam estreitamente por meio de uma variedade de estratégias, porém, a qualidade distintiva dos conflitos políticos é que a relação entre os "jogadores" e o público não foi definida precisamente e, geralmente, não existe nada que evite aos espectadores participarem no jogo. Se o conflito político não se resume aos litigiosos iniciais, significa que algo que incitou a estes contendentes tem a ver com os demais segmentos da sociedade que estão dentro do sistema. Desde uma perspectiva ampla, acreditamos poder falar de uma *sinergia latente* na sociedade, entre os vários grupos que compõem a dita sociedade e da importância dos conflitos para o aprimoramento da democracia. E esta configuração do conflito político foi especialmente importante no caso da disputa pelo MSA e seus adversário.[137]

Segundo, ao demandarem ao Estado por seus direitos, estes membros do MSA quebraram a *path dependence* (subordinação à trajetória)[138] descrita por Putnam (1994), já que o Estado, nos últimos anos, passou a elaborar e implementar políticas *proativas* voltadas para esses estratos

---

[137] Uma das obras de referência sobre a importância do conflito para a sociedade democrática é: Hirschman (1995).

[138] Putnam se apoia nos neoinstitucionalistas para afirmar as principais características da path-dependence (subordinação à trajetória), segundo a qual – como assinalam, por exemplo, March e Olsen (1989), o lugar a que se pode chegar depende do lugar de onde se veio, e simplesmente é impossível chegar a certos lugares a partir de onde se está (Putnam, 1994).

sociais que estavam fora do sistema de distribuição de recursos. No nosso caso de estudo, apesar de concordarmos que existem elementos importantes da cultura, que leva um determinado grupo a se mobilizar, também acreditamos que as instituições do Estado de Direito, ao satisfazerem às demandas dos membros do MSA, também estimularam ou incrementaram o *capital social* deste movimento. Esta afirmação tem no cientista político Peter Evans um dos seus referenciais, quando este autor trabalha o conceito de *capital social* desde um ponto de vista neoinstitucionalista. Para ele, o Estado, na sociedade atual, tem como um de seus papéis interagir com a ação coletiva, sendo *proativo* ou *reativo*, ou seja, valorizar o potencial de ação ou criar mecanismos inibidores deste potencial (Evans, 1996). Esta é uma visão que não pode ser encarada como contrária à contribuição de Putnam (1994), já que este autor, em sua obra mestra sobre capital social, já afirmava que os momentos cruciais da história podem trazer consequências duradouras. Porém, a história não é sempre eficiente, no sentido de eliminar as práticas sociais que impedem o progresso e estimulam a irracionalidade coletiva. Este autor também afirma que não é somente a história que determina o desempenho institucional. Se duas sociedades têm os mesmos recursos, é possível que somente os contextos sociais diferentes apresentem diferentes conjuntos de oportunidades e incentivos (Putnam, 1994).

Com isso, podemos afirmar que o acesso às instituições é limitado pelas opções futuras, ou seja, que o importante não é somente a história, já que o mau desempenho surge de uma fonte comum. Neste aspecto, Putnam parece de acordo com Evans, quando afirma que o estado deve ser um indutor ou inibidor do capital social e disso depende se a história abrirá alguns caminhos e bloqueará a outros (Putnam, 1996). Deveras importante para nosso propósito de estudar as instituições foi abrir mão do debate infrutífero sobre quem determina o quê: cultura ou estrutura? Neste sentido, North (1993) nos deu a pista de como deveríamos encarar este desafio, ao afirmar que a dependência à trajetória significa que a história é importante. Em outras palavras, que não podemos entender as opções de hoje sem seguir a evolução incremental das instituições. Ressalta, ainda, o fato de que estamos apenas iniciando a séria tarefa de explorar as implicações da subordinação à trajetória e que as restrições informais também são importantes. Necessitamos aprender muito mais sobre as normas de conduta derivadas da cultura e sobre como interatuam com as regras formais para obter melhores respostas para alguns problemas (North, 1996).

Neste caso de estudo, o MSA criou e expandiu oportunidades políticas ou, como disse Tarrow em 1999 citando Eric Hobsbawm sobre as ocupações de terra no Peru, os campesinos têm o sentido comum de se rebelarem contra as autoridades, quando percebem a abertura de pequenas janelas ou portas no muro. Tarrow acredita que os movimentos são um alvo em movimento e que não podemos ordená-los como se fossem uma estrutura composta por excisões, conflitos e instituições estatais, dado que os movimentos aparecem como resultado da criação ou expansão de oportunidades, ademais, são um sinal da vulnerabilidade do Estado que reage ao processo da ação, gerando novas oportunidades políticas, que o autor chama "estatalismo dinâmico" (Tarrow, 1999). Parece que, mais uma vez, estamos dando voltas para afirmar que a sociedade democrática é derivada na atualidade da estrutura e da cultura, seu desempenho institucional vai depender, em grande medida, de como cada uma destas sociedades se aproveitam das oportunidades geradas e que não são *akrónychos*, são ao mesmo tempo *diacrônicas* e *sincrônicas*.

Em quarto, e conectado com o anterior, o conflito político inicial que se definia em termos numéricos a um reduzido número de pessoas, se deslocou a outra classe de conflito que já não era somente por apropriação de recursos, passando a ter um conteúdo ideológico. No caso estudado nesta investigação, o MSA se apoiou no que alguns chamam *ideologia extrativista*[139] para que o *setor do movimento*[140] se articulasse a partir dos temas que incitaram os *ciclos de protestos*. Esse setor do movimento se expandiu com temas conexos aos primeiros. Se os iniciadores lutavam por um reconhecimento público de seus direitos à terra, os novos aliados lutavam por preservar a natureza, o que, na visão de ambos, se conseguiria com: a manutenção do morador tradicional nas terras que habitava há décadas e com novas formas modernas de utilização da mesma.

Quinto, as oportunidades abertas pelos *madrugadores* passaram a envolver um número maior de pessoas que não pertenciam àquele universo de excluídos, neste caso, os aliados na elite política. A *elite política* a qual nos

---

[139] Falando sobre o fortalecimento do movimento social dos seringueiros no Acre, Michelotti em 2001, disse que este fortalecimento não pode ser visto independentemente do contexto de sua criação, ou seja, a existência em termos internacionais de uma consciência ecológica que reforçaria uma ideologia extrativista. A aliança entre os seringueiros envolveu seguimentos diferentes nacionais e internacionais. Esta aliança possibilitou uma maior conquista deste movimento em termos dos seus objetivos (Michelott, 2001).

[140] Quando os ciclos de protesto são iniciados pelos "madrugadores" oferecem incentivos para a formação de novos movimentos. Se difundem formas novas de ação coletiva. Aparece um setor de movimento social no que competem e cooperam as organizações (Tarrow, 1997).

referimos é a que que Evans (1996) descreveu como sendo uma *vanguarda política*, caracterizada pela sua disposição de levar adiante reformas que configurem uma nova relação entre o Estado e a sociedade. No caso desta investigação, a *elite política* se configura nos segmentos que tomaram partido na contenda política iniciada com os primeiros *ciclos de protestas* na década de 1980 no Estado do Acre. Esta elite estava basicamente formada por estudantes universitários, professores, clérigos e funcionários públicos.

O movimento que, no início, tinha como aliado a elite política (vanguarda política), aos poucos abre uma janela para revelar as contradições internas na elite conservadora. Na investigação apontamos a UDR do Acre, na década de 1980, como uma dessas elites conservadoras. Como afirma Tarrow (1999), com frequência, os dissensos no seio das elites produzem o efeito de ampliar o campo de resolução de conflitos, chegando a abarcar grupos que se encontram fora do sistema político. Estes acabam dotando-se de um tipo de poder marginal que, precisamente, podem exercer graças às mesmas divisões que fracionaram a coesão das elites. Por outro lado, é possível que as elites sejam divididas pela própria ação coletiva ou que estas elites, que estão dentro do sistema, resolvam introduzir mudanças, porque os descontentes oferecem incentivos às minorias dentro do seio das elites. Neste caso, pode ocorrer uma coalizão de interesses objetivos e subjetivos entre as elites reformistas que estão dentro do sistema e os movimentos que estão fora do sistema (Tarrow, 1999). Evidentemente, essas reformas só são possíveis porque estas elites se veem pressionadas, desde fora do sistema, por um número substancial de atores coletivos, que põem em perigo a estabilidade de seu *status quo*. Isso explicaria porque a luta política dos litigiosos passa a ser cada vez mais pelo poder dentro destas instituições, o qual se concentrava nas mãos da elite conservadora.

Sexto, um movimento sociopolítico como o MSA, ao passar por estas trajetórias descritas anteriormente e com a continuidade, se conectou com o partido e o Estado, por meio de uma estratégia política determinada pelas suas necessidades de poder. Nos foi possível descobrir que o surgimento do MSA é parte da herança cultural sedimentada da sociedade acreana. No entanto, isso não significa que este movimento dependeu exclusivamente das estratégias iniciais. Ao perceberem que necessitavam de um *linking* com um mediador de interesses, o MSA se conectou com o partido político para, por meio dessa organização, chegar ao Estado, visto que este movimento adotou estratégias novas para potencializar interesses de ambos, ou melhor, dele próprio e do partido político.

Sétimo, os Movimentos Sóciopolíticos e Ambientais no Acre (MSA), ao mediar seus interesses por meio do partido político, passou a depender dos êxitos eleitorais desta organização partidária. Dito de outra forma, as políticas públicas que foram levadas a cabo e implementadas pelo Estado com vistas a satisfazerem suas demandas passaram a depender, para a sua regularidade e *rotinização,* da própria continuidade do partido no poder. Ademais, apareceu o problema da *accountability* e da *governance.* Se o governo orientou as políticas públicas para o seu principal aliado, o MSA, é possível que tenha feito devido a alguns espectros da política, como o controle "ex-ante" e "ex-post", que não eram visíveis a toda a sociedade, mas que deveriam ser legitimadas por meio de mecanismos da *accountability horizontal, vertical e societal.*

Oitavo, sustentamos neste trabalho que as variáveis independentes *capital social, oportunidades políticas* e *accoutabilitity,* com a intervenção da variável interveniente *partido político,* incidiu na variável dependente *rendimento da democracia ou rendimento institucional.* Buscamos demonstrar que um movimento sociopolítico das características do MSA, que tem no seu aspecto dinâmico da disputa de poder a relevância de agrupar aliados em torno de temas que afetam tanto a seus aliados como a grupos que, anteriormente, estavam fora da disputa política, consegue, ademais de obter resultados positivos para suas demandas, contribuir para o aperfeiçoamento da democracia em instância local, o que cada dia é mais comum no Brasil.

Por último, a linha de investigação que adotamos para este estudo de caso deve gerar novos debates sobre os modelos de desenvolvimento sustentável para as regiões periféricas como a Amazônia, centrados nos processos políticos contemporâneos. Como indicador de novas investigações neste sentido, podemos fazer referência ao fato de que o caso do Acre não é único em que movimentos sociopolíticos conseguem elevar suas demandas para o estado, a partir da articulação de vários atores implicados nos modelos de desenvolvimento para a região. Como caso similar, apontamos o estado do Amapá, que tem direcionado suas políticas de desenvolvimento para os princípios de sustentabilidade social, econômica, política, cultural e ética, por meio de mecanismos de políticas públicas como o ZEE. Como exemplos de casos, que ainda não criaram estas variáveis para sustentar seu modelo de desenvolvimento, podemos citar Rondônia, onde, pelo menos de forma especulativa, se pode afirmar que não conseguiu manter um equilíbrio ambiental nas suas políticas. Trabalhos comparativos para verificar as possíveis generalizações do modelo adotado no estado do Acre são prementes. Por ora, o debate já se iniciou com a detratação dos argumentos da sustentabilidade do modelo de desenvolvimento sustentável adotado pelo estado do Acre no âmbito acadêmico.

É possível que esses argumentos tenham razão de ser, todavia, enquanto não houver estudos que possam dar conta das variáveis políticas, sociais e culturais para o estudo do modelo desenvolvimento para a região, não podemos dar como certos os argumentos especulativos, sem as devidas confrontações empíricas que requerem estudos sérios e com referenciais teóricos novos, sem as chamadas *fronteiras epistemológicas* características de visões ideológicas ou simplesmente pragmáticas da análise do processo político contemporâneo no Acre.

REFERÊNCIAS

ABRAMOVAY, R. Conselhos além dos limites. In: SEMINÁRIO DE DESENVOLVI-MENTO LOCAL E CONSELHOS MUNICIPAIS DE DESENVOLVIMENTO RURAL, 2001, Porto Alegre. Anais [...]. Porto Alegre, 2001.

ACRE. Nota Técnica do Governo do Estado do Acre. Rio Branco, 2002.

ACRE. Programa de Desenvolvimento Sustentável do Estado do Acre. Rio Branco, 2001a.

ACRE. Zoneamento Ecológico-Econômico (ZEE). Rio Branco, 2001b.

ADS. União Democrática Ruralista. Uma nova Realidade. Catálogo Brasileiro de Profissionais de Relações Públicas, São Paulo, v. 9, p. 10, 1987.

AGOSTO, G. El capital social en la democracia Dominicana. Análisis de situación en la década de 1990. 2002. Tese (Doutorado em Ciência Política) – Universidade Complutense de Madrid, Madrid, 2002.

AGUIAR, F. La lógica de la cooperación. In: AGUIAR, F. (org.). Intereses individuais e acción colectiva. Madrid: Pablo Iglesias, 1991.

ALBAGLI, S.; MACIEL, M. L. Proposição de políticas para a promoção de sistemas produtivos locais de micro, pequenas e médias empresas. Capital social e empreendedorismo local. Rede de Pesquisa em Sistemas Produtivos e Inovativos Locais, Rio de Janeiro, 2002.

ALCÁNTARA SÁEZ, M.; FREIDENBERG, F. Partidos Políticos de América Latina. Cono Sur. Revista América Latina Hoy. Salamanca: Ediciones Universidad de Salamanca, 2001, pp. 11-32.

ALCÁNTARA SÁEZ, M. Las tipologías y funciones de los partidos políticos. Curso de partidos políticos, Akal, 1997.

ALMOND, G. A. A Discipline Dividid. Schools and Sects in Political Science. London: Sage, 1990.

ALMOND, G.; VERBA, S. La cultura cívica. Madrid: Fundación Foessa, 1970.

ALVES, M. H. M. Estado e oposição no Brasil (1964-1984). Petrópolis: Editora Vozes, 1985.

AMENTA, E.; ZYLAN, I. It Happened Here: Political Opportunity, The New Institutionalization and the Towsend Movement. In: LYMAN, S. (org.). Social Movements: Critiques, Concepts and Case-Studies. New York: New York University Press, 1995.

ARROW, K. Beyond General Equilibrium. In: COWAN, G. et al. Complexity: Metaphors, Models and Reality. Santa Fé: Institute/Addison-Wesley, 1994.

ARRUDA, I. Manejo florestal. Floresta calculada para crescer. 2003.

AVRITZER, L. Modelos de formación de Estado y sociedade y su impacto en la accountability: comentários sobre el caso brasileño. In: PERUZZOTTI, E.; CATALINA, S. (ed.). Controlando la Política. Ciudadanos y medios en las nuevas democracias latinoamericanas. Buenos Aires: Editorial Temas, 2002.

AXELROD, R. La evolución de la cooperación. Madrid: Alianza Editoral, 1986.

BARBOZA, H. B.; SPINK, P. 20 Experiências de gestão pública e cidadania. São Paulo: FGV, 2002.

BARREIRO, B. Justificaciones, responsabilidades y cumplimento de promesas electorales. Revista Española de Ciencia Política, Madrid, v. I, n. 1, p. 149-169, 1999.

BARTOLINI, S. Metodología de la investigación política. In: PASQUINO, G. et al. (ed.). Manual de Ciencia Política. Madrid: Alianza Editorial, 1996.

BITTAR, J. O modo petista de governar. São Paulo: Teoria & Debate, 1992.

BOMBAL, M. I. G.; PALERMO, V. La política local. In: JELIN, E. Movimientos sociales y democracia emergente. Buenos Aires: Biblioteca Política Argentina, 1987.

BOFF, L. Florestania: cidadania da floresta. Jornal Página 20, Rio Branco, 7 set. 2002.

BOIX, C.; POSNER, D. Capital social y democracia. Revista Española de Ciencia Política, Madrid, v. 1, n. 2, p. 159-185, 2000.

BOLÍVIA; BRASIL. Tratado de Petrópolis. Petrópolis, 17 nov. 1903.

BORGES DE CASTILHO, D. S. Capital social e políticas públicas: Um estudo da linha infraestrutura e serviços aos municípios do Programa Nacional de Fortalecimento da Agricultura Familiar. 2002. Dissertação (Mestrado em Economia) – Universidade Federal do Rio Grande do Sul, Porto Alegre, 2002.

BOURDIEU, P. Le capital social. Actes de la Recherche, Paris, 1980.

BOURDIEU, P. The forms of capital. In: RICHARDSON, J. (ed.). Handbook of theory and research for the sociology of education. New York: Greenwood, 1985.

BORJA, J. Movimientos sociales urbanos. Buenos Aires: SIAP, 1975.

BRESSER PEREIRA, L. C.; CUNILL GRAU, N. (ed.). Entre el Estado y el mercado: lo público no estatal. Caracas: CLAD/Paidós, 1998.

BRESSER PEREIRA, L. C. Sociedade civil: sua democratização para a reforma do Estado. In: CONGRESSO INTERNACIONAL DO CENTRO LATINO-AMERICANO DE ADMINISTRAÇÃO PARA O DESENVOLVIMENTO, 3., 1998, Madrid. Anais [...]. Madrid: [s.n.], 1998.

CALDERÓN, F. Movimientos sociales y política. La década de los ochenta en Latinoamérica. Madrid: Siglo XXI, 1995.

CALDERÓN, F. Os movimentos sociais frente à crise. In: SCHERER-WARREN, I.; KRISCHKE, P. J. (ed.). Uma Revolução no cotidiano? Os novos movimentos sociais na América Latina. São Paulo: Editora Brasiliense, 1987. p. 191-213.

CALIXTO, V. O. Aquiri (1898-1909): Os patrões e a construção da ordem. 1993. Tese (Doutorado em História) – USP, São Paulo, 1993.

CAMAROTTI, I.; SPINK, P. (org.). Parcerias e pobreza: soluções locais na implementação de políticas sociais. São Paulo: Editora FGV, 2000.

CAMAROTTI, I.; SPINK, P. (org.). Redução da pobreza e dinâmicas locais. São Paulo: Editora FGV, 2001.

CARDOSO, F. H.; FALETTO, E. Dependência e desenvolvimento na América Latina. Rio de Janeiro: Zahar, 1970.

CARVALHO, J. A primeira insurreição acreana. Rio Branco: Fundação Elias Mansour, 2002.

CASTELLS, M. Movimientos sociales urbanos. México: Siglo XXI, 1974.

CASTELLS, M. Cidade, democracia y socialismo. Rio de Janeiro: Paz e Terra, 1980.

CAVAROZZI, M. El "desarrollismo" y las relaciones entre democracia y capitalismo dependiente. Latin America Research Review, [s. l.], v. XVII, n. 1, p. 152-165, 1982.

CNS – CONSELHO NACIONAL DOS SERINGUEIROS. Ata da Reunião Nacional dos Seringueiros da Amazônia e Criação do Conselho Nacional dos Seringueiros. Brasília: CNS, 17 out. 1985.

COHEN, J.; ARATO, A. Civil society and political theory. Cambridge: MIT Press, 1992.

COLEMAN, J. Social capital in the creation of human capital. American Journal of Sociology, [s. l.], suppl. 94, 1988.

COLEMAN, J. Foundation of social theory. Cambridge: Havard University Press, 1990.

COSTA SOBRINHO, P. V. Capital e trabalho na Amazônia Ocidental: Contribuição à História Social e das lutas sindicais no Acre. São Paulo: Cortez, 1992.

C.T.A. et al. Carta às autoridades sobre ameaças e atos de violência contra seringueiros em Xapuri. Rio Branco, 14 jun. 1988.

CUNILL, G. N. Repensando lo público a través de la sociedad. Nuevas formas de gestión pública y representación social. Caracas: CLAD, 1997.

CUNILL, G. N. Nudos críticos de la accountability social. Extrayendo lecciones de su institucionalización en América Latina. In: PERUZZOTTI, E.; CATALINA, S. (ed.). Controlando la Política. Ciudadanos y medios en las nuevas democracias latinoamericanas. Buenos Aires: Editorial Temas, 2002.

DA SILVA, A. F. Ocupação Recente das Terras do Acre (transferência de capitais e disputa pela terra). Série de Estudos Básicos para Planejamento. Rio Branco: Secretaria de Planejamento e Coordenação do Governo do Estado do Acre, 1982.

DAGNINO, E. Os movimentos sociais e a construção da democracia no Brasil: Têndencias recentes. In: INTERNATIONAL CONFERENCE OF THE ASSOCIATION OF IBERIAN AND LATIN AMERICAN STUDIES OF AUSTRALASIA (AILASA), 4., 1999, Melbourne. Anais [...]. Melbourne: AILASA, 1999.

DAHL, R. A. Dilemmas of pluralist democracy – autonomy versus control. New Haven: Yale University Press, 1989a.

DAHL, R. A. La poliarquia. Participación y oposición. Madrid: Editorial Tecnos, 1989b.

DAHL, R. A. Um prefácio a teoria democrática. Rio de Janeiro: Editores Zahar, 1989c.

DAHL, R. A. Sulla democrazia. In: DAHL, R. A. La democracia y sus críticos. Barcelona: Paidós, 2000.

DICIONÁRIO AURÉLIO DA LÍNGUA PORTUGUESA. 3. ed. Curitiba: Positivo, 2003.

DINIZ, E. Em busca de um novo paradigma: a reforma do Estado no Brasil nos anos 90. São Paulo em Perspectiva, São Paulo, v. 10, n. 4, p. 13-26, 1996.

DINIZ, E. Crise, reforma do Estado e governabilidade. Rio de Janeiro: FGV, 1997.

DINIZ, E. A busca de um novo modelo econômico: padrões alternativos de articulação público-privado. Revista de Sociologia e Política, Curitiba, 2000.

DINIZ, E. Planejando o desenvolvimento: a centralidade da dimensão político-democrática. Versão Preliminar. Ciclo de Seminários Brasil em Desenvolvimento. Instituto de Economia da UFRJ. Rio de Janeiro, 2003.

DOMINGO, A. La estrella solitaria. Madrid: Algaida Editores, 2003.

DURSTON, J. Construyendo Capital Social Comunitário: Una Experiencia de Empoderamiento Rural en Guatemala. Santiago de Chile: Cepal, 1999.

DURSTON, J. Que és el capital social comunitário? Santiago de Chile: Cepal, 2000.

DURSTON, J. Inclusión y empoderamiento de comunidades indígenas para el etnodesarrollo rural: desafíos de la implementación. Análisis de caso en el pueblo mapuche de Chile. Exposição no Seminário "La revalorización de los grupos prioritarios en el medio rural". Secretaria de Agricultura, Ganaderia, Desarrollo Rural, Pesca y Alimentación, 1 y 2 de agosto del 2002. México. D.F., 2002.

EASTON, D. Enfoques sobre teoría política. Buenos Aires: Amorrotu Editores, 1967.

ECKSTEIN, S. E.; WICKHAM-CROWLEY, T. P. Struggles for Social Rights in Latin America: Claims in the Arenas of Subsistence, Labor, Gender, and Ethnicity. In: ECKSTEIN, S. E.; WICKHAM-CROWLEY, T. P. (ed.). Struggles for social richts in Latin America. New York; London: Routledge, 2002.

ELDER, K. La institucionalización de la acción coletiva. In: IBARRA, P.; TEJERÍNA, B. (ed.). Los movimientos sociales. Transformaciones políticas e cambio cultural. Madrid: Editorial Trotta, 1998.

ENVIROMENTAL DEFENSE. Disponível em: http://www.environmentaldefense. org. Acesso em: 18 fev. 2002.

ESPANHA; PORTUGAL. Tratado de Madri. 13 jan. 1750. Madri.

EVANS, P. Government Action, Social Capital and Development: Reviewing the evidence on sinergy. World Development, [s. l.], v. 24, n. 6, p. 1.119-1.132, 1996.

FANTASIA, R. Cultures of Solidarity. Berkeley; Los Angeles: UN. Press. California, 1988.

FANTASIA, R.; HIRCH, E. Culture in Rebellion: The Apropiation and Transformation of the Veil in the Algerian Revolution. In: JOHNSTON, H.; KLANDERMANS, B. Social Movements and Culture. Minneapolis: University of Minnesota Press, 1995. p. 144-162.

FARAH, M. F. S.; BARBOZA, H. B. 20 Experiências de gestão pública e cidadania. São Paulo: FGV, 2000.

FARAH, M. F. S.; BARBOZA, H. B. 20 Experiências de gestão pública e cidadania. São Paulo: FGV, 2001.

FAUSTO, B. História do Brasil. São Paulo: EDUSP: FDE, 1994.

FEARON, J. D. Electoral accountability and the control of politicians: selecting good types versus sanctioning poor performace. In: PRZEWORSKI, A.; STOKES, S. C.; MANIN, B. Democracy, accountability, and representation. Cambridge: University Press., 1999. p. 55-97.

FEREJOHN, J. Accountability and Authority: Toward a theory of political accountability. In: PRZEWORSKI, A.; STOKES, S. C.; MANIN, B. Democracy, accountability, and representation. Cambridge: University Press, 1999. p. 131-153.

FEREJOHN, J. Acción gubernamental y control electoral. Zona Abierta, [s. l.], 2002.

FERNÁNDES, F. A revolução burguesa no Brasil. Rio de Janeiro: Zahar, 1975.

FERNÁNDES, F. Sociedade de classes e subdesenvolvimento. Rio de Janeiro: Zahar, 1986.

FERNANDES, M. I. O PT no Acre: A construção de uma terceira via. 1999. Dissertação (Mestrado em Ciência Política) – Universidade Federal do Rio Grande do Norte, Natal, 1999.

FONTES, A. M. M.; REIS, H. da C. Orçamento público e desenvolvimento local. IBAM, Comunidade Ativa e Unesco. Rio de Janeiro, 2002.

FOUCAULT, M. Microfísica del poder. Madrid: La Piqueta, 1992.

FOWERAKER, J. Theorizing Social Movements. Colorado: Pluto Press, 1995.

FRANCO, A. Capital Social. Brasília: Instituto de Política, 2001.

FRASER, N. Struggle over needs: outline of a socialist-feminist critical theory of late capitalist political culture. In: FRASER, N. Unruly Practices: power, discourse and gender in contemporary social theory. Minneapolis: University Minesota Press, 1989.

FRENTE POPULAR DO ACRE. Plano de Governo. A vida vai melhorar. Rio Branco, 1998.

FRIEDMAN, D.; McADAM, D. Collective Identity and Activism: Networks, Choices and the Life of a Social Movement. In: MORRIS, M. Frontiers in Social Movement Theory. New Haven: Yale University Press, 1992. p. 156-173.

FUJIWARA, L. M.; ALESSIO, N. L. N.; FARAH, M. F. S. 20 Experiências de gestão pública e cidadania. São Paulo: Editora FGV, 1998.

FUJIWARA, L. M.; ALESSIO, N. L. N.; FARAH, M. F. S. 20 Experiências de gestão pública e cidadania. São Paulo: Editora FGV, 1999.

FUKUYAMA, F. Confiança. As virtudes sociais e a criação da prosperidade. Rio de Janeiro: Rocco, 1996.

FUKUYAMA, F. A grande ruptura: a natureza humana e a reconstituição da ordem social. Rio de Janeiro: Rocco, 1999.

GANSOM, W. A.; MEYER, D. S. Marcos interpretativos de la oportunidad política. In: McADAM, D.; MCCARTHY, J.; ZALD, M. N. (ed.). Movimientos sociales: perspectivas comparadas. ISTMO. Madrid: Istmo, 1999.

GARCIA-GUADILLA, M. P. et al. Insostenibilidad del desarrollo sostenible: nuevos escenarios y viejos paradigmas de transición. Cuadernos del CENDES, Caracas, año 14, n. 34, 1997.

GARCIA-GUADILLA, M. P. Atores, organizaciones y movimientos sociales en Venezuela del 2000. In: RAMOS, M. (ed.). Venezuela: rupturas y continuidades del sistema político. Salamanca: Ediciones Universidad de Salamanca, 2002.

GARRETON, M. A. Cultura política y sociedad en la construcción democrática. In: SOLANO, C. B. (org.). Transiciones a la democracia en Europa y América Latina. FLACSO. México: Flacso, 1991.

GERMANI, G. Política y sociedad en una época de transición. Buenos Aires: Editorial Paidós, 1966.

GOFFMAN, E. Frame Analisys. Cambridge: Harvard Un. Press., 1974.

GOHN, M. G. Teorias dos Movimentos Sociais. São Paulo: Ediciones Loyola, 2000.

GOODWIN, J. Caught in a Winding, Snarling Vine: A Critique a Political Theory. New York University, 1996.

GRANOVETTER, M. Economic Action and Social Structure: The Problem of Embeddedness. American Journal of Sociology, [s. l.], v. 91, p. 481-510, 1985.

GUNDER FRANK, A. Capitalism and Underdevelopment in Latin America. London: Modern Reader Paperback, 1969.

HABERMAS, J. New social movements. Telos, [s. l.], n. 49, p. 33-37, 1981.

HABERMAS, J. Teoría de la acción comunicativa. Madrid: Alfaguara, 1988.

HAMILTON, A.; MADISON, J.; JAY, J. El federalista. México: Fondo de Cultura Económica, 1992.

HELD, D. Modelos de democracia. Madrid: Alianza Universidad, 1991.

HIRSCHMAN, A. Social conflicts of democratics societies. A propensity to self--subversion. Massachusetts: Havard University Press, 1995.

HUNT, S.; BENFORD, R.; SNOW, D. Marcos de acción colectiva y campos de identidad. In: Los Nuevos Movimientos Sociales. De la Ideología a la Identidad. Madrid: Centro de Investigaciones Sociológicas, 1994.

IANNI, O. Estado e Planejamento Econômico no Brasil (1930- 1970). In: FENELON, D. R. 50 textos de História do Brasil. São Paulo: Editora Hucitec, 1971.

IBARRA, P.; TEJERINA, B. (ed.). Los movimientos sociales. Transformaciones políticas y cambio cultural. Madrid: Editorial Trota, 1998.

IBARRA, P. Los estudios sobre los movimientos sociales: el estado de la cuestión. Revista Española de Ciencia Política, [s. l.], v. I, n. 2, p. 271-290, 2000.

IGLÉSIAS, F. Artesanato, manufatura e indústria. In: FENELON, D. R. 50 textos de História do Brasil. São Paulo: Editora Hucitec, 1967.

INGLEHART, R. The silent revolution in Europe: intergenerational change in post-industrial Societies. American Political Science Review, [s. l.], n. 65, p. 991-1.017, 1971.

INGLEHART, R. Culture shift in advanced industrial society. Princeton: Princeton University Press, 1990.

JOHNSTON, H. Nuevos movimentos sociales y viejos nacionalismos regionales en España y en la Antigua Unión Soviética. In: LARAÑA, E.; GUSFIELD, J. Los Nuevos Movimentos Sociales. De la Ideología a la Identidad. Madrid: Centro de Investigaciones Sociológicas, 1994.

JOHNSTON, H.; LARAÑA, E.; GUSFIELD, J. Identidades, ideologías y vida cotidiana. In: LARAÑA, E.; GUSFIELD, J. Los Nuevos Movimentos Sociales. De la Ideología a la Identidad. Madrid: Centro de Investigaciones Sociológicas, 1994.

JOHNSTON, H. A Methodology for Frame Analysis: From Discourse to Cognitive Schemata. In: JOHNSTON, H.; KLANDERMANS, B. (ed.). Social Movements and Culture. Minneapolis: University of Minnesota Press, 1995. p. 217-246.

JOHNSTON, H. Mobilization and Structure of Opposition in Repressive States. New York: American Sociological Association, 1996.

KAASE, M. Movimientos sociales e innovación política. In: DALTON, R. J.; KUECHLER, M. (ed.). Los nuevos movimientos sociales. Valencia: Editorial Alfons el Magnànim, 1992.

KERTZER, D. Ritual, Politics and Power. New Haven: Yale University Press, 1988.

KITSCHELT, H. Political opportunity structures and political protest. British Journal Political Science, [s. l.], n. 16, p. 57-85, 1986.

KITSCHELT, H. El declinar de la organización de partidos. In: DALTON, R. J.; KUECHLER, M. (ed.). Los nuevos movimientos sociales. Valencia: Editorial Alfons el Magnànim, 1992.

KITSCHELT, H. The Transformation of European Social Democracy. New York: Cambridge University Press., 1994.

KLANDERMANS, B. The Formation and Mobilization of Concensus. In: KLADERMANS, K.; TARROW, E. (ed.). Intenational Social Movements. Vol. 1. Greenwich: JAI Press, 1988.

KLANDERMANS, B. Linking the 'Old and 'New': Movement Networks in Netherlands. In: DALTON, R.; KUECHLER, D. Clallenging the Political Order. New Social and Political Movements in Western Democracies. New York: Oxford University Press, 1990.

KLANDERMANS, B. La Cosntrucción Social de la Protesta y los Campos Pluriorganizativos. In: DALTON, R. J.; KUECHLER, M. (ed.). Los nuevos movimientos sociales. Valencia: Editorial Alfons el Magnànim, 1994.

KLANDERMANS, B. Transient identities? membership patterns in the Deutch Peace Movement. In: LARAÑA, J.; GUSFIELD. G. New Social Movements: From Ideology to Identity. Philadelphia: Temple University Press, 1994a. p. 168-208.

KLANDERMANS, B.; JOHNSTON, H. The culture analysis of social movements. In: KLANDERMANS, B.; JOHNSTON, H. (org.). Social Movements and Culture. Minneapolis: Un. of Minnesota Press, 1995.

KORNHAUSER, W. Aspectos políticos de la sociedad de masas. Buenos Aires: Amorrortu, 1969.

KOWARICK, L. Capitalismo e marginalidade na América Latina. 2. ed. Rio de Janeiro: Paz e Terra, 1975.

KRIESI, H. Local mobilization for the people's petition of the Dutch Peace Movement. In: KLADERMANS, B.; HANSPETER, K.; TARROW, S. International Social Movement. Greenwich: JAI Press, 1988.

KRIESI, H. The organizational structure of new social movements in a political context. In: McADAM, D; McCARTHY, J; ZALD, M. N. Comparative Perspectives on Social Movements. Cambridge: Cambridge University Press, 1996.

LACLAU, E.; MOUFFE, C. Hegemony and socialist strategy. Toward a radical democratic politics. New York: Verso Books, 1985.

LAITIN, D. Hegemony and culture: politics and religion among the Yoruba. Chicago: Chicago University Press, 1986.

LARAÑA, E. Continuidad y unidad en las nuevas formas de acción colectiva. Un análisis comparado de movimientos estudantiles. In: LARAÑA, E.; GUSFIELD, J.; JOHNSTON, H. Los Nuevos Movimientos Sociales. De la Ideología a la Identidade. Madrid: Centro de Investigaciones Sociológica, 1994.

LARAÑA, E. La construcción de los movimentos sociales. Madrid: Alianza, 1999.

LAZZARINI, G. S.; CHADDAD, F. R.; NEVES, M. F. O conceito de capital social e aplicações para desenvolvimento e estratégia sustentável. Revista Preços Agrícolas, São Paulo, n. 163, 2000.

LENTINI, M.; VERISSIMO, A.; SOBRAL, L. Fatos florestais da Amazônia 2003. Belém: Imazon, 2003.

LIJPHART, A. Modelos de democracia: formas de gobierno y resultados en trinta y seis paises. Barcelona: Ariel, 2000.

LIMA, C. A. Coronel de Barranco. Rio de Janeiro: Civilização brasileira, 1970.

LIMA, C. A. Plácido de Castro. Um caudilho contra o imperialismo. Rio Branco: MEC, 1998.

LINZ, J. La quiebra de las democracias. Madrid: Alianza, 1987.

LOJKINE, J. Le marxisme, l'Etat el la question urbaine. Paris: PUF, 1970.

MAINWARING, S.; VIOLA, E. Novos movimentos sociais. Cultura política e democracia: Brasil e Argentina. In: SCHERER-WAREN, I.; KRISCHKE, P. J. (org.). Uma revolução no cotidiano? Os novos movimentos sociais na América do Sul. São Paulo: Brasiliense, 1987.

MÁIZ, R. Nacionalismo y movilización política: un anáisis pluridimensional de la construcción de las naciones. Zona Abierta, [s. l.], n. 79, p. 167-215, 1997.

MÁIZ, R. La construcción mediática de la nación: marcos intepretativos identitarios en la prensa gallega (1977-1981). In: SAMPEDRO BLANCO, V. (ed.). La pantalha de las identidades. Medios de comunicación, políticas y mercado de identidad. Barcelona: Icaria, 2003.

MANIN, B. Los principios del gobierno representativo. Alianza. Madrid: Alianza, 1998.

MANIN, B. Elections and Representation. In: PRZEWORSKI, A.; STOKES, S. C.; MANIN, B. Democracy, accountability, and representation. Cambridge: Cambridge University Press, 1999. p. 29-54.

MARAVALL, J. M. El control de los políticos. Madrid: Taurus, 2003.

MARSH, D.; STOKER, G. Teoria y métodos de la Ciência Política. Madrid: Alianza, 1995.

MARSHALL, T. H. Cidadania, classe social e Estado. Rio de Janeiro: Zahar, 1967.

MARTINELO, P. A "batalha da borracha" na Segunda Guerra Mundial e suas consequências para o Vale Amazônico. 1985. Tese (Doutorado em História) – USP, São Paulo, 1985.

MARTINS, E. Chico Mendes. Um povo da floresta. Rio de Janeiro: Garamond, 1998.

MAYER, M. Social movement research in the United States: A European Perspective. In: LYMAN, S. (org.). Social movements: Critiques, concepts e Case-Studies. New York: New York University Press, 1991.

MCADAM, D.; TAROW, S.; TILLY, C. The map contentions. Mobilizations, [s. l.], v. 1, n. 1, p. 17-34, 1996.

McADAM, D. et al. Oportunidades, estruturas de movilización y procesos enmarcadores: hacia una perspectiva sintética y comparada de los movimientos sociales. In: Movimientos sociales. Perspectivas comparadas. Madrid: Istmo, 1999a.

McADAM, D. Marcos interpretativos y tácticas utilizadas por los movimientos: dramaturgia estratégica en el Movimiento Americano Pro-Derechos Civiles. In: Movimientos sociales. Perspectivas comparadas. Madrid: Istmo, 1999b.

MCADAM, D.; TAROW, S.; TILLY, C. Dynamics of contention. Cambridge: University of Cambridge, 2003.

MCCARTHY, J. D.; ZALD, M. N. Social movements in an organization society. Massachussets: Addison Weslay Publishing Company, 1984.

MELLO, Mauro Pereira de. A Questão de Limites entre os Estados do Acre, do Amazonas e de Rondônia., Revista Brasileira de Geografia, Rio de Janeiro, v. 52, n. 4, 1990.

MELUCCI, A. Ten hypothesis for the analysis of new movements. In : PINTO, D. (ed.). Contemporary Italian Sociology. Cambridge: Cambridge University Press, 1981. p. 173-194.

MELUCCI, A. The symbolic challenge of contemporary movements. Social research, New York, v. 52, n. 4, p. 789-815, 1985.

MELUCCI, A. Um objetivo para os movimentos sociais. Lua Nova: Revista de cultura e política, [s. l.], n. 17, p. 49-66, 1989a.

MELUCCI, A. Nomads of the present: Social movements and individual needs in contemporary society. London: Hutchinson Radius, 1989b.

MELUCCI, A. Movimentos sociais, renovação cultural e o papel do conhecimento. Novos Estudos, São Paulo, 1994.

MELUCCI, A. The process of collective identity. In: JOHNSTON, H.; KLANDER-MANS, B. (ed.). Social Movements and culture. London: UCL Press, 1995.

MELUCCI, A. Challenging codes. Collective action in the information age. Cambridge: Cambridge University Press, 1996.

MEYER, D. S. Protest cycles and political process: American Peace Movements in the Nuclear Age. Political Research Quarterly, [s. l.], n. 47, p. 451-479, 1993.

MICHELOTTI, F. A Cooperativa Agroextrativista de Xapuri. Trajetória de organização e gestão. 2001. Dissertação (Mestrado em Economia) – UFP-NAEA, Pará, 2001.

MOISÉS, J. A. Classes populares e protestos urbanos. 1978. Tese (Doutorado em Sociologia) – USP, São Paulo, 1978a.

MOISÉS, J. A. Experiencia de mobilização popular em São Paul. Contraponto, [s. l.], v. III, n. 3, p. 69-86, 1978b.

MONASTÉRIO, L. M. Capital Social e Economia: antecedentes e perspectivas. Pelotas: Ufpel, 2000a.

MONASTÉRIO, L. M. Putnam no Pampa: Capital social e a metade sul do Rio Grande do Sul. Pelotas: Ufpel, 2000b.

MONTERO, J. R.; TORCAL, M. La formación y consecuencias del capital social en España. Revista Española de Ciencia Política, Madrid, v. 1, n. 2, 1999.

MOREIRA, Tereza. Projeto Resex: um futuro sustentavel para a Amazonia. Brasília: CNPT, 1999.

MORRIS, A. Political Consciousness and Colletictive Action. In: MORRIS, A.; MUELLER, C. Frontiers in Social Movement Theory. New Haven: Yale University Press, 1992. p. 351-373.

MUELLER, C. M. Building Social Movement Theory. In: MORRIS, A.; MUELLER, C. M. Frontier in Social Movement Theory. New Haven: Yale University Press, 1992. p. 3-26.

MUELLER, Carol M. Conflict networks and the origins of women's liberation. In: LARAÑA, E; JOHNSTON, H; GUSFIELD, J. New Social movements: From Ideology to Identity. Filadélfia: Temple University Press. Traduzido para o español como: Identidades Coletivas y Redes de Conflito: El origen del Movimento Feminista en los Estados Unidos, 1960-1970. Los Nuevos Movimientos Sociales. De la Ideología a la Identidade. Centro de Investigaciones Sociológicas, 1994. p. 287-319.

NAVARRO, Z. Democracia y control social de fondos públicos. In: BRESSER PEREIRA, L. C.; CUNILL GRAU, N. (ed.). Lo público no estatal en la reforma del Estado. Barcelona: CLAD: Paidós, 1998.

NEVES, M. V. Acrenos e jacobinos. Revista do Primeiro Centenário do Estado Independente do Acre, Rio Branco, 2002.

NORTH, D. Instituciones, cambio institucional e desempeño económico. México: Fondo de Cultura Económica, 1993.

NUN, J. Superpoblación relativa, ejército industrial de reserva y masa marginal. Revista de Sociología., Buenos Aires, v. 5, n. 2, 1969.

O'DONNELL, G. Introducción a los casos latinoamericanos. In: O'DONNELL, G. et al. (ed.). Transiciones desde un Gobierno Autoritario. Barcelona: Paidós, 1988.

O'DONNELL, G. Accountability Horizontal: la institucionalización legal de la desconfiança política. Revista de Reflexión y Análisis Político, Buenos Aires, 2002a.

O'DONNELL, G. Acerca de várias accountabilities y sus interrelaciones. In: PERUZZOTTI, E.; CATALINA, S. (ed.). Controlando la Política. Ciudadanos y medios en las nuevas democracias latinoamericanas. Buenos Aires: Editorial Temas, 2002b.

OFFE, C. Partidos políticos y nuevos movimientos sociales. Madrid: Editora Sistema, 1988.

OLIVEIRA, L. A. P. O Sertanejo, o brabo e posseiro (os cem anos de andanças da população acreana). Secretaria de Planejamento e Coordenação do Governo do Estado do Acre. Rio Branco, 1985.

OROPEZA, Samuel. Cuestion de Límites entre las Repúblicas de Bolívia y del Peru. Sucre: Imprenta Boliviana, 1888.

OSTROM, E. Principios de diseño y amenazas a las organizaciones sustentables que administran recursos comunes. Exposição na Conferencia Eletrônica de FIDOAMERICA, 1999.

PEREZ, S. P.; ROMA, C. Programa partidário e ação estratégica das lideranças: PT e PSDB em perspectiva comparada. In: ENCONTRO NACIONAL DA ASSOCIAÇÃO BRASILEIRA DE CIÊNCIA POLÍTICA – ABCP, 3., 2000, Niterói. Anais [...] Niterói: ABCP, 2000.

PERUZZOTTI, E.; CATALINA, S. (ed.). Controlando la Política. Ciudadanos y medios en las nuevas democracias latinoamericanas. Buenos Aires: Editorial Temas, 2002.

PINTO, C. Empowerment: uma prática de serviço social. In: PINTO, C. Política Social. Lisboa: ISCSP, 1998.

PROJETO RESEX. Um futuro sustentável para a Amazônia. PNUD – Projeto BRA 92/043. Brasília, 1999.

PRZEWORSKI, A.; STOKES, S. C.; MANIN, B. (ed.). Democracy, accountability, and representation. Cambridge: Cambridge University Press, 1999.

PUTNAN, R. Para hacer para que la democracia funcione. Caracas: Editorial Galac, 1994.

RAMOS, M. De las protestas a las propuestas. Identidad, acción y relevancia política del movimiento vecinal en Venezuela. 1995. Tese (Doutorado em Ciência Política) – Universidade Complutense de Madrid, Madrid, 1995.

REVISTA DO PRIMEIRO CENTENÁRIO DO ESTADO INDEPENDENTE DO ACRE (RCEIA), 2002.

RÊGO, J. F. Estado e políticas públicas. A recuperação econômica da Amazônia durante o regime militar. São Luiz: EDUFMA/UFAC, 2002.

REVILLA, M. El concepto de movimiento social: Acción, identidad y sentido. Zona Abierta, [s. l.], n. 69, p. 181-213, 1994.

RIBEIRO, L. M. Algumas considerações sobre a Teoria Poliárquica. Cadernos de Sociologia e Política, Rio de Janeiro, n. 5/6, p. 41-55, 2003.

RICCI, R. Movimentos sociais rurais nos anos 90. Disponível: http://gipaf.cnptia. embrapa.br/ - Acesso em: nov. 2003.

RUCHT, D. El impacto de los contextos nacionales sobre la estructura de los movimientos sociales: un estudio comparado transnacional y entre movimientos sociales. In: MCADAM, D. et al. Movimientos sociales: perspectivas comparadas. Madrid: Istmo, 1999.

RUMEU DE ARMAS. El Tratado de Tordesilla. Madrid: Mapfre, 1992.

RUSCHEINSKY, A. Atores políticos e lutas sociais. Movimentos sociais e partidos políticos. Porto Alegre: EdiPUCRS, 1999.

SAMPEDRO BRANCO, V. "Opinión pública y democracia deliberativa. Medios, sondeos y urnas". Madrid: Istmo, 2000.

SAMPEDRO BRANCO, V. "Medios de comunicación, políticas y mercados de identidades". In: SAMPEDRO BLANCO, V. (ed.). La pantalla de las identidades. Medios de comunicación, políticas y mercado de identidad. Barcelona: Icaria editorial, 2003.

SANTOS, R. História Econômica da Amazônia (1800-1920). São Paulo: T. A. Queiroz, 1980.

SANTOS, T. Dependencia y cambio social. Santiago: Ceso, 1970.

SARTORI, G. A política. Brasília: Editora UNB, 1997.

SARTORI, G. Teoría de la democracia. Tomo I. Madrid: Alianza, 1988.

SCHATTSCHNNEIDER, E. E. El pueblo semisoberano. La democracia norteamericana vista por un hombre practico. México: Uteha, 1967.

SCHEDLER, A. Conceptualizing accountability. In: SCHEDLER, A. et al. (ed.). The self-restraining State. Power and accountability in new democracies. London; Boulder: Lyne Rienner, 1999.

SCHERER-WARREN, I. Redes de Movimentos Sociais. São Paulo: Ed. Loyola, 1993

SCOTT, J. C. Weapons of the Weak: Everyday Forms of Peasants Resistance. New Haven: Yale University Press, 1986.

SENA, E. Algunos aspectos de la transición democrática en Brasil. In: CUNHA BEZERRA, C. E; GUZMÁN MENDOZA, C. E (coord.). Mundus Novus. Política, fulosofia y educación en América Latina. Salamanca: CEIAS, 2001.

SENA, E.; GUZMAN, C. Partidos Políticos do Brasil. In: ALCÁNTARA SAÉZ, M.; FREIDENBERG, F. (ed.). Partidos Políticos de América Latina. Cono Sur. Salamanca: Ediciones Universidad de Salamanca, 2002.

SILVA, M. Adjunto de solidariedade. Brasília: Senado Federal, 2001.

SILVA, M. BID apoia programa no Acre. Revista da Marina, Brasília, 2001.

SILVA, M. Quem sonha não morre. O Globo, São Paulo, 1998.

SINGER, P. Movimentos de bairros e movimentos sociais em São Paulo: Traços comuns e perspectivas. In: SINGER, P.; BRANT, V. C. (org.). São Paulo: O povo em movimento. Petrópolis: Vozes, 1980. p. 83-108 e 207-230.

SMELSER, N. J. Teoria del comportamiento colectivo. México: Fondo de Cultura Econômica, 1989.

SMITH, J. Nacionalismo, globalización y movimientos sociales. In: IBARRA, P.; TEJERINA, B. (ed.). Los movimientos sociales. Transformaciones políticas y cambio cultural. Madrid: Editorial Trota, 1998.

SNOW, D. A.; BERFORD, R. D. Ideology, frame reference and participant mobilization. In: KLANDERMANS, B. From Structure to Action: Social Movement Participation Across. Greenwich: Conn., JAI Press, 1988.

SNOW, D. A. et al. Frame Alignment Processes, micromobilization, and movement participation. American Sociological Review, [s. l.], v. 51, p. 464-481, 1986.

SOUZA, C. A. A. Varadouros da liberdade. Empates no modo de vida dos seringueiros de Brasiléia-Acre. 1996. Tese (Doutorado em História) – PUCSP, São Paulo, 1996.

SOUZA, M. Galvez imperador do Acre. São Paulo: Marco Zero, 1985.

SPINK, P.; CLEMENTE, R. (org.). 20 Experiências de gestão pública e cidadania. São Paulo: FGV, 1997.

TARROW, S. National politics and Collective Action: Recent theory and research in Western Europe and the United States. Annual Review of sociology, [s. l.], v. 14, p. 421-440, 1988a.

TARROW, S. Old movements in new cycles of protest: The career of an Italian religious community. In: KLANDERMANS, B; KRIESI, H; TARROW, S. International Social Movement Research. Vol. I. Greenwich: Con. JAI Press, 1988b. p. 247-280.

TARROW, S. Struggles, politics, and reform: Collective action, social movements, and cycles of protest. Western Societies Program Occasional Paper nº 17. New York Center for the International Studies. Cornell University. Ithaca. NY, 1989.

TARROW, S. Mentalities, political cultures, and collective actions frames: Constructing meanings through action. In: MORRIS, A; MUELLER, C. Frontiers in Social Movement Theory. New Haven: Yale University Press, 1992. p. 174-202.

TARROW, S. El poder en movimientos: Los movimientos sociales. La acción colectiva y la política. Madrid: Alianza, 1997.

TARROW, S. States and opportunities: The political structuring of social movements. In: McADAM, D; McCARTHY, J; ZALD, M. N. Comparative Perspectives on Social Movements. Cambridge: Cambridge University Press, 1996. p. 41-60. Traducido ao Español como: Movimientos sociales: perspectivas comparadas. Istmo. Madrid: Istmo, 1996.

TAYLOR, V.; WHITTIER, N. Analytical approaches to social movement culture: The culture of the Women's Movement. In: JOHNSTON, H.; KLANDERMANS, B. Social Movements and Culture. Minneapolis: University of Minnesota Press, 1992.

TEJERINA, B. Los movimientos sociales y la a acción colectiva. De la producción simbólica al cambio de valores. In: IBARRA, P.; TEJERINA, B. (ed.). Los movimientos sociales. Transformaciones políticas y cambio cultural. Madrid: Editorial Trota, 1998.

TILLY, C.; TILLY, L.; TILLY, R. The rebellious century: 1830-1930. Cambridge: HUP, 1975.

TILLY, C. From mobilization to revolution. Reading: Addison- Wesley, 1978.

TILLY, C. The contetious French. Cambridge: Harvard University Press, 1986.

TILLY, C. Grandes estructuras, procesos amplios, comparaciones enormes. Madrid: Alianza, 1991.

TILLY, C. Coerción, capital y los estados europeus. Madrid: Alianza, 1992.

TILLY, C. Contentious Repertoires in Britain, 1758-1834. Social Science History, [s. l.], v. 17, p. 253-280, 1993.

TILLY, C. Conflicto Político y Cambio Social. In: IBARRA, P.; TEJERINA, B. (ed.). Los movimientos sociales. Transformaciones políticas y cambio cultural. Madrid: Editorial Trota, 1998.

TOCANTINS, L. Formação histórica do Acre. Rio de Janeiro: INL/MEC/Governo do Estado do Acre e Civilização Brasileira, 1979. v. I e II.

TOCQUEVILLE, A. La democracia en América. México: Fondo de Cultura Económica, 1987.

TORCAL, M.; MONTEIRO, J. R. La formación y consequencia do capital social en España. Revista española de Ciencia Política, Madrid, v. 1, n. 2, p. 79-121, 2000.

TOURAINE, A. Movimentos sociais e ideologias nas sociedades dependentes. In: ALBUQUERQUE, J. A. G. (org.). Classes medias e políticas no Brasil. Rio de Janeiro: Paz e Terra, 1977.

VARGAS HERNÁNDEZ, J. G. Formación de capital social para fortalecer la institucionalización de la gobernabilidad. Distrito Federal, México: Sociológica, vol. 18, núm. 52, 2003, pp. 199-209.

WEFFORT, F. C. Qual democracia? São José: Flasco, 1993.

WWF. Disponível em: www.wwf.org.br/publicações/downlad/catalago. Acesso em: 15 jan. 2002.

WOOLCOCK, M. Social capital and economic development: toward a theoretical synthesis and policy framework. Theory and Society, [s. l.], n. 27, p. 151- 208, 1998.

YOUNG, O. R. Sistemas de ciencia política. México: Fondo de Cultura Económica, 1972.

ZALD, M. N. Cultura, ideologia y creacción de marcos estratégicos. In: McADAM, D et al. Movimientos Sociales: Perspectivas Comparadas. Madrid: Istmo, 1999.

ZUCKERMAN, A. Doing Political Science. Boulder: Westview, 1991.

ZUMBADO, C. Desarrollo y capital social: Redescubriendo la riqueza de las naciones. Revista Instituciones y Desarrollo. Instituto Internacional de Gobernabilidad. Edición Especial n.8/9, 2001, Catalunya/ES. Disponível em: www.iigov.org/revista/re01/nota0101.htm.

JORNAIS CONSULTADOS

A Gazeta do Acre

Assessoria de Comunicação Ltda (ADS)

Folha de São Paulo

Il Manifesto

Jornal do Brasil

Jornal Página 20

O Estado de São Paulo

O Globo

O Rio Branco

O Ventania

The New York Times

ENTREVISTAS CITADAS

Base de dados do autor: "Partidos políticos e movimentos sociais no Acre".